北京高等学校教育教学改革项目资助

知识产权法判解与学说

叶承芳　编著

知识产权出版社

全国百佳图书出版单位

图书在版编目（CIP）数据

知识产权法判解与学说 / 叶承芳编著 . —北京：知识产权出版社，2019.5
ISBN 978–7–5130–6205–3

Ⅰ . ①知… Ⅱ . ①叶… Ⅲ . ①知识产权法—审判—案例—中国 Ⅳ . ① D923.405

中国版本图书馆 CIP 数据核字（2019）第 069636 号

内容提要

本书主要以法院真实的典型判例讨论为切入点，分著作权法、专利法、商标法、反不正当竞争法等几大部分，对知识产权法领域的重要法律问题进行系统的梳理分析，总结归纳司法实践的基本做法、认识和规律，并在理论层面引入各家观点争鸣，激发学生独立思考，并提出自己的见解。

责任编辑：于晓菲　李　娟　　　　　　责任印制：孙婷婷

知识产权法判解与学说
ZHISHICHANQUANFA PANJIE YU XUESHUO

叶承芳　编著

出版发行：知识产权出版社 有限责任公司	网　　址：http：//www.ipph.cn
电　　话：010–82004826	http：//www.laichushu.com
社　　址：北京市海淀区气象路 50 号院	邮　　编：100081
责编电话：010–82000860 转 8363	责编邮箱：laichushu@cnipr.com
发行电话：010–82000860 转 8101	发行传真：010–82000893
印　　刷：北京建宏印刷有限公司	经　　销：各大网上书店、新华书店及相关专业书店
开　　本：787mm×1092mm　1/16	印　　张：16
版　　次：2019 年 5 月第 1 版	印　　次：2019 年 5 月第 1 次印刷
字　　数：200 千字	定　　价：68.00 元

ISBN 978–7–5130–6205–3

编　委　会

主　编　叶承芳

编委会成员（以专题为序）

　　　　叶承芳　　温慧卿　　黄馨瑶

　　　　任春玲　　李　阳　　许莲丽

　　　　马晓梅　　宋　昕　　侯　林

前　　言

随着我国创新驱动发展战略的深入实施，知识成为推动我国经济发展的重要因素。目前，世界各国均通过加强知识产权立法来促进知识技术的转化与保护。然而，知识产权立法与完善总是赶不上日新月异的科技发展速度。如何准确理解并运用既有法律来解决现实问题，是法学专业学生应当掌握的一项基本技能。法条是书本上的静态法律，只有通过法院的具体适用，才能体现为生活中的动态法律。因此，在教学实践中引导学生对既有真实判例展开讨论和分析，是综合培养学生解决现实问题能力的有效途径。但现有的案例教学往往是使用简化了的自编案例，抽掉了繁复的真实情节，缺乏生活的真实性、生动性和复杂性，对其中涉及的理论问题缺少综合性的系统阐述，对一些前沿性的争议问题也不做深入探讨和研究。这种案例教学说到底还只是为了讲解理论知识或者法条而刻意设计的虚拟情景，既不能让学生感受到真实生活的纷繁复杂，也无法训练学生抽丝剥茧化解现实难题的综合分析能力，更不能激发学生的探究精神和独立思考能力，对相关前沿问题提出自己的见解和思考。

2014 年 1 月 1 日起《最高人民法院关于人民法院在互联网公布裁判文书的规定》正式实施。最高人民法院在互联网设立中国裁判文书网，统一公布各级人民法院的生效裁判文书。从 2008 年起，最高人民法院每年都会在各高级人民法院推荐的基础上评选出中国法院知识产权司法保护 10 大案件和 50 件典型案例，在 4·26 知识产权宣传周期间向社会公布。这些典型案例社会关注度高，也是各级法院审理新型疑难复杂案件时开拓思路，创新知识产权审判工作的有益探索。其中不少案例不仅很好地化解了纠纷，还明确了法律适用标准、阐明了法律保护的界限，在知识产权司法裁判中起到指引和示范作用。这些丰富新颖的司法判例为知识产权法案例教学提供了最真实、生动、新鲜的素材。因此，北京高等学校教育教学改革项目（课题编号：2014-yb002）"知识产权法判解与学说"案例教学研究课题组希望能够通过课题研究，在浩如烟海的司法判例中选取恰当的案例作为教学资源，以典型判例讨论分析为切入点，带领学生一起对知识产权法领域的重要法律制度适用问题展开梳理分析，总结归纳司法实践的基本做法、认识和规律，并顺势在理论层面引入各家观点争鸣，激发学生独立思考，提出自己的相应见解。我们希望通过"知识产权法判解与学说"案例教学，学生掌握的不只是即将过时的法条，而是更重要的独立法律逻辑思维能力和永恒的法律精神。

我国虽然不是判例法国家，但并不影响我们借鉴判例教学法来改进现有的案例教学。传统的案例教学法常常使用的是为迎合某些知识点的讲解而简化的案例，甚至完全是编造的案例，学生从中学到的也往往是僵化的、机械的规则，一旦进入纷繁复杂的真实世界，还是感觉无所适从。国内许多高校法学专业已经开始借鉴判例教学法，开设案例研习课或在基础课教学中大量引入司法判例研讨。重点是如何借鉴国外判例教学法，通过真实判例的分析讨论来训练学生像职业律师或是法官那样在复杂的案情中找到争议焦点所在，并且运用法理知识深入剖析做出自己的判断，让学生在教师的引导和集体讨论的不断交锋中，逐步达成对基本法律理念和法律原则的共识，甚至在自由讨论的思想碰撞中产生新的观点和视野，使学生在获得知识的同时，得到充分的职业化思维训练和技能操练。为此，课题组确立项目研究的创新点和主要特色就是要以判例教学展开过程为研究和写作思路，将每个专题都分为经典案例、争议焦点、法理分析、理论争鸣、拓展案例等五个部分。首先，选取的案例真实、典型、新颖，全部来自于我国各级法院的真实判例，每个案件都包含多个法律关系或者法律概念，不简化案情，以综合训练学生解决实际问题能力。这些案例大都曾经确立或影响过某一重要法律理论和原则，是具有代表性的经典案例。另外，考虑到知识产权法技术性比较强，对法律初学者而言学习难度比较大，尽量选取社会关注度高、争议焦点多的案例，学生比较熟悉易于阐发自己观点、充分展开讨论。在课题组最终选取的 13 个经典案例和 26 个拓展案例中，由最高法或各省市法院评选出的年度典型案件 25 件，2011—2017 年最新案件 25 件。其次，通过争议焦点环节引导学生学会在情理法理交织的复杂现实案情中抽丝剥茧，找到双方争议的法律焦点所在，不被琐碎的生活细节遮住双眼，不被当事人之间的感情纠葛所扰，不断通过模拟的职业化训练，让学生能够迅速抓住诉讼的核心要点。再次，法理分析环节是让学生在针锋相对的辩论中充分体验法律职业的思维方式和解决实际问题能力的具体运用，去感受通过思想交锋和碰撞自然获得这些法律知识的过程，而不是急于让学生通过案例去学会或接受某一法律规则或理论知识。判例教学法不仅是要传授知识，更重要的是传授给学生法律思维方法及适用法律的技术。最后，判例教学法并不是单纯的技能训练方法，在对经典判例深入剖析讨论的同时，必然要带出理论层面各家各派观点争鸣。理论争鸣环节的设置就是要鼓励学生大胆表达自己的观点见解，激发学生的探究精神和独立思考能力，共同探寻领略法律思辨之美。为了在难度层次上能够适应法律初学者的学习需要，课题组在探讨相关理论学说时尽可能使用浅显易懂的语言。还需要说明的是，之所以在经典案例之外又增加了一个拓展案例环节，是因为除了对经典案例全面深入剖析之外，教师还应当在判例法专题教学中鼓励学生主动去查找更多的相关判例，尽可能地全面阅读和比较分析，才能准确理解该专题相关法律原则和精神。

课题组自项目开展以来边研究边试点，相继在北京青年政治学院法律事务专业《知识产权法原理与实务》课程中开展了判例教学方法试点工作，学生学习兴趣和思维活跃度显著提高，学生综合分析能力、教师教学能力和教学质量也得到提升。首先，引入真实判例拉近了课堂与现实的距离，生动鲜活的真实案情能迅速调动学生的感官，激发学生学习兴趣。学生在讨论真实案例时，因其形象生动、贴近生活，学生代入感更强，思维明显变得更加活跃。其次，判例教学不简化案情，将真实生活原原本本呈现给学生，在开阔学生的视野，拓展其思维的同时，也逐渐在集体讨论中学会了全方位多角度地看待社会问题，学生的知识在广度和深度上都会得到提高，也更容易融入社会和实务工作中。再次，判例教学有利于学生法学思维习惯的养成和综合分析判断能力的提高，学生学习不再是追求答案和分数，而是享受课堂上集体讨论的思辨过程，以提高思辨能力、综合分析判断能力为目标。不少学生在课堂上积极思考，提出了很多有价值的思辨问题。学生最初发表的片面甚至偏激的观点，经过多方激烈争论后也常常会自然而然回归到共识上来，这种经过主动思考获取的认知更为深刻，也更容易被接受。最后，判例教学研究也促进了教师能力和水平的提高。判例教学需要教师在阅读大量司法判例的基础上精心选取有代表性的、争议比较大的、适合学生展开讨论的案例，广泛研读和比较相关参考文献和判例，通过巧妙设问引导为学生创造出更多自由讨论的空间，最终引入相关法理知识综合点评、归纳总结。

现课题组将项目研究成果《知识产权法判解与学说》一书交由知识产权出版社出版，以期将研究成果推广给更多的法学教育工作者，让更多的法律初学者受益。全书由叶承芳负责确定编写体例和统稿修订工作，各专题写作具体分工如下。

专题 1：民间文学艺术作品的法律保护（叶承芳）。

专题 2：信息网络传播权问题研究 （叶承芳）。

专题 3：演绎作品的法律保护（温慧卿）。

专题 4：著作权合理使用问题研究（黄馨瑶）。

专题 5：计算机软件的法律保护（任春玲）。

专题 6：植物新品种的法律保护（李阳）。

专题 7：外观设计专利的法律保护（任春玲）。

专题 8：商标的显著性判断（许莲丽）。

专题 9：驰名商标的法律保护（马晓梅）。

专题 10：注册商标与商号权冲突（宋昕）。

专题 11：地理标志的法律保护（叶承芳）。

专题 12：域名的法律保护（叶承芳）。

专题 13：商业秘密的法律保护（侯林）。

在此，一并对各位课题组成员的辛苦写作和大力支持表示衷心的感谢！

叶承芳

2018 年 10 月

目　　录

专题一：民间文学艺术作品的法律保护……………………………………1

专题二：信息网络传播权问题研究…………………………………………19

专题三：演绎作品的法律保护………………………………………………39

专题四：著作权合理使用问题研究…………………………………………58

专题五：计算机软件的法律保护……………………………………………74

专题六：植物新品种的法律保护……………………………………………92

专题七：外观设计专利的法律保护…………………………………………110

专题八：商标的显著性判断…………………………………………………129

专题九：驰名商标的法律保护………………………………………………148

专题十：注册商标与商号权冲突……………………………………………169

专题十一：地理标志的法律保护……………………………………………188

专题十二：域名的法律保护…………………………………………………207

专题十三：商业秘密的法律保护……………………………………………225

专题一：民间文学艺术作品的法律保护

叶承芳

【经典案例】

《乌苏里船歌》著作权纠纷案 ❶

《想情郎》是一首世代流传在乌苏里江流域赫哲族的民间曲调，现已无法考证该曲调的最初形成时间和创作人，该曲调在 20 世纪 50 年代末第一次被记录下来，同期被首次收集记录的还有与上述曲调基本相同的赫哲族歌曲《狩猎的哥哥回来了》。《想情郎》最早刊载于 1958 年 12 月 31 日由黑龙江省少数民族文学艺术调查小组编写的《赫哲族文学艺术概况（草稿）》，《狩猎的哥哥回来了》最早刊载于 1959 年 6 月 17 日由音乐出版社出版的《歌曲》杂志。

---

❶ 北京市高级人民法院〔2003〕高民终字第 246 号判决书。

1962 年，郭颂、汪云才、胡小石到乌苏里江流域的赫哲族聚居区采风，收集了包括《想情郎》等在内的赫哲族民间曲调。在此基础上，郭颂、汪云才、胡小石共同创作完成了《乌苏里船歌》音乐作品。1963 年 12 月 28 日，由郭颂演唱的《乌苏里船歌》音乐作品首次在中央人民广播电台进行了录制。1964 年百花文艺出版社出版的《红色的歌》、1980 年版《中国歌曲选》刊载的《乌苏里船歌》，均标明其为赫哲族民歌，汪云才、郭颂编曲；1991 年民族出版社《中国少数民族艺术词典》载明："乌苏里船歌 赫哲族歌曲。汪云才、郭颂根据赫哲族传统民歌《想情郎》作词编曲。"《〈歌声中的 20 世纪〉——百年中国歌曲精选》及 1979 年至 1980 年刊登《乌苏里船歌》的部分刊物，署名方式则为"作曲：汪云才、郭颂"。

1999 年 11 月 12 日，中央电视台与南宁市人民政府共同主办了" '99 南宁国际民歌艺术节"开幕式晚会。在郭颂演唱《乌苏里船歌》之前，中央电视台一位节目主持人说："下面有请郭颂老师为我们演唱根据赫哲族音乐元素创作的歌曲《乌苏里船歌》。"在郭颂演唱《乌苏里船歌》之后，中央电视台另一位节目主持人说："《乌苏里船歌》明明是一首创作歌曲，但我们一直以为它是赫哲族人的传统民歌。"郭颂也未加分辩。南宁国际民歌艺术节组委会将此次开幕式晚会录制成 VCD 光盘，中央电视台共复制 8000 套，均作为礼品赠送。北辰购物中心销售了刊载有《乌苏里船歌》音乐作品的有关出版物，出版物上《乌苏里船歌》的署名方式均为"作曲：汪云才、郭颂"。

晚会节目播出后，在赫哲族群众中引起很大反响。黑龙江省饶河县四排赫哲族乡政府认为郭颂及相关单位侵犯了其著作权，伤害了每一位赫哲族人的自尊心与民族感情，遂向北京市第二中级人民法院提起诉讼，请求法院判令被告郭颂、中央电视台及公开销售相关音像制品的北京北辰购物中心停止侵权，公开道歉，赔偿原告经济损失人民币 40 万元、精神损害费 10 万元。

【争议焦点】

该案中，双方争议的焦点主要集中在两个方面。

第一，《乌苏里船歌》是创作的还是改编的。

法院庭审中，郭颂边唱边讲道，在《乌苏里船歌》中只有第一句"乌苏里江长又长"的曲调采用了赫哲民歌《想情郎》的曲调，其余部分是他们三人借鉴西洋音乐的创作手法共同创作而成。原告则认为《乌苏里船歌》是基于对赫哲族人民在长期劳动和生活中逐渐产生的反映赫哲族民族特点、精神风貌和文化特征的民歌曲调改编而成的，《乌苏里船歌》主旋律仍带有浓厚的赫哲族民歌风格，还是赫哲族民歌。

第二，四排赫哲族乡政府是否具有主张民间文艺作品著作权的主体资格。

原告认为涉案的赫哲族民间曲调属于民间文学艺术作品，应当受到《中华人民共和国著作权法》（以下简称《著作权法》）的保护，赫哲族人民依法享有署名权等精神权利和获得报酬权等经济权利。四排赫哲族乡是乌苏里江流域唯一的赫哲族聚居地，作为赫哲族民族乡的四排赫哲族乡人民政府有保护本民族文化财产的权利和义务。被告则认为目前全国赫哲族成建制的民族乡有三个，其中两个在同江县，一个在饶河县。原告只是其中之一，他们无资格和理由代表全体赫哲族人提起诉讼。

【法理分析】

经审理，北京市第二中级人民法院依照《中华人民共和国民法通则》（以下简称《民法通则》）第四条、第一百三十四条第一款第（九）项和 2001 年 10 月 27 日修正前的《著作权法》第六条、第十二条之规定，判决如下："郭颂、中央电视台以任何方式再使用音乐作品《乌苏里船歌》时，应当注明'根据赫哲族民间曲调改编'；郭颂、中央电视台在《法制日报》上发表音乐作品《乌苏里船歌》系根据赫哲族民间曲调改编的声明；北辰购物中心立即停止销售任何刊载未注明改编出处的音乐作品《乌苏里船歌》的出版物；郭颂、中央电视台各给付四排赫哲族乡政府因本案诉讼而支出的合理费用 1 500 元；驳回四排赫哲族乡政府的其他诉讼请求。"郭颂、中央电视台不服，于 2003 年 1 月向北京市高级人民法院提起上诉。北京市高级人民法院驳回上诉，维持原判。

首先，《乌苏里船歌》是在赫哲族民间曲调的基础上，进行艺术再创作，改编完成的作品。一审期间，郭颂提出由中国音乐著作权协会对《乌苏里船歌》与《想情郎》《狩猎的哥哥回来了》的关系进行鉴定，各方当事人一致同意。中国音乐著作权协会向当事人公开了十名候选专家的名单并经双方当事人认可。按照双方对鉴定人员的专业背景提出的要求，鉴定机构实际选择的三位专家分别是作曲家、音乐理论家、少数民族音乐理论家。三位专家分别就《乌苏里船歌》与《想情郎》《狩猎的哥哥回来了》的曲调的异同阐述了各自的鉴定意见。中国音乐著作权协会经三位鉴定人同意，出具了鉴定结论。鉴定结论为："（1）《乌苏里船歌》的主部即中部主题曲调与《想情郎》《狩猎的哥哥回来了》的曲调基本相同，《乌苏里船歌》的引子及尾声为创作；（2）《乌苏里船歌》是在《想情郎》《狩猎的哥哥回来了》原主题曲调的基础上改编完成的，应属改编或编曲，而不是作曲。"二审中，郭颂为了证明中国音乐著作权协会在鉴定人员的推荐及鉴定结论的最终形成等方面存在程序上的问题，提供了郭颂的代理律师对中国音乐著作权协会名誉会长吴祖强的调查笔录以及该协会常务理事徐沛东、赵季平、张丕基出具的书面证言。四位证人表示不知道三位鉴定人的推荐及最终确定以及讨论鉴定结论的事宜。郭颂还提交了 2003 年 1 月 26 日由中国轻音乐协会和黑龙江省音乐家协会主办的《继承发展民族民间音乐创作研讨会》上的专家论证意见。其中，中央音乐学院教授、名誉院长、中国音乐家协会名誉主席、中国音乐著作权协会名誉会长吴祖强的发言代表了大多数人的意见。他认为，《乌苏里船歌》的曲子中部采用了赫哲族民歌《想情郎》曲调片段作为素材，经过加工、变化、发展，配合新的歌词构成整首歌曲的重要组成部分，这种做法在音乐创作中比较常见。据此便将《乌苏里船歌》全曲简单看作《想情郎》改编曲并不妥当。这首作品歌词是创作的，曲调的大部分也是创作的，内容、情调、音乐结构与《想情郎》差别很大，性质也不相同。❶四排赫哲族乡政府同时也提出了一个新的证据，是黑龙江省电视台播放的电视节目 VCD 复制品，节目中包括对《乌苏里船歌》的曲作者之一汪云才的采访，汪云才在接受采访时表示，歌曲的序唱是赫哲族的原始资料、原始唱法，是赫哲族人吴进才唱的伊玛堪；歌曲创作源于赫哲族民歌《想情郎》；《乌苏里船歌》是赫哲族歌曲，是赫哲族音乐。对此，郭颂也向法院提交了汪云才的书面申明意见，以证明四排赫哲族乡政府所提交的上述 VCD 中涉及汪云才被采访的部分内容是不真实的。汪云才向法院书面表示，郭颂有权代表作者处理与该音乐作品有关的事项。

法院认为，本案鉴定人员经法院准许，以书面形式答复了当事人的质询，程序合法。二审中郭颂提供的四位证人的书面证言，不能证明中国音乐著作权协会所做的鉴定在程序上存在问题。《乌苏里船歌》系在赫哲族民间曲调的基础

---

❶ 万平．众多作曲家认为《乌苏里船歌》是创作非改编 [EB/OL]．（2015-06-10）[2018-09-01]．http：//www.gmw.cn/01gmrb/2003-04/15/05-3717375663E71C3B48256D080082C16C.htm.

上改编完成的作品。音乐作品的改编是使用了原音乐作品的基本内容或重要内容，对原作的旋律作了创造性修改，却又没有使原有旋律消失。根据鉴定报告，《乌苏里船歌》主部即中部主题曲调与《想情郎》《狩猎的哥哥回来了》的曲调基本相同。《乌苏里船歌》乐曲的中部是展示歌词的部分，且在整首乐曲中重复三次，虽然《乌苏里船歌》的首部和尾部均为新创作的内容，且达到了极高的艺术水平，但就《乌苏里船歌》乐曲整体而言，如果舍去中间部分，整首乐曲也将失去根本，因此可以认定《乌苏里船歌》的中部乐曲系整首乐曲的主要部分。在《乌苏里船歌》的乐曲中部系改编而成、中部又构成整首乐曲的主部的情况下，《乌苏里船歌》的整首乐曲应为改编作品。

其次，郭颂等人对改编作品《乌苏里船歌》享有著作权及由此产生的经济权利，但在使用该歌曲时，应当客观地注明该歌曲系根据赫哲族传统民间曲调改编而成。《著作权法》第十二条规定："改编、翻译、整理已有作品而产生的作品，其著作权由改编、翻译、注释、整理人享有，但行使著作权时，不得侵犯原作品的著作权。"与《想情郎》曲调相比，《乌苏里船歌》体现了极高的艺术创作水平，其作品整体的思想表达已发生了质的变化。不可否认，郭颂作为该作品的合作作者之一，享有《乌苏里船歌》这一改编作品的著作权以及由此产生的经济权利。但是，郭颂等人在行使其著作权时，不得侵犯原作品的著作权，必须客观地注明该歌曲是由赫哲族传统民间曲调改编的作品。世代在赫哲族中流传、以《想情郎》《狩猎的哥哥回来了》为代表的赫哲族民间音乐曲调形式，属于民间文学艺术作品，同样受到法律保护。任何人利用民间文学艺术进行再创作，必须说明所创作的新作品的出处。这是我国《民法通则》中的公平原则和《著作权法》中保护民间文艺作品的法律原则的具体体现和最低要求。因此，郭颂在"99南宁国际民歌艺术节"开幕式晚会的演出中对主持人意为《乌苏里船歌》系郭颂原创作品的失当的"更正性说明"未做解释，同时对相关出版物中所标注的不当署名方式予以认可，坚持认为《乌苏里船歌》曲调是其原创作品的行为是错误的。中央电视台主持人的陈述虽然已经表明《乌苏里船歌》系根据赫哲族音乐元素创作的歌曲，但主持人陈述的本意仍为《乌苏里船歌》系郭颂原创，主持人发表的陈述与事实不符。中央电视台对其工作人员就未经核实的问题，过于轻率地发表议论的不当行为，应采取适当的方式消除影响。因此，法院判决要求郭颂等被告使用《乌苏里船歌》时注明源于赫哲族民间曲调并在报上刊登相应声明并无不当。北辰购物中心销售了载有未注明改编出处的《乌苏里船歌》音乐作品的出版物，应停止销售行为。但北辰购物中心能够提供涉案出版物的合法来源，主观上没有过错，不应承担赔偿责任。

最后，涉案的赫哲族民间音乐曲调形式作为赫哲族民间文学艺术作品，是赫哲族成员共同创作并拥有的精神文化财富，四排赫哲族乡政府可以以自己的名义提起诉讼。《中华人民共和国宪法》（以下简称《宪法》）第一百一十九条规定："民族自治地方的自治机关自主管理本地方的教育、科学、卫生、体育事业，保护和整理民族的文化遗产，发展和繁荣民族文化。"国务院批准发布的《民族乡行政工作条例》第三条规定："民族乡人民政府依照法律、法规和国家的有关规定，结合本乡的具体情况和民族特点，因地制宜地发展经济、教育、科技、文化、卫生等项事业。"涉案的赫哲族民间音乐曲调形式作为赫哲族民间文学艺术作品，是赫哲族成员共同创作并拥有的精神文化财富。它不归属于赫哲族某一成员，但又与每一个赫哲族成员的权益有关。该民族中的任何群体、任何成员都有维护本民族民间文学艺术作品不受侵害的权利。四排赫哲族乡政府作为一个民族乡政府是依据我国宪法和法律的规定在少数民族聚居区内设立的乡级地方国家政权，既是赫哲族部分群体的政治代表，也是赫哲族部分群体公共利益的代表。当赫哲族民间文学艺术作品的著作权受到侵害时，鉴于权利主体状态的特殊性，四排赫哲族乡政府有权在符合我国《宪法》规定的基本原则、不违反法律禁止性规定的前提下，为维护本区域内的赫哲族公众的权益，以自己的名义对侵犯赫哲族民间文学艺术作品合法权益的行为提起诉讼。郭颂、中央电视台关于民间文学艺术作品的权利人难以确定、现行法律法规对如何确定民间文学艺术作品的权利人的问题未有规定，因而四排赫哲族乡政府不具备原告的诉讼主体资格的上诉理由不能成立。

此外，一审庭审中四排赫哲族乡政府当庭变更诉讼请求为确认《乌苏里船歌》乐曲属于改编作品，郭颂对此也进行了答辩。二审法院根据当事人变更的诉讼请求对《乌苏里船歌》乐曲是否属于改编作品进行了审理，符合法律规定，不属于郭颂、中央电视台上诉理由中所称的"判非所诉"问题。

【理论争鸣】

《乌苏里船歌》著作权纠纷案是我国《著作权法》颁布后，第一例少数民族主张民间文学艺术作品著作权的案件，同时也暴露出我国在民间文学艺术作品法律保护方面存在的一系列问题。中国是文明古国，各族人民在悠久的历史中创造了辉煌灿烂的民族文化。随着社会发展和科技进步，民间文学艺术作品蕴藏的文化价值和商业价值逐渐被重视和挖掘。例如，中国的民间故事"木兰从军"被美国迪士尼公司无偿使用，改编成电影《花木兰》，获得了20亿美元的巨额票房收入。但令人遗憾的是，我国却不能从中分得任何收益。好莱坞电影《功夫熊猫》中也无偿使用了大量中国民间文化元素。事实上，早在 1990 年我国出台的第一部《著作权法》第六条中就规定："民间文学艺术作品的著作权保护办法由国务院另行规定。"但直至 2014 年 9 月国家版权局才公布了《民间文学艺术作品著作权保护条例（征求意见稿）》，对社会各界公开征求意见。法学界对民间文学艺术作品的范围、权利主体、保护模式和保护期限等问题也一直存有争议。

一、民间文学艺术作品的概念、范围及特点

民间文学艺术一词起源于英文 folklore，意思是"民众的知识""民众的学问"，最早在 1846 年由英国考古学家 W. J. 汤姆森首先提出。1976 年，世界知识产权组织（WIPO）和联合国教科文组织（UNESCO）共同制定的《发展中国家突尼斯版权示范法》首次将其作为法律概念，并明确定义为："在各国领域中可认定由该国国民或种族群落创作的、代代相传并构成其文化遗产之基本组成部分的全部文学、艺术与科学作品。" ❶ 1982 年上述两组织联合推出的《保护民间文学艺术作品，防止非法利用及其他损害性行为的国内立法示范条款》中使用"民间文学艺术表达"（expressions of folklore）一词，将其定义为具有传统艺术遗产特征的要素构成，并由（某一国家的）一个群落或者某些个人创制并维系，反映该部落之传统艺术取向的产品。我国国家版权局 2014 年公

---

❶ 《发展中国家突尼斯版权示范法》第十八条。

布的《民间文学艺术作品著作权保护条例（征求意见稿）》❶ 中将民间文学艺术作品定义为："由特定的民族、族群或者社群内不特定成员集体创作和世代传承，并体现其传统观念和文化价值的文学艺术的表达。"同时规定："民间文学艺术作品包括但不限于以下类型：①民间故事、传说、诗歌、歌谣、谚语等以言语或者文字形式表达的作品；②民间歌曲、器乐等以音乐形式表达的作品；③民间舞蹈、歌舞、戏曲、曲艺等以动作、姿势、表情等形式表达的作品；④民间绘画、图案、雕塑、造型、建筑等以平面或者立体形式表达的作品。"❷ 从上述定义可以看出，无论是"民间文学艺术""民间文学艺术表达"，还是"民间文学艺术作品"，三者含义基本一致，都强调其集体性、传承性、地域性、民族性等特点。首先，民间文学艺术作品是集体创作的产物，经历了许多代人的加工、修改和不断充实。其次，民间文学艺术作品代代相传，不断在继承中发展创新，成为维系民族成员的心理纽带。再次，民间文学艺术作品受特定的生活环境、生产条件限制，一般只在本民族、族群聚居地域范围内流传。最后，民间文学艺术作品往往与本民族、族群的宗教信仰、风俗礼仪、传统习惯息息相关，反映其独特的文化艺术价值观念。本书为讨论方便，统一使用"民间文学艺术作品"这一概念。值得注意的是，常有人在学术讨论中将民间文学艺术作品本身与在其基础上创作的作品混为一谈。非洲知识产权组织 1999 年修订的

---

❶ 民间文学艺术作品著作权保护条例（征求意见稿）. 国家版权局 [EB/OL].（2014-10-10）[2018-09-01]. http://www.ncac.gov.cn/chinacopyright/contents/483/225066.html.

❷ 《保护民间文学艺术作品，防止非法利用及其他损害性行为的国内立法示范条款》第二条规定的"民间文学艺术表达"四种类型为：1. 言语表达形式（verbal expressions）；2. 音乐表达形式（musical expressions）；3. 动作表达形式（expressions by action）；4. 有形表达形式，如民间艺术成果（productions of folk art）。我国《民间文学艺术作品著作权保护条例（征求意见稿）》规定基本与之一致。

《班吉协定》以及非洲多国法律也把民间文学艺术作品衍生品纳入民间文学艺术作品保护范畴。实际上，这些衍生作品直接适用《著作权法》来保护就可以了。该案中，郭颂改编而成的《乌苏里船歌》就是在民间文学艺术作品《想情郎》《狩猎的哥哥回来了》基础上再创作所产生的衍生作品，法院也依照《著作权法》承认并保护其对衍生作品所享有的著作权。

二、民间文学艺术作品保护的必要性及立法目的

发展中国家往往拥有比较丰厚的民间文学艺术资源，一直是对民间文学艺术作品进行法律保护的积极倡导者，而多数发达国家则对该问题采取回避的态度。西方发达国家认为民间文学艺术作品已经进入公有领域，可以无偿使用，不断以其强大的经济技术优势挖掘发展中国家的民间文学艺术来换取商业利益，而发展中国家无法从中获得相关经济利益回报。对发达国家文化科技成果的有偿使用和对发展中国家民间文学艺术作品的无偿使用，已经造成了发达国家与发展中国家在文化交往和知识产权贸易方面的利益严重失衡。更有甚者，任意歪曲和滥用民间文学艺术作品，严重伤害该民族、族群成员的感情。1967年突尼斯颁布《文学艺术产权法》，成为第一个用法律保护民间文学艺术作品的国家。在民间文学艺术资源也很丰富的菲律宾，最初当地人对文学艺术开发表示欢迎，但随着越来越多的民间文学艺术资源被随意掠夺和滥用，菲律宾于1997年颁布了《土著居民权利法案》，以保护遗传资源和民间文学艺术、科学技术等传统知识。❶越来越多的发展中国家意识到了这种"文化新殖民主义"现象，现已有五十多个国家通过制定国内法来保护民间文学艺术作品。国际方面，1967年世

---

❶ 韦贵红，李潭.民间文学艺术作品的保护原则探析[J].知识产权，2015（3）：49.

界知识产权组织（WIPO）斯德哥尔摩会议对《保护文学和艺术作品伯尔尼公约》进行修改，将民间文学艺术作品视为"不知作者的、未出版的"作品加以特殊保护，1971 年巴黎会议确认了该条款。该公约第一次体现了对民间文学艺术作品采取特殊保护的倾向。对民间文学艺术作品究竟是否应当给予法律保护，理论界存在两种不同观点。一种观点认为，民间文学作品与现代文化是"源"与"流"的关系。如果人们仅仅注重对各种智力创作之"流"的保护，而忽视对它们的"源"的关注，则对知识产权保护而言，不能不说是一个缺陷。❶ 保护人类创作之"源"就是保护人类创作之"流"，这也正是《著作权法》立法宗旨所在。另一种观点则认为，民间文学艺术作品是公众共同积累、创作的，公众可自由使用，如果设定权利保护将不利于人们方便利用，势必阻碍文化的交流和传播。而且，民间文学艺术作品边界的模糊性与权利主体的不确定性最终也可能导致法律保护的美好设想落空。❷ 笔者认为，民间文学艺术作品是特定民族、族群在长期的文化生产和艺术创作过程中的集体智慧结晶，在不断继承与发展中经历了缓慢的创作过程，同样是一种重要的知识产品、文化财富，不应该因其产生于"民间"、实际保护有难度就将其排斥在著作权保护的范围之外。因此，必须依法确认和保护民间文学艺术作品的著作权，防止不合理获取与利用行为，这本身就是知识产权保护制度中的应有之义。此外，民间文学艺术作品在漫长的历史传承中，已经成为特定民族、族群的精神纽带和文化象征。通过立法规范对民间文学艺术作品的合理利用，不仅可以维护原创群体的群体尊严和合法利益，同时也是防止民族文化遗产流失甚至消亡，保护文化多样性的需要。这对于一国文化可持续发展和文化安全，乃至人类文化多样性的延续都具有深远的价值和意义。

---

❶ 郑成思.创新之"源"与"流"[J].人大复印资料，2002（8）：62.

❷ 韦之，凌桦.传统知识保护思路[J].人大复印资料，2002（8）：64.

三、民间文学艺术作品的立法保护模式

自 20 世纪 90 年代，我国就开始着手进行民间文化艺术作品保护的相关立法调研工作。2003 年全国人大教科文卫委员会还拟定了《中华人民共和国民族民间文化保护法草案》，但这一立法取向在 2004 年中国加入《非物质文化遗产保护公约》后发生了重大转变。2011 年出台的《中华人民共和国非物质文化遗产法》（以下简称《非物质文化遗产法》）以非物质文化遗产概念取代了民间文化艺术作品概念，主要从公权保护角度出发，对于包括知识产权在内的私权保护没有明确规定，基本搁置了民间文学艺术作品知识产权保护的难点和争议。❶关于民间文学艺术作品的立法保护模式，目前学界主要持四种观点：一是"私法保护"说，即正视民间文学艺术作品的私权性，合理平衡私权利益关系以保障相关知识产权人精神权利和财产权利的实现。二是"公法保护"说，即强调国家公权力对传统文化实施统一行政保护行为，"而不涉及平等主体就某一财产的归属、利用、转让等产生的权利义务关系"❷。三是"公法为主、私法为辅"综合保护说，认为"公法保护有利于守护非物质文化遗产的人文价值，而私法保护则有利于维护非物质文化遗产的资源价值；非物质文化遗产的法律保护应秉承人文价值至上的原则，以公法保护为主，同时兼顾资源价值，以私法保护为辅"❸。四是"私法保护为主体，公法保护为先导"说，认为私法保护应该是民间文学艺术保护的主体，但如果缺少公法的公权性、强制保障性，文化保护实际困难重重，要以公法保护为先导。❹ 笔者比较赞同第四种观点，建立一个

❶ 王学文，张域.中国民间文艺知识产权保护现状、问题与对策 [J].民族艺术，2013（5）：97.

❷ 王鹤云，高绍安.中国非物质文化遗产保护法律机制研究 [M].北京：知识产权出版社，2008：194.

❸ 黄玉烨，戈光应.非物质文化遗产的法律保护模式 [J].重庆工学院学报，2009（5）：46.

❹ 周安平，龙冠中.公法与私法间的抉择：论我国民间文学艺术的知识产权保护 [J].知识产权，2012（2）：25.

以私法为主、公法为辅的多种保护手段相配合的综合法律体系。民间文学艺术作品权益毕竟属于私权利益分配关系，要解决民间文学艺术作品保护问题，首先必须通过私法来确认和平衡知识产权权利人与社会公共领域之间的利益基础关系。但如果能同时在公法上辅之以相应的行政保护措施，保障将会更加高效、有力。❶ 从国际范围上看，采取《著作权法》保护一般也被认为是民间文学艺术作品保护的首选模式，但由于民间文学艺术作品权利主体、客体不确定、保护期限受限制等问题与《著作权法》现行规定相冲突，也有学者提出要另外构建一个特别法保护体系。❷ 笔者认为，实际上知识产权法一直都是在与时俱进、不断完善的。既然后来计算机软件、数据库信息、植物新品种等可以纳入知识产权法保护，并且创设出租权、信息网络传播权等新型权利，那么在现有的知识产权法框架内，适度修正《著作权法》相关规定或者创设新型权利以适应民间文学艺术作品的保护需要也是完全可行的。

四、民间文学艺术作品《著作权法》保护的几个问题

采用已有的著作权相关法律制度来保护民间文学艺术作品时，需要解决几个现实问题：一是作者身份难以确定，如何界定权利主体；❸ 二是许多民间文学艺术作品没有"固定"在物质载体上，无法满足《著作权法》中作品"须可固定复制"

---

❶ 我国《非物质文化遗产法》明确规定了各级政府在非物质文化遗产保护、保存、调查、整理、代表性项目名录建立、传承与传播等各方面的职责与义务，还有《云南省民族民间传统文化保护条例》《贵州省民族民间文化保护条例》《福建省民族民间文化保护条例》等地方立法都为民间文学艺术作品提供有力的公法保护。

❷ 张玉敏.民间文学艺术法律保护模式的选择 [J].法商研究，2007（4）：7-8.

❸ 赵蓉，刘晓霞.民间文学艺术作品的法律保护 [J].法学，2003（10）：55.

的要求；● 三是民间文学艺术作品一直处于传承发展的过程中，无法确定保护期，而传统著作权的保护是有期限的。首先，关于民间文学艺术作品权利主体的界定，理论界主要有四种学说：一是国家主体说，主张应当由国家拥有著作权，文化行政管理部门代表国家具体行使权利。二是个人主体说，认为无数的搜集者、整理者、传唱者、讲述者、表演者在民间文学艺术作品传承发展中起到了重要作用，法律应赋予这些人主体地位。三是群体主体说，认为民间文学艺术作品经历了一个漫长的集体创作过程，权利自然应该归属于创作该作品的群体。四是多层次权利主体说，认为传承人在民间文学艺术作品的传承过程中往往付出了具有独创性的劳动，在承认集体享有著作权的前提下，传承人应当取得部分著作权。❷ 笔者认为，国家没有为民间文学文艺作品的产生付出创造性劳动，不应当成为其私权主体，而多层次权利主体说势必造成权利逻辑混乱。事实上，这些搜集者、整理者、传唱者、讲述者、表演者或者是传承人对其基于民间文学艺术作品产生的演绎作品或者表演，完全可以适用现有的著作权或邻接权制度保护。所以，将民间文学艺术作品的创作群体设定为权利主体最为合理。其次，有人认为许多民间文学艺术作品没有"固定"在物质载体上，无法满足《著作权法》中作品"须可固定复制"的要求。不可否认，很多民间文学艺术目前还是以口头等非物质形态存在的，但这只是尚未"固定"，而不是不可"固定复制"。事实上，在科技高度发达的今天，采用文字、录音、录像等技术手段对民间文学艺术进行复制、出版和传播已经根本不是问题。所以，作品"须可固定复制"的要求实际上已没有太大意义。最后，

---

❶ 严永和.民族民间文艺知识产权保护的制度设计：评价与反思 [J].民族研究，2010（3）：20-21.
❷ 李永明、杨勇胜.民间文学艺术作品的版权保护 [J].浙江大学学报（人文社会科学版），2006（4）：136-137.作者认为传承人享有的部分著作权可以侧重于财产权利，同时可以授予其发表时适当的署名权。

关于民间文学艺术作品的保护期限，不少学者都倾向于永久保护，认为民间文学艺术作品既然是世代传承、不断积累沉淀的成果，那就说明法律要保护的是动态的、不断发展的作品，没有必要也无法设立保护期限。❶ 但也有学者主张为体现知识产权法利益平衡原则，应当将民间文学艺术作品发表权和经济权利的保护期规定为 50 年，但起点要从"经权利主体许可有关民族民间文艺被首次商业性利用之日"起算。至于民间文学艺术作品的精神权利、经济权利保护则应是无期限的。❷ 笔者认为，如果某一民间文学艺术作品经过大量考证确认了具体作者，则该作品应作为一般作品加以保护。对于那些在世代传承中经历了缓慢集体创作过程的民间文学艺术作品，应设定永久保护期限。因为保护期限太短意味着民间文学艺术作品很快就会进入公有领域，与漫长的创作过程相比，也不能体现利益平衡原则。更何况，民间文学艺术作品是不断动态发展的作品，保护期限的起算点本身就无法确定。

【拓展案例】

案例一：贵州省安顺市文化和体育局诉张艺谋等
侵犯著作权纠纷案 ❸

"安顺地戏"是我国贵州省安顺地区历史上"屯田戍边"将士后裔屯堡人为祭

---

❶ 白慧颖.民间文艺著作权保护的现实可行路径之思考 [J].河南财经政法大学学报，2013（6）：128. 持类似观点的还有张玉敏.民间文学艺术法律保护模式的选择 [J].法商研究，2007（4）：7.

❷ 严永和.民族民间文艺知识产权保护的制度设计：评价与反思 [J].民族研究，2010（3）：24.

❸ 北京市第一中级人民法院〔2011〕一中民终字第 13010 号民事判决书。

祀祖先而演出的一种傩戏，是流行于我国贵州省安顺地区的一种地方戏剧。2006年6月，国务院将"安顺地戏"列为国家级非物质文化遗产。由新画面公司作为出品人，张伟平为制片人，张艺谋为编剧和导演的电影《千里走单骑》讲述了两对父子的故事，反映的外景环境为中国云南省的丽江。电影拍摄时邀请了安顺市詹家屯的詹学彦等八位地戏演员前往丽江，表演了"安顺地戏"传统剧目中的《战潼关》和《千里走单骑》，并将上述表演剪辑到了电影中。影片放映至6分16秒时，画面出现了戏剧表演《千里走单骑》，此时出现画外音"这是中国云南面具戏"。在该影片片尾字幕出现的演职员名单中标示有"戏曲演出：贵州省安顺市詹家屯三国戏队詹学彦等八人"字样。原告安顺市文化和体育局认为该影片将"安顺地戏"误称为"云南面具戏"，侵犯了"安顺地戏"的署名权，并在事实上误导了中外观众，造成观众前往云南寻找影片中的面具戏的严重后果，请求法院判令：三被告分别在《法制日报》《中国日报（英文）》中缝以外版面刊登声明消除影响；新画面公司以任何方式再使用影片《千里走单骑》时，应当注明"片中的'云南面具戏'实际上是'安顺地戏'"。法院审理后认为安顺市文化和体育局虽然并非"安顺地戏"的权利人，但依据《非物质文化遗产法》第七条的规定，安顺市文化和体育局作为县级以上地方人民政府的文化主管部门，负责本行政区域内非物质文化遗产的保护、保存工作。作为"安顺地戏"的管理及保护机关，安顺市文化和体育局有资格代表安顺地区的人民就他人侵害"安顺地戏"的行为主张权利并提起诉讼。但涉案电影《千里走单骑》使用"安顺地戏"进行一定程度的创作虚构，并不违反我国《著作权法》的规定。此种演绎拍摄手法符合电影创作的规律，区别于不得虚构的新闻纪录片。"安顺地戏"这一剧种既非署名权的权利主体，亦非署名权的权利客体，且涉案电影中"云南面具戏"这一名称的使用并非《著作权法》意义上的署名行为，不构成对"安顺地戏"署名权的侵犯。

案例二：白广成诉北京稻香村食品有限责任公司
侵犯著作权纠纷案 ❶

北京鬃人是源于清末、流传于北京地区的特色民间工艺艺术，已被评为北京市非物质文化遗产。原告白广成与其兄白大成是北京鬃人的传承人。2007 年 5 月，原告白广成制作完成了涉案作品"跑驴"，该作品底座刻有"北京鬃人白"的字样。涉案作品曾多次在公开场合展出。2009 年 9 月，原告购得被告北京稻香村公司生产的"老北京"广式月饼一盒，发现月饼的包装盒和手提袋上使用了涉案作品"跑驴"。原告认为被告未经许可，未支付使用费，以盈利为目的，擅自将原告独自创作的涉案作品"跑驴"作为其月饼包装的一部分，并进行了颜色的修改，获利巨大，侵害了原告的署名权、修改权、使用权和获得报酬的权利，请求法院判令被告："1. 立即停止侵权行为；2. 在《北京晚报》上公开赔礼道歉；3. 赔偿原告经济损失 53 万元；4. 承担诉讼费用。"经审理，法院认定白广成作为北京鬃人艺术的传承人，在吸纳传统工艺和艺术风格的基础上制作完成的"跑驴"作品，具有独创性，是《著作权法》所保护的作品。被告在其生产月饼的包装盒上使用的"跑驴"作品与涉案作品"跑驴"具有一致性，不构成对修改权的侵害，但确系自立体三维作品到平面二维作品的使用，属于复制行为之一。被告未经许可使用原告创作的"跑驴"作品，未署姓名，亦未支付报酬，应承担停止侵害、赔礼道歉、赔偿损失的责任。

---

❶ 北京市东城区人民法院（2010）东民初字第 2764 号民事判决书。该案入选 2010 年中国法院知识产权司法保护 50 件典型案例。

专题二：信息网络传播权问题研究

叶承芳

【经典案例】

SONY BMG 音乐娱乐（香港）有限公司
诉北京百度网讯科技有限公司侵犯信息网络传播权纠纷案 ●

原告 SONY BMG 音乐娱乐（香港）有限公司（以下简称 "SONY BMG 公司"）于 2005 年 6 月 3 日发现被告北京百度网讯科技有限公司（以下简称 "百度公司"）在其经营的网站（www.baidu.com）上从事原告公司录制的黎明演唱的《爱天爱地》《对不起 我爱谁》《心情好》《喜》《心在跳》《一秒钟两个世界》《重爱轻友》《听身体唱歌》，蓝奕邦演唱的《冬季来的男生》《六月》《自知之

● 北京市第一中级人民法院〔2005〕一中民初字第 10170 号民事判决书，以及北京市高级人民法院〔2007〕高民终字第 596 号民事判决书。

明》,卢巧音演唱的《好心分手》《深蓝》,彭羚演唱的《追》,古巨基演唱的《爱与梦飞行》等 15 首歌曲的在线播放和下载服务。原告对上述歌曲享有录音制作者的信息网络传播权,但原告从未许可被告通过互联网向公众传播上述歌曲。被告的行为严重侵犯了原告录音制作者的信息网络传播权,并给原告造成重大经济损失。原告请求法院判令被告:立即停止提供涉案歌曲的在线播放和下载服务;在其经营的网站主页及《法制日报》上发表声明,向原告公开赔礼道歉;赔偿原告经济损失 15 万元人民币及为调查被告侵权行为和诉讼所支出的合理费用 5 万元人民币,合计人民币 20 万元;承担本案全部诉讼费用。诉讼过程中,原告撤销了对黎明等人演唱的 14 首歌曲的诉讼请求,只保留了对蓝奕邦演唱的《六月》歌曲的诉讼请求,同时将诉讼请求第三项变更为赔偿原告经济损失 1 万元人民币及为调查被告侵权行为和诉讼所支出的合理费用 5 万元人民币,其他诉讼请求不变。

被告百度公司辩称:被告是一家专业性的搜索引擎服务提供商,MP3 搜索服务是被告搜索引擎服务项目之一,其工作原理、技术和软件与网页、新闻、图片等其他服务项目的搜索服务是完全一致的。被告提供的搜索引擎服务对被收录的网页信息本身不进行任何的加工或处理,都是由程序自动完成的,被告只提供网络链接,不提供实际内容;被告的搜索引擎只针对不被禁止或不被限制搜索的世界范围的中文网站,如果该网站不采取禁止或限制的技术措施,被告的搜索引擎就能从中获得用户所搜索的有关信息;被告没有对被链接网站的内容进行非技术性的选择与控制,对所链接的内容没有进行任何的识别、筛选或整理,不存在侵权的主观故意或过失。相反,被告为保护权利人的合法权利,在其网站上发布"权利声明",为权利人维护权利提供了顺畅、有效和方便的途径。真正为网络用户提供涉案歌曲在线播放和下载服务的行为人是被搜索网站的所有者，原告应当将涉案歌曲被搜索网站的所有者列为本案的被告。被告百度公司作为搜索引擎服务提供商，仅为用户提供了搜索服务，对于被搜索网站所提供的音乐是否系盗版音乐，是否已取得合法授权，被告没有能力也没有法定义务去查证。原告的主张如果成立，将导致整个搜索引擎行业所有搜索服务被迫停止服务的毁灭性后果，并极大地阻碍科学技术的发展和人类文明的进步。

法院审理后认为，原告 SONY BMG 公司指控被告侵犯其信息网络传播权的主张，缺乏法律依据，法院不予支持。2006 年 11 月 17 日依法判决："驳回原告诉讼请求，案件受理费 2310 元由原告负担（已交纳）。"原告不服，向北京市高级人民法院提起上诉。

【 争议焦点 】

被告百度公司提供 MP3 搜索引擎服务的行为，是否侵犯了原告 SONY BMG 公司的信息网络传播权是该案争议的焦点问题。围绕该争议焦点，双方主要从以下两个方面进行了法庭辩论。

第一，被告百度公司是否有侵犯他人信息网络传播权的主观过错。

原告提交证据证明，被告向公众宣传只要使用其音乐搜索服务就可以直接获得他人歌曲，音乐传播是被告网站的最显著特色与主要业务。而被链接的网站不存在音乐栏目，非经百度公司网站链接无法向公众传播，所以被告实施了侵犯信息网络传播权的行为。被告则认为自己作为搜索引擎服务提供商，仅仅是为用户提供了 MP3 搜索引擎服务，并没有侵犯他人信息网络传播权的主观过错，真正为网络用户提供涉案歌曲在线播放和下载服务的行为人是被搜索网站的所有者。

第二，被告在提供的搜索引擎服务系统中设置"试听"和"下载"的功能，是否侵犯了原告的信息网络传播权。

原告提交的相关公证书载明：进入 www.baidu.com 后，点击"mp3"，在"歌手列表"中点击"蓝奕邦"，页面设有"歌曲名""试听""歌词""铃声""大小""格式""下载速度"等显示项目及相关内容。在试听过程中，试听属性提示框地址项中显示"http：//mp3.baidu.com/m?ct⋯⋯"，下载涉案歌曲时下载属性提示框显示相关歌曲文件"来自 mp3.baidu.com"。被告也提交了证据证明上述显示内容均系重定向技术导致的显示结果，自己只是提供搜索结果的链接列表，搜索结果所对应的具体内容仍存放于被链接网站（页）的服务器上。因此，搜索结果的内容在线播放、下载等事项，仍由被链接网站完成。

【法理分析】

早在 2005 年 6 月初，唱片公司利益的代表组织——国际唱片业协会（IFPI）就向百度公司发出了律师函，要求停止侵权。2005 年 7 月至 9 月，金牌娱乐事业有限公司、正东唱片有限公司、EMI 集团香港有限公司、环球唱片有限公司、新艺宝唱片有限公司、华纳唱片有限公司、SONY BMG 音乐娱乐（香港）有限公司共七家知名唱片公司相继将百度告上法庭，要求百度停止提供它们所拥有的 137 首歌曲的在线播放和下载服务。该案原告 SONY BMG 公司是最后一个提起诉讼的。2006 年 11 月 17 日，北京市第一中级人民法院对包括该案在内的上述七个案件作出一审判决。❶需要特别说明的是，因为该案指控的侵权行为发生在 2005 年 6 月，该案审判应当适用我国 2001 年《著作权法》和最高人民法院《关于审理涉及计算机网络著作权纠纷案件适用法律若干问题的解释》。❷

首先，SONY BMG 公司是蓝奕邦演唱的歌曲《六月》的录音制作者，对涉案歌曲的录音制品依法享有录音制作者的信息网络传播权。庭审前，法庭组织双方当事人对原告主张的涉案歌曲的录音制作品的音源进行了勘验。在勘验过程中，发现原告提供的黎明等人演唱的 14 首歌曲的 CD 盘与公证下载的歌曲不一致。所以，原告撤销了对该 14 首歌曲的诉讼请求，只保留了对蓝奕邦演唱的《六月》歌曲的诉讼请求。我国《著作权法》第四十一条规定："录音录像制作者对其制作的录音录像制品，享有许可他人复制、发行、出租、通过信息网络向公众传播并获得报酬的权利。"根据原告提供的由中国委托公证人、香港律师李国康见证，国际唱片业协会亚洲区办事处亚洲区总监饶锐强出具的声明书和版权认证报告以及原告提交的光盘制品，可以认定原告系涉案歌曲的录音制作者，对该制品依法享有录音制作者的信息网络传播权。

其次，被告百度公司提供 MP3 搜索引擎服务没有侵犯他人信息网络传播权的主观过错。搜索引擎技术服务是互联网发展中出现的一项新技术，其服务宗旨是帮助互联网用户在浩如烟海的信息中迅速地定位并显示其所需要的信息。被告百度公司提供的 MP3 搜索引擎服务是以互联网中的音频数据格式文件为搜

---

❶ 北京市第一中级人民法院〔2005〕一中民初字第 7965 号、7978 号、8474 号、8478 号、8488 号、8995 号、10170 号民事判决书。

❷ 案件审理期间，国务院于 2006 年 5 月 18 日公布了《信息网络传播权保护条例》，该条例自 2006 年 7 月开始施行。

索对象的，其搜索范围遍及整个互联网空间中未被禁链的每个网络站点，搜索的内容来源于上载音频数据格式文件的网站，并受控于上载作品的网站。如果被链接网站没有建立禁链的协议，对搜索引擎服务系统而言，则意味着可以互联互通、信息共享。SONY BMG 公司主张被链接的网站不存在音乐栏目，非经百度公司网站链接无法向公众传播，因而系百度公司实施了侵犯信息网络传播权的行为。但是，网站上载音乐作品与网站是否建立音乐栏目之间没有必然的对应关系。不能得出没有建立音乐栏目，就不能在网上传播的结论。在互联网环境下，即使没有被告的搜索引擎服务，只要网站上载了涉案歌曲，其网络传播即是客观存在的，只是便捷程度不同而已。我国《著作权法》规定，信息网络传播权是指"以有线或者无线方式向公众提供作品，使公众可以在其个人选定的时间和地点获得作品的权利"。根据上述规定，将作品上传或以其他方式置于向公众开放的网络服务器中的行为即构成信息网络传播行为，其后果是使公众可以在其个人选定的时间和计算机上通过访问作品所在的网站而获得作品。因此，判断被诉侵权行为是否构成侵犯信息网络传播权，应该根据被诉侵权行为是否属于以上传等方式提供作品的行为进行判定。被告百度公司只是提供 MP3 搜索引擎服务，并没有侵犯他人信息网络传播权。

再次，被告百度公司在提供的搜索引擎服务系统中设置"试听"和"下载"的功能，没有侵犯原告的信息网络传播权。百度公司搜索引擎服务的"试听"功能是为感知音频数据格式文件而设计的，该功能应当视为搜索引擎服务的组成部分。因为音频数据格式文件只有通过听觉才能感知到搜索结果，"试听"就是对搜索结果的显示或展现，其目的在于使查询者能够作出识别和判断。"下载"是发生在用户与上载作品网站之间的一种交互行为。下载的涉案歌曲并非来自 baidu.com 的网站。原告根据在属性提示框地址项中显示 http：//mp3.baidu.com/

m？ ct……"即认为涉案歌曲系存放在被告服务器中或与被告网站有某种联系，理解有误。MP3 试听界面系被告设计，该显示地址是被告 MP3 试听界面的存放地址，但不是涉案侵权歌曲存放的地址，两地址之间没有必然关联性，因此，不能证明上载或下载涉案歌曲的网站即被告的网站。从本质上看，"试听"和"下载"的作品来自第三方网站，其传播行为发生在用户与上载作品网站二者之间。一旦被链接的第三方网站删除其中任何文件或关闭服务器，用户将无法在百度公司的网站页面上通过点击链接来获得第三方网站中的文件。SONY BMG 公司亦对百度公司网站服务器中没有存储涉案歌曲的事实明确予以认可。目前，在对搜索引擎的商业模式和功能设置没有明确规范和限定，并且 SONY BMG 公司不能证明百度公司对其链接的作品可能侵犯他人权利系明知或应知的情况下，要求可能构成侵犯 SONY BMG 公司信息网络传播权的被链接网站的上载行为和网络用户下载复制行为的法律责任由没有识别和判断能力的搜索引擎服务商承担，缺乏法律依据。

最后，被告百度公司提供搜索链接的行为为侵权录音制品的传播提供了便利条件，虽然在客观上参与、帮助了第三方网站传播侵权录音制品，但不承担共同侵权责任。我国《民法通则》和《著作权法》规定，除法律另有规定外，行为人仅对因过错给他人人身、财产造成损害的行为承担民事责任。《最高人民法院关于审理涉及计算机网络著作权纠纷案件适用法律若干问题的解释》第七条也明确规定："网络服务提供者明知或者应知网络用户利用网络服务侵害信息网络传播权，未采取删除、屏蔽、断开链接等必要措施，或者提供技术支持等帮助行为的，人民法院应当认定其构成帮助侵权行为。"该案中，SONY BMG公司并未就被控涉案歌曲的录音制品构成侵权、百度公司应当断开与该录音制品的具体链接一事向百度公司发出任何通知，而在该案诉讼过程中百度公司已将 SONY BMG 公司所提交的证据中列明的涉及被控涉案歌曲的录音制品的所有链接全部断开。因此，百度公司提供 MP3 搜索引擎服务的行为不构成帮助侵权，不应当承担共同侵权责任。虽然国际唱片业协会亚洲区办事处在诉前曾向被告发送律师函，要求被告停止侵权并赔偿损失，但在律师函中并没有提供涉案作品的权利人，以及侵权的网络地址。在此情况下，被告还是积极地回复国际唱片业协会亚洲区办事处的委托代理人，希望其配合百度公司提供相应文件并列出侵权歌曲所在的被搜索网站的 URL，并承诺在收到文件资料后会依法采取移除措施。但是国际唱片业协会亚洲区办事处未作进一步的答复。收到七家唱片公司的诉状后，被告又立即致函七家唱片公司的代理人，希望其尽快提供相应证明文件，并承诺在收到文件后，即采取积极措施，断开相关检索链接。但被告仍没有从七家唱片公司处得到任何反馈。以上事实也充分说明，被告对保护权利人合法权利的态度是积极的，措施是有力的，不存在任何主观过错。此外，被告还提供了百度公司接收关于满江部分歌曲的侵权投诉记录，证明百度公司为维护权利人的权利提供了一系列的措施，在实践中权利人可以顺畅、有效和方便地维护其权利。

综上理由，北京市高级人民法院认为 SONY BMG 公司的上诉理由不能成立，依据《民法通则》第一百三十条，《著作权法》第十条第一款第（十二）项，《最高人民法院关于审理涉及计算机网络著作权纠纷案件适用法律若干问题的解释》第四条，《中华人民共和国民事诉讼法》（以下简称《民事诉讼法》）第一百五十三条第一款第（一）项之规定，驳回上诉，维持原判。❶

---

❶ 其他六家唱片公司起诉百度案件的判决理由和结果与该案基本一致，不予赘述。

【理论争鸣】

从 2005 年 7 月起诉到 2007 年 12 月 20 日北京市高级人民法院作出终审判决，由国际唱片业协会（IFPI）牵头，7 家国际唱片公司联手诉百度侵犯信息网络传播权纠纷案，经过长达两年半的审理终于有了定论。虽然案件最终以百度胜诉告终，但在诉讼期间，百度一直在积极地与唱片业共同探讨数字音乐跟搜索引擎合作双赢的创新运营模式。❶ 如何顺应唱片业与互联网走向融合这一必然趋势，从法律角度为保护音乐作品信息网络传播权铺平道路，是该案留给人们继续思考的问题。2006 年 5 月 18 日国务院公布《信息网络传播权保护条例》，该条例自 2006 年 7 月开始施行。2007 年 1 月，国际唱片业协会又牵头科艺百代股份有限公司、华纳唱片有限公司等 11 家国际知名唱片公司 ❷，联合起诉雅虎中文网站（以下简称"雅虎网站"）经营者北京阿里巴巴科技信息有限公司侵犯其邻接权。2007 年 4 月 24 日北京市第二中级人民法院判决被告删除与229 首涉案歌曲有关的搜索链接，并赔偿原告 21 万余元人民币。❸ 这是唱片公司诉搜索引擎侵权案的第一次胜诉。而且有意思的是，该案上诉后，与前述百度侵权纠纷案同日（2007 年 12 月 20 日）由北京市高级人民法院作出终审裁

---

❶ 案件二审期间，7 大国际唱片公司中的百代和金牌与百度达成合作伙伴关系，退出原告队伍，最终只有 5 家唱片公司提出上诉。百度在诉讼期间还主动更改其关键直接下载歌曲的做法，而是在弹出页面中点击歌曲链接或搜索来源链接后再下载，并且在弹出页面上加上了版权保护声明。

❷ 这 11 家唱片公司分别是科艺百代股份有限公司、EMI 集团香港有限公司、环球唱片有限公司、环球国际唱片股份有限公司、新力博德曼音乐娱乐股份有限公司、正东唱片有限公司、华纳唱片有限公司、华纳唱片公司、百代唱片有限公司、索尼博得曼音乐娱乐、水星唱片有限公司。

❸ 北京市第二中级人民法院〔2007〕二中民初字第 02621—02631 号民事判决书。

定，维持原判。那么，为什么百度公司和雅虎网站侵权案判决结果如此迥异？如何界定信息网络传播权？提供搜索引擎服务究竟是否侵犯信息网络传播权？网络服务提供者在何种情形下需要承担侵权责任，又在何种情形下可以免责呢？

一、信息网络传播权的界定和特征

"信息网络传播权"是我国在 2001 年修订《著作权法》时增加的一项新型著作权利，也是我国履行《世界知识产权组织版权公约》（以下简称"WCT"）国际公约义务的结果。该公约第 8 条规定，"文学和艺术作品的作者应享有专有权，以授权将其作品以有线或无线方式向公众传播，包括将其作品向公众提供，使公众中的成员在其个人选定的地点和时间可获得这些作品"。尽管该条款是针对传播权整体的规定，但其后半句正是我国《著作权法》中信息网络传播权的立法渊源。根据我国《著作权法》第十条第一款第（十二）项关于"信息网络传播权"的规定，该权利应具备两个基本特征：一是，要以有线或者无线方式向公众提供作品。注意这里所说的"提供"包括下载、在线阅读、观看、收听作品等方式，而且仅仅强调提供公众获得（接触）作品的可能性，只要公众能够在个人选定的地点和时间获得（接触）这些作品就可以，至于其是否真的实际下载或者在线阅读、观看、收听在所不论。例如：在"郑成思诉北京书生数字技术公司"案中，被告辩称其只是在数字图书馆中对原告作品提供在线阅览服务，并未提供下载功能，因而未侵犯信息网络传播权，这种理解就是错误的。❶ 二是，必须是"交互式"传播，使公众能够根据需要在自己选定的时间或地

---

❶ 北京市海淀区人民法院民事判决书〔2004〕海民初字第 12509 号、北京市第一中级人民法院民事判决书〔2005〕一中民终字第 3463 号。

点来"点播"作品。如果公众只能按照预定的节目表在规定时间收看（听）到网络广播电视台（电台）正在播出的节目，无法自行选择节目，那么该传播行为并不属于"信息网络传播权"的控制范围。❶

二、提供搜索引擎服务的链接行为是否侵犯信息网络传播权

信息网络传播权最原始、最典型的侵权形态是未经许可直接将他人作品上传到服务器中，通过互联网向公众提供作品的行为。但不断推陈出新的互联网技术和商业模式却总是给信息网络传播权的侵权认定带来新问题。例如，前述案例中提到的百度公司、雅虎网站并没有上传歌曲到服务器，而只提供搜索引擎服务，这种提供链接到相关网站服务器的行为是否侵犯信息网络传播权？回答这个问题的关键在于如何认定提供链接行为的法律性质，这也是多年来理论学界和司法实务界在认定侵害信息网络传播权行为时讨论的核心问题。主张采用服务器标准的一方坚持认为，信息网络传播行为是指将作品置于向公众开放的服务器中的行为，而非提供信息存储空间、链接以及接入设备等辅助行为。所以只要行为人未将作品储存在服务器中，就没有侵犯信息网络传播权。这里的"服务器"泛指一切可存储信息的硬件介质，包括网站服务器、个人手机、电脑等。依据这一标准，提供链接行为显然不属于信息网络传播行为。但主张用户感知标准的学者则认为，应根据网络用户的感知来判断某个行为是否为信息网络传播行为，如果某网站的行为使得用户在主观上认为作品是由该网站提供的，即应认定该网站实施了信息网络传播行为，至于作品是否真的存储在该网站服务器中则在所不论。在此标准下，能够引导浏览器跳转至他人网站首页，

❶ 王迁.论"网络传播行为"的界定及其侵权认定 [J].法学，2006（5）：62-63.

完整显示其内容及网址的"普通链接"或"浅层链接"自然不会误导用户，不构成信息网络传播行为。但那些直接指向他人网站中更深层的"次级网页"或媒体格式文件的"深层链接"或"深度链接"，则有可能因误导用户而构成信息网络传播行为。在我国司法实践中，各法院也曾长期存在采用不同标准判决的局面。目前，这一分歧逐渐开始统一，越来越多的案件采用了强调客观事实的服务器标准，最高人民法院对此亦予以认同。❶最高人民法院于2012年12月颁布的《最高人民法院关于审理侵害信息网络传播权民事纠纷案件适用法律若干问题的规定》（简称《网络著作权司法解释》）第三条规定："网络用户、网络服务提供者未经许可，通过信息网络提供权利人享有信息网络传播权的作品、表演、录音录像制品，除法律、行政法规另有规定外，人民法院应当认定其构成侵害信息网络传播权行为。通过上传到网络服务器、设置共享文件或者利用文件分享软件等方式，将作品、表演、录音录像制品置于信息网络中，使公众能够在个人选定的时间和地点以下载、浏览或者其他方式获得的，人民法院应当认定其实施了前款规定的提供行为。"从司法解释中"置于"二字可以得出，信息网络传播权中的提供行为强调的是"最初"将作品"置于"网络中的行为，不包括后来的提供链接行为。同时该司法解释第四条还规定："网络服务提供者能够证明其仅提供自动接入、自动传输、信息存储空间、搜索、链接、文件分享技术等网络服务，主张其不构成共同侵权行为的，人民法院应予支持。"笔者亦认为，无论从立法渊源还是司法实践看，都应当坚持采用服务器标准。如果以用户的感知为判断标准，那么针对同一行为，不同用户可能得出不同结论，则无法保证行为性质的确定性。

---

❶ 北京知识产权法院〔2015〕京知民终字第559号民事判决书。

三、网络服务提供者需要承担共同侵权责任的情形

既然是采用服务器标准，为什么前文中被告阿里巴巴公司在其经营的雅虎中文网站提供歌曲搜索引擎服务最终被判侵权呢？如前所述，虽然仅仅提供链接服务一般不会构成直接侵犯信息网络传播权的行为，但是这些网络服务提供者在客观上对侵权内容的传播也起到了一定的帮助作用，所以法律规定在某些情形下，网络服务提供者也可能构成共同侵权行为。《信息网络传播权保护条例》第二十三条规定："网络服务提供者为服务对象提供搜索或者链接服务，在接到权利人的通知后，根据本条例规定断开与侵权的作品、表演、录音录像制品的链接的，不承担赔偿责任；但是，明知或者应知所链接的作品、表演、录音录像制品侵权的，应当承担共同侵权责任。"在判定网络服务提供者构成共同侵权行为时，必须考虑以下两个因素。首先，被链接的第三方网站是否构成直接侵犯信息网络传播权的行为。如果没有证据证明被链接网站的信息网络传播行为是未经许可的直接侵权行为，那么也就同样无法证明提供链接服务的帮助行为是间接侵权。其次，网络服务提供者在主观上是否"明知"或"应知"被链接网站提供的内容未经权利人许可。"明知"是指网络服务提供者明确知晓其所链接的作品、表演、录音录像制品构成侵权。"应知"则是指网络服务提供者虽然不是明确知晓所链接的内容构成侵权，但根据已有证据足以合理推定其应当知晓被链接网站的传播行为属于未经权利人许可进行的信息网络传播行为。在11家国际知名唱片公司联合起诉雅虎中文网站经营者北京阿里巴巴科技信息有限公司一案中，虽然被告只是提供了试听和下载的搜索引擎服务，直接侵权的是上传歌曲的第三方网站，但原告提供证据表明自己曾两次向被告发函，告知其侵权事实的存在，要求被告删除与涉案专辑有关的所有侵权链接。而被告仅删

除了原告提供了具体 URL 地址的侵权搜索链接，怠于履行删除与涉案 229 首歌曲有关的其他侵权搜索链接的义务。法院认为，这实际上是通过网络帮助他人实施了侵权行为，应当承担共同侵权责任。既然唱片公司已告知被告没有许可过任何网站免费传播这些歌曲，被告就应当清楚其搜索结果中无论哪个网站的由这些歌手演唱的这些歌曲都是侵权的，理应删除涉案歌曲全部搜索链接。该案中被告试图运用新鲜出炉的《信息网络传播权保护条例》中"通知—删除"这一"避风港规则"排除自己的侵权责任,而法院则是首次应用该条例中的"红旗标准"认定被告"应知"被链接的内容侵权，应当承担共同侵权责任。

四、"避风港规则"与"红旗标准"

"避风港规则"是为网络服务提供者免除间接侵权责任而创设的一项重要规则。这一规则源于美国 1998 年颁布的《数字千年版权法案》（*Digital Millennium Copyright Act*，DMCA）。该法第五百一十二条规定，当网络服务商实际上不知道也没有意识到能明显推出侵权行为的事实或情况时，在接到权利人的合格通知后，及时移除侵权内容的，不承担责任 ❶。所以，"避风港规则"又被称为"通知—删除"规则。我国最早在 2000 年实施的《最高人民法院关于审理涉及计算机网络著作权纠纷案件适用法律若干问题的解释》中初步确立了该制度，规定网络服务提供者明知网络用户通过网络实施侵犯他人著作权的行为，或者经著作权人提出确有证据的警告，仍不采取移除侵权内容等措施以消除侵权后果的，人民法院应当追究其共同侵权责任。如果网络服务提供者经著作权人提出确有证据的警告而采取移除被控侵权内容等措

❶ 曹静，桂莹 . 避风港原则适用条件的再认识 [J]. 群文天地，2011（5）：229-230.

施，被控侵权人要求网络服务提供者承担违约责任的，人民法院不予支持。但2006年《信息网络传播权保护条例》出台时，立法者已经充分意识到过去仅仅规定"明知"这一种主观状态是不足以保护著作权人合法权益的，在网络服务提供者"应知"被链接内容侵权的情况下也应构成"帮助侵权"，从而吸收了DMCA中"红旗标准"的精神❶。也就是说，当网络服务提供者完全能够根据所链接的内容和其他信息对其合法性进行判断时，如果该内容明显侵权犹如一面鲜亮的红旗一样醒目，那么网络服务提供者就应该知道该内容侵权，不应再设置链接，或者发现之后立即断开，否则就是帮助侵权行为。例如，前述雅虎案正是基于被告明显"应知"其他搜索链接也不合法，而被法院认定侵权的。需要强调的是，采纳"红旗标准"并不意味着网络服务提供者有义务主动一一审查被链接内容的合法性，事实上这也很不现实。该条例依然坚持网络服务提供者仅仅负有义务删除那些指向明显侵权文件的链接，并且要求权利人通知网络服务提供者存在侵权事实时，通知书应当包含权利人的姓名（名称）、联系方式和地址，要求删除或者断开链接的侵权作品、表演、录音录像制品的名称和网络地址以及构成侵权的初步证明材料。《信息网络传播权保护条例》还进一步细化了适用于"避风港规则"的两种情况：一是网络服务提供者为服务对象提供搜索或链接服务（第二十三条），前文已述；二是网络服务提供者为服务对象提供信息存储空间（第二十二条）。网络服务提供者为服务对象提供信息存储空间，供服务对象通过信息网络向公众提供作品、表演、录音录像制品，具备下列条件的，不承担赔偿责任：第一，明确标示该信息存储空间是为服务对象所提供，并公开网络服务提供者的名称、联系人、网络地址；

---

❶ 王迁.再论"信息定位服务提供者"间接侵权的认定：兼比较"百度案"与"雅虎案"的判决 [J].知识产权，2007（4）：9.

第二，未改变服务对象所提供的作品、表演、录音录像制品；第三，不知道也没有合理的理由应当知道服务对象提供的作品、表演、录音录像制品侵权；第四，未因提供作品、表演、录音录像制品给服务对象而直接获得经济利益；第五，在接到权利人的通知书后，根据本条例规定删除权利人认为侵权的作品、表演、录音录像制品。这里同样强调了"红旗标准"中"应知"的要求。我国2009年实施的《中华人民共和国侵权责任法》和2012年颁布的《网络著作权司法解释》对"避风港规则"与"红旗标准"也都有相应的吸收和规定。这两项制度在维持著作权人与网络服务提供者之间利益平衡中起到了十分重要的作用。

随着互联网技术的迅猛发展以及商业模式的不断创新，互联网市场又出现了"加框链接""埋设链接""聚合平台"等新型链接形式，对这些搜索链接如何定性，学者们意见不一。有学者提出加框链接已经不是单纯的设置链接或提供网络地址信息的行为，而是一种能够导致作品在设链者控制的网页或客户端被展示或播放的行为，应当抛弃过时的"服务器标准"，采用"实质呈现"标准认定信息网络传播行为，追究设链者直接侵权责任。❶也有学者坚持认为上述不断翻新的链接形式其实仍是以深层链接为基础的，没有形成新的"传播源"，如果采用"实质呈现"标准将这些行为定性为"信息网络传播行为"，固然提升了对权利人的保护水平，但不可避免地会造成误伤。可以运用不正当竞争法来打击不当行为，为合理的商业模式留出生存空间。❷层出不穷的新科技、新现象、新问题一直在对知识产权法提出新的挑战，如何作出合理的制度选择，是一个涉及著作权人与设链者利益平衡，文艺创作和互联网共生发展的重大问题。

---

❶ 崔国斌.加框链接的著作权法规制[J].政治与法律，2014（5）：74-93.

❷ 王迁.论提供"深层链接"行为的法律定性及其规制[J].法学，2016（10）：23-39.

【拓展案例】

案例一：同方股份有限公司与湖南快乐阳光互动娱乐传媒有限公司侵害作品信息网络传播权纠纷案 ❶

湖南快乐阳光互动娱乐传媒有限公司（以下简称"快乐阳光公司"）经授权获得综艺节目《天天向上》（20101224、20101217、20101210、20101203、20101126、20101119、20101105、20101029、20101022、20101008）的独家信息网络传播权。同方股份有限公司（以下简称"同方公司"）生产的"清华同方灵悦3智能电视宝"设置了影视点播功能，用户可以通过该产品点播前述涉案节目。清华同方网站 www.tongfangpc.com 的产品介绍中宣称"灵悦智能电视宝独创的兔子视频平台，聚合了优酷、土豆、搜狐等17家主流的在线视频网站，拥有超过百万的正版视频资源"，快乐阳光公司对上述证据进行了公证保全并诉至法院，认为同方公司的上述行为未经授权，侵犯了本公司合法权益，请求判令同方公司停止侵害、赔偿经济损失。同方公司在一审、二审中均坚持认为，自己只是提供了机顶盒这一硬件产品，并非兔子视频软件的开发者，产品本身不能播放视频，点播内容均系通过兔子视频软件而获得，被诉行为的侵权责任应由软件开发者北京硫石天音网络信息技术有限公司承担，应追加其作为第三人参加诉讼。而且点播的涉案节目并未存储在兔子视频的服务器中，兔子视频提供的仅是链接服务，并非信息网络传播行为。信息网络传播行为的认定标准

---

❶ 北京市海淀区人民法院〔2014〕海民（知）初字第19960号民事判决和北京知识产权法院〔2015〕京知民终字第559号民事判决书。

应是服务器标准，而非用户感知标准。一审法院判定同方公司未经许可，将兔子视频软件预置在涉案产品中并置于开机桌面向用户推荐，使消费者在首次开机时即可使用兔子视频播放涉案节目，并将兔子视频及其播放影视作品的功能作为涉案产品的宣传，未尽到合理审查义务，构成侵权，应当承担侵权责任。二审法院首先承认在司法实践中确实曾经长期存在服务器标准与用户感知标准的分歧，并通过系统梳理相关判决，详细论证了无论从立法渊源来理解，还是基于司法实践中的做法，对于信息网络传播行为的认定均应采用服务器标准。既然兔子视频提供的被诉内容系来源于其他网站，而非来源于兔子视频的服务器，被诉行为的确不属于信息网络传播行为。但兔子视频提供者对被链接内容进行了编辑整理，且整理编辑后的内容仅主动指向有限的几家网站，而非被动提供全网搜索链接服务，因此提供主动定向链接服务的兔子视频对被链接内容是否合法应负有更高的认知义务，应主动向权利人、集体管理组织或被链接网站询问，或者从公开信息中查询授权情况。而兔子视频提供者未尽到其应有的了解认知义务，构成共同侵权行为。最后，同方公司提交的证据不足以证明其并非兔子视频的开发及提供者。而现有证据足以认定同方公司与兔子视频提供者就传播内容方面具有密切合作关系，构成共同侵权行为。法院最终判决驳回上诉，维持原判。

案例二：韩寒与北京百度网讯科技有限公司
侵害著作权纠纷案 ❶

韩寒是当代著名青年作家，知名度较高。2011 年，韩寒发现多个网友将其

---

❶ 北京市海淀区人民法院〔2012〕海民初字第 5558 号民事判决书。该案入选 2012 年中国法院知识产权司法保护十大案件。

原创的代表作《像少年啦飞驰》一书上传至百度文库，供用户免费在线浏览和下载。为此，韩寒多次致函北京百度网讯科技有限公司（以下简称"百度公司"），要求立即停止侵权、采取措施防止侵权行为再次发生，但百度公司消极处理。韩寒认为百度公司侵犯了其作品的信息网络传播权，向北京市海淀区人民法院提起诉讼，请求百度公司立即停止侵权、采取有效措施制止侵权，关闭百度文库 wenku.baidu.com，赔礼道歉，赔偿经济损失 25.4 万元（按照 2 000 元/千字 × 版权页字数，并承担律师费 3 800 元、公证费 238 元等）。百度公司经营的百度文库 2009 年 11 月上线，是供网友上传、在线阅读、下载小说等各类文档的网络平台。被告百度公司辩称百度文库属于信息存储空间，其中的文档由网友贡献。百度文库已通过多种方式向网民公示了法律法规要求的保护权利人的措施和步骤，尽到了充分提醒的义务。百度公司收到韩寒的投诉后，及时删除了投诉链接和相关作品，并将投诉作品纳入文库的文档 DNA 识别反盗版系统正版资源库，在现有技术条件下尽了最大努力采取措施制止侵权。百度公司完全履行了信息存储空间服务商的法定义务，不存在过错，不应承担侵权责任。北京市海淀区人民法院审理后认为，百度公司作为经营百度文库这个信息存储空间的网络服务提供者，一般不负有对网络用户上传的作品进行事先审查、监控的义务，但并不意味着百度公司对百度文库中的侵权行为可以不加任何干预和限制。作为信息存储空间网络服务提供者，在其不知道或没有合理的理由应当知道网络用户利用其网络服务侵害他人权益的前提下，一般应采用被侵权人通知，再由网络服务提供者及时删除侵权作品的方式来制止侵权，并可予免责。但是，考虑到涉案作品为知名作家的代表作品，韩寒曾于 2011 年 3 月作为作家代表之一就百度文库侵权一事与百度公司协商谈判，百度公司理应知道韩寒不同意百度文库传播其作品，也应知道百度文库中存在侵犯韩寒著作权的文档，百度公司对韩寒作品负有较高的注意义务。对于负有较高注意义务的《像少年啦飞驰》一书侵权文档，百度公司消极等待权利人提供正版作品或通知，未能确保其反盗版系统正常运行之功能，也未能采取其他必要措施制止该侵权文档在百度文库传播，主观上存在过错，故判决百度公司赔偿韩寒经济损失 39 800 元及合理开支 4 000 元。

专题三：演绎作品的法律保护

温慧卿

【经典案例】

《大头儿子小头爸爸》著作权纠纷案 ❶

《大头儿子小头爸爸》（又名《大头儿子和小头爸爸》）是一部适合儿童观看的动画片。该动画片描述了中国一个普通三口之家的日常生活。其主要人物包括小头儿子、围裙妈妈和大头爸爸。该动画片自 1995 年在中央电视台播出后便深受观众的喜爱。但令人遗憾的是，在这部妙趣横生的动画片背后却有着一起著作权纠纷。

1994 年，动画片《大头儿子小头爸爸》（1995 年版，以下简称"1995 版动

---

❶ 浙江省杭州市中级人民法院〔2015〕知终字第 356 号民事判决书。该案入选 2016 年中国法院 10 大知识产权案件。

画片")导演崔世昱、制片汤融，上海科学教育电影制片厂（以下简称"上海科影厂"）副厂长席志杰到美术设计师刘泽岱家中，委托其为即将拍摄的 1995 版动画片创作人物形象。当时刘泽岱虽然是上海美术电影制片厂工作人员，但被借调到上海科影厂工作。刘泽岱当场用铅笔勾画了"大头儿子""小头爸爸""围裙妈妈"三个人物形象正面图，并将底稿交给了崔世昱。当时双方并未就该作品的著作权归属签署任何书面协议。崔世昱将底稿带回后，1995 版动画片美术创作团队在刘泽岱创作的人物概念设计图基础上，进行了进一步的设计和再创作，最终制作成了符合动画片标准造型的三个主要人物形象，即"大头儿子""小头爸爸""围裙妈妈"的标准设计图以及之后的转面图、比例图等。刘泽岱未参与之后的创作。1995 版动画片由中央电视台（以下简称"央视"）和东方电视台联合摄制，于 1995 年播出，在其片尾播放的演职人员列表中载明"人物设计：刘泽岱"。但遗憾的是，由于年代久远和单位变迁等原因，后来各方均无法提供当年刘泽岱创作的底稿。

2012 年 12 月 14 日，刘泽岱将自己创作的"大头儿子""小头爸爸""围裙妈妈"三幅作品的著作权以 3 万元价格转让给了洪亮。2014 年 3 月 10 日，洪亮又将上述著作权转让给了杭州大头儿子文化发展有限公司（以下简称"大头儿子文化公司"）。2013 年，央视动画有限公司（以下简称"央视动画公司"）摄制了动画片《新大头儿子小头爸爸》（以下简称"2013 版动画片"），并在 CCTV、各地方电视台、央视网上进行播放，同时对 2013 版动画片的人物形象进行宣传、展览，并许可中国木偶艺术剧院进行舞台剧表演。

大头儿子文化公司认为央视动画公司在未经著作权人许可且未支付报酬的情况下，利用上述美术作品形象改编为新人物形象，并对改编后的新人物形象进行展览、宣传，制作成动画片并发行、复制、销售、播放、网络传输，侵犯了大头儿子文化公司的著作权，故诉请法院判令：被告立即停止侵权行为，包括停止《新大头儿子小头爸爸》动画片的复制、销售、出租、播放、网络传输等行为，不再进行展览、宣传、贩卖、许可根据"围裙妈妈"美术作品改编后的形象及其衍生的周边产品；被告赔偿原告经济损失人民币 50 万元；被告赔偿原告为制止侵权所支付的调查取证费 3 520 元、律师费 20 000 元，合计人民币 23 520 元；被告在央视网（www.cctv.com）和《中国电视报》上连续 15 天刊登致歉声明，以向原告赔礼道歉、消除影响；被告承担本案的诉讼费用；央视动画公司停止侵权，登报赔礼道歉、消除影响，并赔偿经济损失及合理费用。

【争议焦点】

该案中，双方争议的焦点主要集中在以下五个方面。

第一，刘泽岱创作的人物概念设计图能否作为独立作品进行保护，其与 1995 版动画片及 2013 版动画片中人物形象的关系及各自的权利归属。

原告大头儿子文化公司认为"大头儿子""围裙妈妈""小头爸爸"等涉案美术作品的原著作权人是刘泽岱。央视动画公司认为刘泽岱所进行的人物设计是按照导演崔世昱的介绍、根据编剧郑春华的小说进行的演绎创作，且不能与动画形象的整体创作活动割裂开来，央视与刘泽岱存在委托创作关系，并口头约定著作权归央视，故其无权单独主张著作权。

第二，大头儿子文化公司受让的著作权权利归属及其保护范围。

原告大头儿子文化公司认为，其拥有涉案美术作品的著作权。被告央视动画公司认为，原告为 2013 年才成立的新公司，从未参与涉案作品创作。原告是从洪亮处取得涉案作品著作权。而当初洪亮受让涉案作品著作权的过程是：洪亮得知央视未与刘泽岱签订涉案作品的委托创作协议，故诱导刘泽岱签订了著作权转让合同，并伪造合同倒签日期。因此被告认为原告不应享有涉案作品著作权。

第三，央视动画公司被控侵权作品的性质及其权利归属。

原告大头儿子文化公司认为央视动画公司构成侵权的被控侵权作品是 2013 版动画片中的人物形象。被告央视动画公司则认为其系经央视授权在对原人物形象进行改编后创作了 2013 版新美术作品，不存在侵权问题。

第四，央视动画公司是否构成侵权。

原告大头儿子文化公司认为，被告在未经著作权人——大头儿子文化公司许可且未支付报酬的情况下，对涉案作品进行改编，并对改编后的人物形象进行展览、宣传，制作成动画片，并发行、复制、销售、播放、网络传输，侵犯了原告的著作权，并给原告造成了经济损失。被告央视动画公司认为，原告并不享有涉案作品的著作权，故不构成侵权。

第五，央视动画公司是否必须承担"停止侵害"的侵权责任。

原告大头儿子文化公司认为，央视动画公司构成侵权，不仅应当承担赔偿损失的责任，还应当承担"停止侵权"的责任。被告央视动画公司认为其没有侵犯原告的著作权，因此不应当承担侵权责任。

【法理分析】

经审理，杭州市滨江区人民法院依照《著作权法》第十条第三款、第十二条、第十三条第一款、第十七条、第四十七条，《最高人民法院关于审理著作权民事纠纷案件适用法律若干问题的解释》第二十五条第一二款、第二十六条，《民事诉讼法》第六十四条第一款，《最高人民法院关于民事诉讼证据的若干规定》第七十八条之规定，于 2015 年 6 月 30 日判决："央视动画公司于判决生效之日起 10 日内赔偿大头儿子文化公司经济损失人民币 400 000 元；央视动画公司于判决生效之日起 10 日内赔偿大头儿子文化公司为维权所支出的合理费用人民币 22 040 元；驳回大头儿子文化公司的其他诉讼请求。"大头儿子文化公司和央视动画公司均不服上述民事判决，向浙江省杭州市中级人民法院提起上诉。浙江省杭州市中级人民法院驳回双方上诉，维持原判。2016 年，央视动画有限公司不服浙江省杭州市滨江区人民法院一审判决以及浙江省杭州市中级人民法院二审判决，向浙江省高级人民法院申请再审。2016 年 11 月 14 日，浙江省高级人民法院裁定驳回央视动画有限公司的再审申请。

就案件第一个争议焦点而言——刘泽岱对其创作的人物概念设计图享有独立的著作权。《著作权法》第十七条规定："受委托创作的作品，著作权的归属由委托人和受托人通过合同约定。合同未作明确约定或者没有订立合同的，著作权属于受托人。"关于委托作品，首先，央视动画公司并不能证明当年是央视委托了刘泽岱创造涉案作品，刘泽岱对该项事实予以明确否认；其次，央视动画公司并没有提供当时央视委托刘泽岱创作作品的书面合同，因此，其主张的涉案作品属于委托作品，并约定了作品著作权归属的主张没有事实依据。关于合作作品，《著作权法》第十三条第一款规定："两人以上合作创作的作品，著作权由合作作者共同享有。"该案中，根据各方所提供的证据以及证人证言，可以确认，刘泽岱当时是独立完成创作的，其与央视并无合作创作的约定，故涉案作品并不构成合作作品。央视动画公司的该点主张也不能成立。根据相关证据以及证人的当庭证言和对质，可以认定，1994年刘泽岱是受崔某的委托，独立创作了"大头儿子""小头爸爸""围裙妈妈"三幅美术作品，因双方之间没有签订委托创作合同约定著作权归属，故刘泽岱作为受托人对其所创作的三幅美术作品享有完整的著作权。

需要强调的是，刘泽岱所享有著作权的作品仅是其在1994年创作的"大头儿子""小头爸爸""围裙妈妈"三个人物形象正面图，而非"1995版动画片"的三个人物形象。根据动画片制作的一般流程，一部动画片的制作，在分镜头画面绘制之前，需要创作一个相貌、身材、服饰等人物特征相对固定的动画角色形象，即静态的人物造型，同时在此基础上形成转面图、动态图、表情图等。由此，刘泽岱在1994年所创作的涉案三幅美术作品是人物静态图。这些静态图虽然是1995版动画片《大头儿子小头爸爸》的基本人物造型，但仅靠这三幅人物静态图不足以制作成生动形象的动画片。在取得刘泽岱创作的三幅作品底稿后，央视又专门组织创作团队在其基础上进行进一步的设计和再创作，最终制作成符合动画片标准造型的三个主要人物的标准设计图以及之后的转面图、比例图等。因此刘泽岱所享有独立著作权的标的物是其1994年创作的"大头儿子""小头爸爸""围裙妈妈"三幅美术作品，也即本文所称的"涉案作品"。

在庭审中，当事人均无法提供1994年涉案作品底稿。但无论是当时创作的刘泽岱、获得作品原稿的崔世昱、创作时在场的汤融，还是参与再创作的周某，均认可刘泽岱确实在1994年创作了"大头儿子""小头爸爸"和"围裙妈妈"三幅美术作品初稿，况且在1995版动画片片尾播放的演职人员列表中也载明"人物设计：刘泽岱"，因此，虽然刘泽岱不能提供当初创作的作品底稿，但并不影响其依法享有作品的著作权。

就案件第二个争议焦点而言——大头儿子文化公司享有受让的著作权权利

归属及其保护范围。关于刘泽岱对其 1994 年创作的三幅美术作品著作权归属的处分问题，刘泽岱于 2012 年 12 月 14 日与洪亮签订了《著作权（角色商品化权）转让合同》；于 2013 年 8 月 8 日与央视签订了《〈大头儿子和小头爸爸〉美术造型委托制作协议补充协议》；于 2013 年 8 月 29 日出具了一份《说明》。

第一，刘泽岱与洪亮签订的《著作权（角色商品化权）转让合同》有效。一方面，从时间上看，刘泽岱与洪亮签署的转让合同时间早于其他文件签署时间。另一方面，根据《中华人民共和国合同法》（以下简称《合同法》）和《著作权法》的规定：合同当事人依法享有自愿订立合同的权利，任何单位和个人不得非法干预。著作权人可以全部或部分转让除人身权以外的权利，并依照约定获得报酬。该案中，刘泽岱将其享有完整著作权的作品著作权转让给洪亮，双方意思表示真实，也不违反法律规定，且双方对合同落款时间明确予以认可，所以刘泽岱和洪亮签订的《著作权（角色商品化权）转让合同》合法有效。洪亮依据该合同合法取得了刘泽岱创作的三幅美术作品的除人身权以外的著作权。随后，大头儿子文化公司依据其与洪亮签订的著作权转让协议，也合法取得了涉案作品除人身权以外的著作权。

第二，刘泽岱与央视签订的《〈大头儿子和小头爸爸〉美术造型委托制作协议补充协议》和 2013 年 8 月 29 日出具的《说明》无效。该协议明确约定央视动画公司通过委托创作方式取得了刘泽岱 1994 年创作的三幅美术作品除署名权以外的著作权，同时《说明》否认了刘泽岱与洪亮于 2012 年 12 月 14 日签订的《著作权（角色商品化权）转让合同》。然而，刘泽岱在庭审时当庭明确陈述了上述文件签字的背景情况，并表示其与洪亮签署的转让合同是其真实意思，而与央视所签两份协议均非其真实意思表示。结合实际情况，央视与刘泽岱所签订的协议以及刘泽岱出具的《说明》不是其真实意思表示，所以可以认定该协议无效。而且在刘泽岱与洪亮签署有效著作权转让合同的前提下，洪亮已经取得涉案作品的著作权，刘泽岱再次将作品著作权转让给他人属没有履行基础。

就案件第三个争议焦点而言——央视动画公司有权在"被控侵权作品"中使用1995版动画片中的人物形象。大头儿子文化公司指控央视动画公司构成侵权的作品是2013版动画片中的人物形象。我们可以从"大头儿子"等三个人物形象的产生历史来考察2013版动画片中的人物形象的性质。1994年刘泽岱受央视委托创作了"大头儿子""小头爸爸""围裙妈妈"三个人物形象的正面图。作者刘泽岱就其取得独立著作权。随后央视组织创作团队，对上述三幅美术作品进行再加工，最终创作成了1995版动画片标准造型。1995版动画片中三个人物形象虽然包含了刘泽岱原作品的独创性表达元素，但央视1995版动画片美术创作团队根据动画片艺术表现的需要，在原稿基础上增添新的艺术创作成分，进行具有独创性的艺术加工，属于由原作品派生而成的演绎作品。由于该演绎作品是由央视支持，代表央视意志创作，并最终由央视承担责任的，故央视应视为该演绎作品的作者，对该演绎作品享有著作权。2007年，央视动画部建制转制，央视投资成立了央视动画公司。后央视动画公司对1995版动画片人物形象进行改编后创作了2013版动画片。根据央视授权，央视动画公司有权行使1995版动画片的全部著作权及动画片中包括但不限于文学剧本、造型设计、美术设计等作品除署名权之外的全部著作权。因此，央视动画公司有权在2013版动画片中使用1995版动画片中的人物形象。

就案件第四个争议焦点而言——央视动画公司构成侵权。2013版动画片中"大头儿子""小头爸爸""围裙妈妈"等三个人物形象与1995版动画片中的人物形象无论在整体人物造型，还是基本形态上均构成实质性相似。而1995版动画片中三个人物形象又是1994年刘泽岱所创作的三个人物正面图的演绎作品。

另外，2013 版动画片的片头载明"原造型：刘泽岱"，这也说明 2013 版动画片人物形象未脱离刘泽岱创作的原作品，仍然属于对刘泽岱创作的原作品的演绎作品。根据《著作权法》第十二条的规定，改编、翻译、注释、整理已有作品而产生的作品，其著作权由改编、翻译、注释、整理人享有，但行使著作权时不得侵犯原作品的著作权。央视动画公司基于 1995 版动画片改编制作 2013 版动画片时，应当取得 1994 年刘泽岱所创作的三个人物形象的著作权人的许可。因此，央视动画公司在进行 2013 版动画片创作时未经原著作权人——大头儿子文化公司的同意并支付费用的行为构成侵权。

就案件第五个争议焦点而言——央视动画公司应当承担相应的侵权责任，但不是必须承担"停止侵害"的责任。根据《著作权法》第四十七条规定，未经著作权人许可，以展览、摄制电影和以类似摄制电影的方法使用作品，或者以改编、翻译、注释等方式使用作品的，应当根据情况，承担停止侵害、消除影响、赔礼道歉、赔偿损失等民事责任。央视动画公司未经大头儿子文化公司许可，在 2013 版动画片以及相关的展览、宣传中以改编的方式使用大头儿子文化公司享有著作权的作品并据此获利，侵犯了大头儿子文化公司的著作权，应承担相应的侵权责任。但根据情况，并不必须承担"停止侵害"的侵权责任。《最高人民法院印发关于当前经济形势下知识产权审判服务大局若干问题的意见》第十五条规定："充分发挥停止侵害的救济作用，妥善适用停止侵害责任，有效遏制侵权行为。……如果停止有关行为会造成当事人之间的重大利益失衡，或者有悖社会公共利益，或者实际上无法执行，可以根据案件具体情况进行利益衡量，不判决停止行为，而采取更充分的赔偿或者经济补偿等替代性措施了断纠纷。"具体到该案，第一，涉案的 2013 版动画片，是具有很高知名度和社会影响力的动画片，获得了社会公众的广泛认可，播出后所产生的社会效果良好。如果判决央视动画公司停止播放 2013 版动画片，将会使一部优秀的作品成为历史，造成社会资源的巨大浪费。第二，该动画片制作所花成本不菲，其制作不仅需要人物造型，还需要表现故事情节的剧本、音乐及配音等创作，仅因其中的人物形象缺失原作者许可就判令停止整部动画片的播放，将使其他创作人员的劳动付诸东流，有违公平原则。因此央视动画公司可以不承担"停止播放"的侵权责任，而是将该责任形式转化为提高赔偿额度，即学理上的采用侵权责任替代方式平衡原被告双方及公共利益。

【理论争鸣】

《大头儿子小头爸爸》著作权纠纷案涉及对作品演绎权的认定和法律适用问题。该案经历了一审、二审和再审，是 2016 年最高人民法院发布的十大知识产权案件之八。该案件的判决在认定作品演绎权侵权等方面为解决目前逐年增多的同类案件提供了司法指导。

一、演绎权的内涵

（一）演绎权的定义

我国《著作权法》第十二条规定："改编、翻译、注释、整理已有作品而产生的作品，其著作权由改编、翻译、注释、整理人享有，但行使著作权时不得侵犯原作品的著作权。"学术界认为该条是对演绎权的规定。所谓的演绎权，是指作者许可他人在自己作品的基础上创作作品的权利。[1] 演绎者基于原作者的

---

[1] 李明德，许超.著作权法 [M].北京：法律出版社，2009：76.

作品，通过重新创作或改编而形成的新作品即被称为演绎作品。演绎权是著作权中一种非常重要的经济权利。这种权利具体表现为作者可以禁止他人对作品的擅自改编、翻译、节选等演绎行为。反之，如果他人未经作者的许可而翻译、改编、节选其作品，就侵犯了作者的演绎权。

关于演绎作品的权利归属，我国《著作权法》第十二条规定，演绎作品著作权由改编、翻译、注释、整理人享有，但行使著作权时不得侵犯原作品的著作权。"由于演绎作品产生于基础作品，因此在演绎作品中包含两个著作权——原作者的著作权和演绎作者的著作权。所以，影视作品演绎作品的著作权归属于演绎者，但演绎者在行使著作权时不得侵犯原作者的著作权。

美国 1990 年的"阿本德"案确立了一项原则——"演绎作品中由演绎作者所加入的方面，是该作者的财产。但从已有作品中抽取出的因素，仍然属于已有作品的作者"❶。这意味着，演绎作品必须也具有独创性。演绎者在他人表达的基础上进行再创作，演绎的结果与原作品相比必须具有原创性，并且符合作品的要件，只有这样才可以被称为演绎作品。演绎者所享有的著作权限于其再创作部分。❷

（二）基础作品与演绎作品的关系

演绎权涉及基础作品和演绎作品。基础作品是演绎作品产生的前提，演绎作品是依据基础作品而产生的创造性劳动成果。

在对演绎作品的使用上，《著作权法》中第三十五条、第三十七条、第四十条规定了"双重同意"，出版、表演、录音录像演绎作品需要同时获得演绎作

---

❶ 李明德，许超．著作权法 [M]．北京：法律出版社，2009：76．

❷ 北京技术开发律师．著作权律师谈 IP 开发核心法律问题之演绎作品的法律分析 [EB/OL]. (2017-09-22) [2018-09-01]. http://www.fabao365.com/jishukaifa/163846/.

品著作权人和原作品著作权人的许可。除此之外的其他人对作品的利用则无须经过基础作品作者的同意，只需要取得演绎者的许可即可。与我国的规定不同，美国等国家的立法更加严格，规定当演绎作品进行出版、改编、翻译、注释、汇编时，不仅需要取得演绎作品作者的许可，也需要取得基础作品作者的许可。相对于出版、表演和录音录像演绎作品的双重同意而言，演绎作品著作权人自己对影视作品的出版、发行、改编、翻译、注释、汇编等使用，则无须经过基础作品作者的许可。

二、演绎权的种类

根据我国《著作权法》的规定，演绎权分为改编权、翻译权、摄制权和汇编权。

（一）改编权

1. 改编权及改编作品

改编权，是指改编权人创作出具有独创性新作品的权利。改编权人在已有作品的基础之上发挥自己的创造力，使改编后的作品具有独创性。改编作品必须在原作品的基础之上进行再创作❶。

改编作品，泛指那些变更原作品的表现形式、用途、内容等，并能具有独创性的新作品。由于改编权涉及作品形式的转换，所以某些类型的作品，如摄影作品并不适宜被改编。无论哪种题材或者种类的改编，构成"改编作品"需具备两个条件：一是要保留原作品的原创性表达；二是改编作者在原作基础上

---

❶ 马思遥.浅谈改编权的空间与限制：以文学作品改编成影视作品为例 [J].法制与社会，2017（2）：72-73.

附加了新的原创表达，最终创作出新作品。改编作品同其他演绎作品一样与原作品具有不可分割性，因此，法律规定使用基础作品进行改编时需取得原作品著作权人的许可。

改编权作为一种财产性权利，既可以由原作品著作权人行使，也可以被授权给他人行使或是转让。改编权作为著作权中的经济权利，可反复分时段转让，也可以一次性全部转让。著名作家金庸的小说《射雕英雄传》从1958年起分别在我国港台和大陆地区被多次改编成影视作品。其中电视剧版和电影版的《射雕英雄传》又被赋予不同的改编权，成为不同的作品。

修改权中包括合理限制。根据《著作权法》第三十四条的规定，图书出版者经作者许可，可以对作品修改、删节。报社、期刊社除非对内容进行修改，如果仅是对作品作文字性修改、删节，则无须经得作者许可。

2. 改编权与修改权的区别

所谓修改权，即修改或者授权他人修改作品的权利。由于语义接近，人们有时会将改编权与修改权混淆。但改编权和修改权是不同性质的两类权利。具体区别是：第一，改编权和修改权的性质不同。改编权具有财产权利的属性。而修改权具有著作权中人身权的性质，体现的是作者的精神利益。第二，行使改编权和修改权产生的后果不同。行使改编权，后果是产生具有独创性的新作品，即演绎作品，从而改编人可以具有独立的著作权。而行使修改权，仅是对作品的细节或者个别表达做改动。修改后的作品不具有独立的原创性，不是演绎作品，修改者不享有单独的著作权。第三，改编权和修改权权利行使的方式不同。改编权可以由原作著作权人自己行使，也可以通过许可或者转让的方式，授权他人行使。修改权，除由著作权人自己行使外，作者虽然也可以授权他人行使，但不能转让该权利。第四，法律对改编权和修改权的保护期不同。由于修改权是著作权中的人身权，因此该权利不受保护期的限制——修改权在作者死亡之后仍由作者的继承人或者受遗赠人享有。而由于改编权是财产性权利，因此其有保护期限的限制——改编权的保护期为作者终生及其死亡后 50 年，截止于作者死亡后第 50 年的 12 月 31 日。

（二）翻译权

翻译权，即将作品从一种语言文字转换成另一种语言文字的权利。《著作权法》意义上的"翻译作品"，是指翻译者付出创造性的劳动所产生的具有独创性的作品。对作品的翻译，既可以是将他国语言或者少数民族语言翻译成中文，也可以是将中文翻译成他国语言或者少数民族语言。翻译作品以文字的形式呈现出来，表达了翻译者一定的思想，是具有独创性、可被复制的智力成果。因此翻译作品属于演绎作品，其本身应当受到《著作权法》的保护。

翻译权是一种财产权利。翻译人可以经过原作品著作权人许可取得该作品的翻译权。具体取得方式包括原作品著作权人转让其翻译权，以及与作品著作权人签订翻译权许可合同。前者，原作品著作权人自己不得再行翻译。后者，翻译权人可以通过独占、排他、普通等许可方式将翻译自己作品的权利许可给他人使用。

（三）摄制权

摄制权，即以摄制电影或者类似摄制电影的方法将作品固定在载体上的权利。摄制权是作者享有的，许可或者禁止他人将其作品摄制成影视作品的权利。

《保护文学和艺术作品伯尔尼公约》（以下简称《伯尔尼公约》）将摄制权看成改编权的一种。人们将小说、喜剧、舞蹈、音乐、美术作品等摄制成影视作品的行为是对原有作品形式的改变；人们将文字语言转化成影视画面的行为是对原作内容和表达的改变。因此从本质上讲,摄制作品的实质是改编作品；摄制权属于改编权。关于摄制权的行使和限制，原则上同"改编权"。但随着时代的进步，电影市场的繁荣发展，影视业成为重要的演绎作品阵地，加之摄制影视作品耗资巨大，人力物力的投入不是个人可以承担的，摄制影视作品一般由影视公司而非个人完成，因此现在人们将摄制权独立于改编权。❶

现实中，影视作品的摄制必须依据一定的剧本才能够完成。可以说，剧本是摄制的依据，也是影视作品的源生版权。❷因此摄制权的行使必须取得剧本著作权人的授权。

（四）汇编权

汇编权，即将作品或者作品的片段通过选择或者编排，汇集成新作品的权利。汇编权的适用范围很广，除立体美术作品外，一般都可适用。❸汇编作品的独创性体现在对既有信息的选择或编排上，形成了独立的表现思想或文艺美感。

原作品作者可以基于汇编权对自己的作品进行汇编，从而产生基于原作和汇编作品的双重著作权。《著作权法》第十四条规定："汇编若干作品、作品的片段或者不构成作品的数据或者其他材料，对其内容的选择或者编排体现独创性的作品，为汇编作品，其著作权由汇编人享有，但行使著作权时，不得侵犯原作品的著作权。"

三、非法演绎作品的法律保护

演绎作者在改编、翻译、汇编、摄制原作品时，如果没有经过原作著作权

---

❶ 张艳冰.演绎作品著作权及其归属制度完善研究：以《著作权法》（修订稿）为视角 [J].邵阳学院学报（社会科学版），2014（4）：32-39.

❷ 王兴东.剧本摄制权是影片的生命线 [N].中国知识产权报，2012-10-19（10）.

❸ 冯晓青.知识产权法 [M].北京：中国政法大学出版社，2015：116.

人的许可或者超越许可范围，则被视为非法演绎作品。虽然该演绎行为侵犯了原作品作者的著作权，但演绎作品本身不是对已有作品的抄袭或复制，它本身是作者创作活动的产物，它的作者也付出了创造性的劳动。❶那么，非法演绎作品是否应该受到法律的保护呢？

世界各国对该问题主要存在两种立法：一种是非法演绎作品不受法律保护，即"任何人在诉讼中有所主张时，行为人自身如有不当行为，则其亦无权主张他人行为之不当"，这以美国为主要代表。另一种是非法演绎作品受法律保护，即侵权的归侵权，创作的归创作，侵权人对演绎作品付出了一定的创造性劳动，也应享有著作权，这以瑞士为主要代表。我国对于非法演绎作品是否受法律保护没有明确规定，一直存有争议。在司法实践中，有判决认为非法演绎作品应该受法律保护。但其保护程度应不同于演绎作品，非法演绎作品不能主动行使相关权利，只有在被第三方侵权时才能被动行使权利，即要求第三方停止侵权并赔偿损失。❷

【拓展案例】

案例一：琼瑶诉于正等著作权侵权纠纷案 ❸

1992年10月，被上诉人琼瑶（本名：陈喆）创作完成剧本《梅花烙》，

---

❶ 北京第三中级人民法院〔2014〕三中民初字第07916号民事判决书。

❷ 肖云成.歌手翻唱歌曲算侵权吗？[N].北京日报，2017-3-15（14）.

❸ 北京市高级人民法院〔2015〕高民（知）终字第1039号民事判决书。该案入选2015年中国法院十大知识产权案件。

共 21 集，未以纸质方式公开发表。依据该剧本拍摄的电视剧《梅花烙》分别于 1993 年 10 月和 1994 年 4 月在中国台湾地区和大陆地区首次电视播出。电视剧内容与该剧本高度一致。虽然当时电视剧《梅花烙》片头字幕显示署名编剧为林久愉，但 2014 年林久愉出具经公证处认证的《声明书》，声明其仅作为助手配合、辅助琼瑶完成剧本。剧本《梅花烙》系琼瑶独立原创形成，琼瑶自始独立享有剧本的全部著作权及相关权益。琼瑶后又将剧本《梅花烙》改编成小说《梅花烙》，并于 1993 年在中国台湾地区和大陆地区公开发表。小说情节与剧本《梅花烙》基本一致。2014 年，琼瑶发现内地编剧于正（本名：余征）编写的电视剧《宫锁连城》和该剧本几乎完整套用了《梅花烙》小说和剧本。琼瑶认为于正的做法严重侵犯了她的改编权和摄制权，因此将于正、湖南经视文化传播有限公司、东阳欢娱影视文化有限公司、万达影视传媒有限公司以及东阳星瑞影视文化传媒有限公司五被告诉至法院。琼瑶通过对比，指出被告于正"抄袭"了其作品中的 21 个情节。一审法院经审理认为，被告于正接触了原告剧本及小说《梅花烙》的内容，并实质性使用了原告剧本及小说《梅花烙》的人物设置、人物关系、具有较强独创性的情节以及故事情节的串联，整体进行改编，形成新作品《宫锁连城》剧本，上述行为超越了合理借鉴的边界，构成对原告琼瑶作品的改编，侵害了琼瑶基于剧本《梅花烙》及小说《梅花烙》享有的改编权，依法应当承担相应的侵权责任。湖南经视文化传播有限公司、东阳欢娱影视文化有限公司、万达影视传媒有限公司以及东阳星瑞影视文化传媒有限公司在剧本《宫锁连城》的创作过程中，存在着明知或应知剧本《宫锁连城》侵害他人著作权的共同过错，故与于正一同承担连带责任。判令除于正之外的四被告立即停止电视剧《宫锁连城》的复制、发行和传播行为；被告于正向原告琼瑶公开赔礼道歉，消除影响；五被告连带赔偿原告经济损失及诉讼合理开支共计 500 万元。于正等原告均不服一审判决，向北京高级人民法院提起上诉，请求撤销原审判决，驳回琼瑶的全部诉讼请求。二审法院经审理认为，剧本《宫锁连城》与《梅花烙》在整体上构成实质性相似，因此于正等被上诉人确实侵犯了琼瑶对涉案作品所享有的改编权，遂驳回上诉，维持原判。

案例二：温瑞安诉北京玩蟹科技有限公司侵害作品改编权案 ❶

"四大名捕"既是著名作家温瑞安创作的《四大名捕斗将军》《四大名捕震关东》《四大名捕会京师》等一百多部武侠小说的系列名称，又是贯穿上述系列小说中的若干灵魂人物——包括"诸葛先生"（又名"诸葛神侯""诸葛正我"）和他各怀绝技、分别名为"无情""铁手""追命"和"冷血"的四个徒弟。北京玩蟹科技有限公司（以下简称"玩蟹公司"）于 2012 年 10 月开发并上线运营了一款名为《大掌门》的卡牌手机网络游戏。游戏中共有 300 多个武侠人物，分属不同门派。运营方式是用户免费下载该游戏，想要快速升级或获得特定武功时，用户才需要付费。2014 年 8 月由温瑞安作品改编的电影《四大名捕大结局》上映。该电影上映后，玩蟹公司陆续将"诸葛先生""无情""铁手""追命"和"冷血"五个涉案人物加入游戏。首先上线的是"无情"人物卡牌，后陆续上线其他人物。在游戏中，该五个人物需要用户付费招来，可以加入任何门派。原告温瑞安认为，玩蟹公司未经其许可擅自将其文学作品中的人物改编成游戏人物，侵害了其作品改编权，玩蟹公司的行为同时构成擅自使用温瑞安

---

❶ 北京市海淀区人民法院〔2015〕海民（知）初字第 32202 号民事判决书。该案系 2016 年度北京市法院知识产权司法保护十大典型案例第 8 号案例，北京法院优秀裁判文书二等奖获奖文书。

知名作品特有名称"四大名捕"，遂诉至北京市海淀区人民法院，请求法院判令玩蟹公司承担侵害作品改编权的责任。被告玩蟹公司承认《大掌门》游戏中"神捕无情""神捕铁手""神捕追命""神捕冷血"及"诸葛先生"五个人物名称与温瑞安所创作小说具有关联性，同时认可"诸葛先生"的"惊艳一枪"确系借鉴了温瑞安作品，但否认《大掌门》游戏中这些卡牌人物的表达与温瑞安的小说表达存在关联性，并否认侵害了温瑞安作品的改编权。法院经审理认为，温瑞安对"四大名捕"系列小说享有著作权。玩蟹公司开发经营的《大掌门》游戏以温瑞安"四大名捕"系列小说为基础，通过游戏界面信息、卡牌人物特征、文字介绍和人物关系，表现了温瑞安"四大名捕"系列小说人物"无情""铁手""追命""冷血"及"诸葛先生"的形象，是以卡牌类网络游戏的方式表达了温瑞安小说中的独创性武侠人物。玩蟹公司的改编行为是进行独创性修改而创作出新作品的行为。虽然《大掌门》游戏由软件程序和信息数据构成，与温瑞安小说文学作品的形式不同，但这不妨碍游戏运行过程中呈现给用户的可识别性文字、音乐、影像等要素及要素组合亦可构成作品。况且，根据法律规定，改编涉及的独创性修改既可以是与原表达相同方式的再创作，也可以是与原表达不同方式的再创作。故玩蟹公司的行为，属于对温瑞安作品中独创性人物表达的改编，该行为未经温瑞安许可且用于游戏商业性运营活动，侵害了温瑞安对其作品所享有的改编权，应承担消除影响、赔偿经济损失的责任。

专题四：著作权合理使用问题研究

黄馨瑶

【经典案例】

长春出版传媒集团有限责任公司诉
吉林大学出版社有限责任公司侵犯著作权案❶

长春出版传媒集团有限责任公司根据教育部颁行的课程标准，组织编写了长春版语文教科书（《义务教育课程标准试验教科书语文（五年级上册）》，ISBN：978-7-5445-2268-7），长春出版传媒集团有限责任公司对该教科书享有著作权，并在版权页下方标注"版权专有，任何单位和个人不得配套相关教辅"。吉林大学出版社有限责任公司出版《名师解教材（五年级语文上）》（ISBN：

❶ 吉林省高级人民法院（2015）吉民三知终字第68号判决书。该案入选2015年中国法院50件典型知识产权案例。

978-7-5601-7169-2）并通过长春联合图书城有限公司进行销售。

经过比对，《名师解教材（五年级语文上）》（以下简称"教辅书"）与《义务教育课程标准试验教科书语文（五年级上册）》（以下简称"教科书"）的目录完全相同，编排体系完全一致。除此之外，被控侵权教辅书的内容主题也与涉案教科书的内容主题完全对应，均分为 11 个主题。被控侵权教辅书主题项下所设单元与涉案教科书所设单元基本对应，仅在个别主题项下增设"表达""综合学习活动"等单元，该增设单元的主要内容与涉案教科书对应主题内的"表达""综合学习活动"栏目内容基本相同；除上述增设的单元外，被控侵权教辅书每个单元项下均设置"晨读十分钟""信息驿站""积累笔记""圈点原文""习题点拨"等栏目，其中圈点原文、习题点拨栏目的主要内容分别与涉案教科书对应单元所收录的作品及后附练习题目基本相同。

长春出版传媒集团有限责任公司认为吉林大学出版社有限责任公司出版的教辅书，从结构到内容均侵犯了其著作权；长春联合图书城有限公司作为专业图书销售单位，在图书购销环节未能尽到审查注意义务，经销侵权图书也是对其著作权的侵害。故长春出版传媒集团有限责任公司起诉至人民法院，请求判令：吉林大学出版社有限责任公司立即停止编辑、出版、发行涉案侵权图书《名师解教材（五年级语文上）》（ISBN：978-7-5601-7169-2），并赔偿经济损失和维权支出费用人民币 15 万元；长春联合图书城有限公司立即停止销售涉案侵权图书。

【争议焦点】

该案中，双方争议的焦点主要集中在以下两个方面。

第一，教辅书对教科书的参照借用是否构成合理使用。

被告认为长春出版传媒集团有限责任公司出版的教科书是根据教育部制定的《义务教育语文课程标准》编写，并经教育行政部门审定批准后，在一定区域内推广使用的小学义务教育课程教科书，具有行政上的规范性、标准性和统一性，其本质为一种公共产品。被控侵权图书作为教辅用书是配合教材使用的，整体编排上必然要参照教科书的编排顺序，在编排体系及目录上的参照为合理使用，不应构成侵权。被控侵权教辅书是由语文教学资深专家和特高级教师所编写的优质教辅图书，在每个主题下分别安排了"晨读十分钟""信息驿站""积累笔记""圈点原文"等栏目，在内容的选择和编排上体现出了编写者的独立构思。因此，尽管两书在整体框架结构方面存在大致上的一致性，但仍属在合理的程度内对已有作品的使用，不构成侵权。而原告则主张长春出版传媒集团有限责任公司对长春版语文教材原版和修订版及相关教辅图书拥有专有出版权和著作权，吉林大学出版社有限责任公司出版的教辅书对教科书的参照借用严重侵犯了其著作权。

第二，教辅书是否涉及对汇编作品教科书整体著作权的侵犯。

被告认为涉案教科书属于汇编作品，其仅享有教科书作为整体汇编作品的著作权，而对其收录的课文及插画等独立作品无权主张权利。教辅书中使用课文和相关独立作品的行为不构成对长春出版传媒集团有限责任公司作为汇编者整体著作权的侵害。而原告则主张教辅书从体例和内容上均涉及对汇编教科书整体著作权的侵害。

【法理分析】

经审理，吉林省长春市中级人民法院依照《著作权法》第十条、第十四条、第十七条、第二十二条、第四十七条第（六）项、第（十一）项、四十九条，《最高人民法院关于审理著作权民事纠纷案件适用法律若干问题的解释》第二十五条第一款及第二款、第二十六条，《民事诉讼法》第一百四十四条之规定，判决如下："被告吉林大学出版社有限责任公司于本判决生效之日起立即停止侵害原告长春出版传媒集团有限责任公司《义务教育课程标准试验教科书语文（五年级上册）》（ISBN：978-7-5445-2268-7）著作权的行为，未经原告授权，不得再次编写、出版、发行《名师解教材（五年级语文上）》（ISBN：978-7-5601-7169-2）；被告吉林大学出版社有限责任公司于本判决生效之日后 10 日内赔偿原告经济损失人民币 2.5 万元；被告长春联合图书城有限公司于本判决生效之日起立即停止销售《名师解教材（五年级语文上）》（ISBN：978-7-5601-7169-2）；驳回原告其他诉讼请求。案件受理费 3 300 元，由原告长春出版传媒集团有限责任公司负担 900 元，由被告吉林大学出版社有限责任公司负担 1 300 元，由被告长春联合图书城有限公司负担 1 100 元。吉林大学出版社有限责任公司对一审判决不服，向吉林省高级人民法院提起上诉。"吉林省高级人民法院驳回上诉，维持原判。

第一，吉林大学出版社有限责任公司认为涉案教科书属于公共产品，其编写相应教辅书参照涉案教科书属于合理使用的观点并不能成立。《著作权法》第二十二条明确规定了 12 种可以不经著作权人许可，不向其支付报酬，在指明作者姓名、作品名称，并且不侵犯著作权人依照《著作权法》享有的其他权利的前提下合理使用作品的情形，而吉林大学出版社有限责任公司未经许可编写、出版、发行与涉案教科书相应的教辅图书的行为不属于上述 12 种情形中的任何一种，因而不构成合理使用。

在法庭审理过程中，被告吉林大学出版社有限责任公司反复强调义务教育阶段的教科书作为一种公共文化产品，具有极强的公共性和垄断性，其著作权的保护应当区别于一般图书，如果判决支持教科书出版社的过度维权，将对教辅行业形成毁灭性打击，并将严重损害公共利益。需要注意的是，虽然义务教育为公民的基本权利和义务，但并非与义务教育相关的全部产业均为公益性事业。教材市场，系开放的市场，任何具备资质、符合条件的出版者均可参与市场竞争，亦可凭借其经营成果而获取利益。这种市场竞争方式，能够鼓励更多的出版者加大对教材的投入，对于提高教材质量、服务义务教育是有益的。长春出版传媒集团有限责任公司出版的涉案教材，系经全国中小学教材审定委员会审定通过，其为取得这一成果，付出了大量的劳动，也必然有其独立的经济诉求，任何人均无权借义务教育之名，擅自使用他人享有著作权的作品，侵害他人合法权益。该案中的涉案教科书尽管是按照教育部颁行的相关课程标准编写，但其内容的选择和编排均体现出独创性，不能否认涉案教材整体作为汇编作品的属性，长春出版传媒集团有限责任公司享有该汇编作品的著作权，他人未经其许可不得无偿行使。

法院认为，长春出版传媒集团有限责任公司出版的教科书系以教育部制定的《义务教育语文课程标准》为依据进行编写，吉林大学出版社有限责任公司出版教辅书，或可与著作权人进行协商，或可依照上述标准自行创作编写，其在此过程中享有交易自由和选择权。因此，无论其所主张的依托教材、基于教材的结构必要与否，均不能成为其未经著作权人许可，擅自使用涉案教材的抗辩事由。教辅书对教科书的参照借用不能构成合理使用。

第二，该案中的涉案教科书以教学为目的，选择性地收录了若干作品并且分别编排入相应主题项下，并根据收录作品的特点以及教学目的的需要设置具有独创性的练习题目等，内容的选择和编排均体现出了独创性，因此涉案教科书属于汇编作品，著作权由汇编人即长春出版传媒集团有限责任公司享有。吉林大学出版社有限责任公司在庭审过程中主张长春出版传媒集团有限责任公司仅享有教科书作为整体汇编作品的著作权，而对其中收录的课文及插画等独立作品无权主张权利。但实际情况是吉林大学出版社有限责任公司编写并出版发行的被控侵权教辅书中收录的作品、对收录作品的编排以及"表达""综合学习活动""习题点拨栏目"中的主要内容均与涉案教科书相同，这除了涉及对汇编作品中独立作品著作权的侵害，还侵害了作为汇编整体的涉案教科书的著作权。

法院认为，汇编权是指将作品或者作品的片段通过选择或者编排，汇集成新作品而形成的权利。长春出版传媒集团有限责任公司对作品或者作品的片段以教学为目的进行选择和编排，从而形成了汇编作品教科书。吉林大学出版社有限责任公司出版的教辅书中，对作品的选择和编排与涉案教科书完全一致，其虽新添加了部分内容，并与教科书一并进行了编排，但此种添加和编排并未改变涉案教科书的作品选择和编排结构，其实质是在完全覆盖他人汇编作品的基础上加入新的内容，该行为已经明显侵害了长春出版传媒集团有限责任公司对汇编作品的整体著作权，故认定教辅书是对汇编作品教科书整体著作权的侵犯。

关于该案赔偿数额的确定，吉林大学出版社有限责任公司主张被控侵权图书作为教辅图书，与长春出版传媒集团有限责任公司的涉案教科书不构成市场竞争关系，教辅书对教科书的经济利益没有造成事实上的不利影响，其要求赔偿经济损失的主张没有事实依据。而依据《著作权法》第四十九条：
"侵犯著作权或者与著作权有关的权利的，侵权人应当按照权利人的实际损失给
予赔偿；实际损失难以计算的，可以按照侵权人的违法所得给予赔偿。赔偿数
额还应当包括权利人为制止侵权行为所支付的合理开支。权利人的实际损失或
者侵权人的违法所得不能确定的，由人民法院根据侵权行为的情节，判决给予
五十万元以下的赔偿。"《最高人民法院关于审理著作权民事纠纷案件适用法律
若干问题的解释》第二十五条第二款规定："人民法院在确定赔偿数额时，应当
考虑作品类型、合理使用费、侵权行为性质、后果等情节综合确定。"

该案中长春出版传媒集团有限责任公司的实际损失以及吉林大学出版社
有限责任公司的违法所得均不能确定，一审法院根据作品类型、侵权行为形
式、后果、维权费用等综合确定赔偿数额为人民币 25 000 元（包括为制止
侵权行为所支付的合理开支）。长春联合图书城有限公司销售侵害教科书著
作权的侵权教辅书，此销售行为客观上属于侵害涉案教科书著作权的行为，
结合长春出版传媒集团有限责任公司的诉讼请求，长春联合图书城有限公司
应当承担停止侵害的民事责任。

【理论争鸣】

合理使用制度是指依照法律的明文规定，可以不经著作权人许可而无偿使
用他人作品的行为。根据《著作权法》第二十二条的规定，合理使用只能是在
法律明文规定的 12 种情形下来使用作品，可以不经著作权人许可，不向其支付
报酬，但应当指明作者姓名、作品名称，并且不得侵犯著作权人依照本法享有

的其他权利。这 12 种情形包括：为个人学习、研究或者欣赏，使用他人已经发表的作品；为介绍、评论某一作品或者说明某一问题，在作品中适当引用他人已经发表的作品；为报道时事新闻，在报纸、期刊、广播电台、电视台等媒体中不可避免地再现或者引用已经发表的作品；报纸、期刊、广播电台、电视台等媒体刊登或者播放其他报纸、期刊、广播电台、电视台等媒体已经发表的关于政治、经济、宗教问题的时事性文章，但作者声明不许刊登、播放的除外；报纸、期刊、广播电台、电视台等媒体刊登或者播放在公众集会上发表的讲话，但作者声明不许刊登、播放的除外；为学校课堂教学或者科学研究，翻译或者少量复制已经发表的作品，供教学或者科研人员使用，但不得出版发行；国家机关为执行公务在合理范围内使用已经发表的作品；图书馆、档案馆、纪念馆、博物馆、美术馆等为陈列或者保存版本的需要，复制本馆收藏的作品；免费表演已经发表的作品，该表演未向公众收取费用，也未向表演者支付报酬；对设置或者陈列在室外公共场所的艺术作品进行临摹、绘画、摄影、录像；将中国公民、法人或者其他组织已经发表的以汉语言文字创作的作品翻译成少数民族语言文字作品在国内出版发行；将已经发表的作品改成盲文出版。该合理使用的规定同样适用于对出版者、表演者、录音录像制作者、广播电台、电视台的权利的限制。

《著作权法》为什么会在赋予和保护作者著作权的同时，又对其著作权作出一定限制呢？这就需要先了解一下合理使用的价值目标。

一、合理使用的价值目标

《著作权法》第一条规定："为保护文学、艺术和科学作品作者的著作权，以及与著作权有关的权益，鼓励有益于社会主义精神文明、物质文明建设的作品的创作和传播，促进社会主义文化和科学事业的发展与繁荣，根据宪法制定本法。"在著作权法律关系中，保护著作权人合法权益与保护社会公共利益之间必然存在一定的矛盾：如果只强调保护著作权人利益，将增加著作权保护的社会成本，不利于社会整体科学文化水平的提升；而如果过分强调保护社会公共利益，缺乏对创造性劳动者权益的保护，将使人们怠于创新，社会整体的科学文化将成为无源之水。因此，应将保护著作权人合法权益与保护社会公共利益维持在理想的动态平衡状态，即作者个人的权益得到了保护，激励作者以更大的热情从事科学文化作品的创作；同时，社会公众又能以合理的成本获得科学技术和文化作品，整个社会的科学技术和文化水平得到逐步提高，这是《著作权法》立法的根本目的之一。❶

普通法系国家在从近代法向现代法进化的过程中，寻求《著作权法》的平衡精神，借由合理使用制度以解决著作权人利益与社会公共利益间的冲突。美国著作权法学者 Paul Goldstein 认为："合理使用的目的与著作权法的基本宗旨并不矛盾，即充分发挥著作权作品的使用效益，以协调公众使用作品要求与作者权利主张的关系。法律一方面为保证作者个人利益的实现，规定了作者有权许可他人使用而收取转让费用；另一方面为保证公众利益的实现，在一定的范围内，允许其不经作者同意，不需支付报酬而使用著作权作品。"❷ 合理使用制度的价值目标，就在于通过均衡保护的途径，促进科学、文化事业的发展。因此作为独占权利的著作权，在一定的范围内不应阻滞作品的传播和使用。❸ 作

---

❶ 郭禾.知识产权法 [M].北京：中国人民大学出版社，2014.

❷ GOLDSTEIN. Copyright principles: law and practice [M]. Harv. j. law & Tec，1989.

❸ 吴汉东.著作权合理使用制度研究 [M].北京：中国人民大学出版社，2013.

为维持著作权人合法权益与保护社会公共利益间平衡的措施，合理使用制度被世界各国普遍采用。

二、合理使用性质探究

对合理使用的性质进行探究，有利于厘清创作者与使用者间的权利义务关系。国内外学者对合理使用性质的探讨，主要分为以下几种学说类型。

（一）"权利限制"说

此学说主张合理使用是对著作权使用的限制，在世界知识产权组织撰写的《知识产权纵横谈》中，将合理使用、法定许可、强制许可均视为版权保护的限制。❶ 美国学者 Joho S. Lawrence 认为，基于使用者利益的立场出发，合理使用不是对版权这种独占权利的排除，而是对版权的一种最重要的限制。❷ 我国台湾学者杨崇森认为："为了保障作者或艺术家创造之动力，以促进学术文艺之发展，须对著作权加以保护，但在另一方面，亦不宜保护太过，以免阻滞了一般知识的利用与资讯的传播，所以各国法律，基于社会公益之理由，对著作权加以种种限制。"❸ 笔者也比较认同此种观点。

（二）"侵权阻却"说

此学说认为，合理使用是著作权侵害的违法阻却事由。这一观点基于合理使用本是侵权行为，具有违法性，但基于法律的直接规定，其违法性失效，因而不以侵害他人著作权论。日本学者胜本正晃认为，权利的公平使用本应属于

❶　世界知识产权组织. 知识产权纵横谈 [M]. 北京：世界知识产权出版社，1992.

❷　LAWRENCE, TIMBERG.Fair use and free inquiry: copyright law and the new media edition[M].2nd. Westport：Praeger, 1989.

❸　杨崇森. 著作权法论丛 [M]. 台北：华欣文化事业中心，1983.

不法行为，但由于其违法性失效，因而成为非违法行为。阻却违法性的事由，应由法律直接规定，诸如合理使用、无因管理、正当防卫、紧急避险、道路通行权等，都属于此类情形。❶ 我国台湾学者张静对此阐述比较直接，他认为："合理使用行为本质为侵害行为，只是既经注明出处后不以侵害论而已。"❷

（三）"使用者权利"说

此学说认为合理使用乃是使用者依法享有利用他人著作权作品的一项权益。美国学者对此论述较多，《版权本质：使用者权利的法律》一书的作者写道："现代著作权法乃是平衡创作者权利、出版商权利与使用者权利的产物。"有理由认为，著作权法作为一种法律制度，必须重视在创作、传播与使用作品过程中所有个人的权利。"使用者也有权利，否认个人的使用权将会导致以著作权控制社会公众的行为，从而出现为少数人谋取所谓经济利益的结果。""著作权法若要服务于公共利益，必须包容两种时常冲突的私人权利，即创作者向公众传播其作品的经济回报权与使用者因利用著作权作品而提高其知识水平的学习权利"。❸

三、合理使用的判定标准

关于合理使用的判定标准，在著作权界是一个令人迷惑不解而又争论不休的问题。自从 1841 年美国法官 Joseph Story 提出著名的合理使用三要素以来，经过一个多世纪司法实践的深化和总结，这一"合理性"界定规则被写进了

---

❶ 胜本正晃. 权利的合理使用 [J]. 独协法学，1977（10）.

❷ 张静. 著作权法评析 [M]. 台北：水牛图书出版事业有限公司，1983.

❸ PATTERSON L R, Lindberg W. The nature of copyright: a law of users' right [M]. Georgia: University of Georgia Press，1991.

1976 年美国版权法，这就是为世界上众多著作权学者所称道的判定合理使用四条标准。《美国版权法》第一百零七条作出如下规定："在任何特定情况下，确定对一部作品是否合理使用，要考虑的因素应当包括：第一，使用的目的和性质，包括这种使用是否具有商业性质或者是为了非营利的使用目的；第二，有版权作品的性质；第三，同整个有版权作品相比所使用部分的数量和内容的实质性；第四，这种使用对有版权作品的潜在市场或价值所产生的影响。"这是对长期司法实践经验的高度概括，也是界定合理使用还是侵权使用边界的系统阐述，从理论上说，《美国版权法》以立法形式确认合理性的判定标准，使得各种使用作品情形的裁量有了统一的原则和明确的方法，是合理使用制度的一大进步。但是，合理使用四条标准的规定，并没有使美国相关案件的审理从此明晰顺畅，相反由于存在规则适用上的诸多混乱，而受到法官和学者的一些诘难。法学家、法官、律师渴望将合理使用制度从混乱引向秩序，因此从不同角度提出了新的认知。美国地方法院法官 Pierre N. Leval 主张根据基本的著作权原则来解释合理使用规则。他认为，著作权的目标是"促进知识、鼓励创作"，而合理使用是著作权目标的重要组成部分，合理使用只能是符合上述两条原则的使用，即使用必须服务于著作权鼓励创造性思维与公共教育启迪的目标。❶换言之，凡是合理的使用都是服务于著作权目标的使用，凡不是服务于此种目标的使用则不能被视为合理使用。哈佛大学法学教授 Lloyd L. Weinreb 的观点不尽相同，他主张一个不拘于原则、不拘于先例的合理使用概念。他认为，Leval 法官提出的两项一般性原则对判断合理性是有益的，但合理使用的要素不能拘泥于著作权功能目标的实用主义解释。合理使用的构成条件并不排除与著作权功用无关的因素，因此他呼吁不要采用实用主义的做法，而要从合理使用本身所蕴含的"合

---

❶ PIERRE, LEVAL. Toward a fair use standard [J]. Harard Law Review, 1990, 103.

理""公平"价值中，去寻求"统一地适用"的、"普遍理解"的、"各自分立又彼此相连"的合理性判定标准。❶

合理使用的判定标准是一个具有理论意义和实用价值的课题，我国《著作权法》目前仅列举了合理使用的具体情形，并未对判定标准作出明确界定。笔者尝试对合理使用的判定标准进行粗浅探讨。

第一，合理使用的目的必须具有正当性。

以目的的"正当性"替代"非营利性"是因为正当性在要求上要远远严厉于非营利性，它既排除了营利目的的使用，也排除了其他损害著作权人利益的使用。

第二，合理使用的作品原则上应当是已经发表的作品。

作为著作权人身权的一项重要内容，发表权是一次性权利，一经行使即刻竭尽。对于未发表的作品，无论出于何种目的的使用，无论采取何种使用方式，都有极大可能侵犯著作权人的发表权。

第三，合理使用必须遵循适量摘要，有限复制的要求。

这是对使用作品的程度从数量上进行限制，从而使其区别于侵权行为。关于被使用作品的数量，许多国家都作出了具体的规定，如引用的字数、复印的份数、播放的长度等，均体现数量上的法律限制。如原《俄罗斯著作权法实施细则》规定，引用他人作品，一般作品引用量不超过 1 万个印刷符号，诗歌不超过 40 行；如果是超过 30 个印刷页的大型科学或学术著作，则引用量可增至 4 万个印刷符号。我国文化部 1985 年颁布的《图书、期刊版权保护条例实施细则》也曾对合理引用的字数标准作出规定，目前此细则已经作废。

---

❶　LLOYD, WEINREB. Fair's fairs: a comment on the fair use doctrine [J]. Harvard Law Review, 1990, 103.

在科技发展进步的影响下，如今著作权人权利范围在不断膨胀，公众使用作品的方式也日新月异，如何在二者之间保持平衡，做到既不伤害著作权人的合法利益和创作积极性，又使公众能最大限度地传播和利用作品，是个巧妙的立法技术问题，有待深入探讨和研究。

【拓展案例】

案例一：电影频道中心诉中国教育电视台未经许可
播放影片《冲出亚马逊》纠纷案 ❶

2001 年，国家广播电影电视总局电影卫星频道节目制作中心（以下简称"电影频道中心"）与中国人民解放军八一电影制片厂（以下简称"八一厂"）共同投资摄制了电影作品《冲出亚马逊》（以下简称"《冲》片"），双方通过《合作协议书》约定，由电影频道中心独家享有该作品的电视播映权及由此产生的发行收益权。《冲》片讲述了我军特种兵两名年轻军官被派往委内瑞拉接受国际军事组织举办的猎人学校残酷训练的故事，是一部扬国威、壮军威的现实题材影片。2004 年，《冲》片被列入优秀爱国主义教育影视片 100 部名单之列。2005年，电影频道中心发现，中国教育电视台未经许可于 2005 年 9 月 10 日在该台1 套的周末影院栏目中，播放了《冲》片，且在片前及播出过程中插播了广告。电影频道中心认为，电影频道中心根据协议独家享有的电影作品《冲》片的电视播映权及由此产生的发行收益权，受法律保护。中国教育电视台事先未取得

---

❶ 北京市海淀区人民法院民事判决书〔2006〕海民初字第 8877 号。

原告许可即在电视中播放《冲》片，已经侵犯了电影频道中心对《冲》片独家享有的电视播映权及由此产生的发行收益权。电影频道中心遂以中国教育电视台为被告向北京市海淀区人民法院提起诉讼，请求判令被告未经原告授权不得播出《冲》片，并支付一系列损失费用。

被告中国教育电视台在答辩中主张：中国教育电视台是公益性事业单位法人，其播出涉案影片是遵照中央有关精神和领导指示，播出行为的目的是让更多的未成年人接受更好的爱国主义教育，其播放行为系一种课堂之外的教育教学使用，应属于合理使用。但我国《著作权法》第二十二条规定了合理使用的范围和具体方式，在第二十二条第一款第（六）项中规定："为学校课堂教学或者科学研究，翻译或者少量复制已经发表的作品，供教学或者科研人员使用，但不得出版发行。"其中学校课堂教学，仅专指面授教学，不适用于函授、广播、电视教学，所以即使认定中国教育电视台的播放行为是一种教育教学行为，其亦不属于面授教学，此播放行为不能构成合理使用。中国教育电视台播放《冲》片应当取得电影频道中心的许可，并向其支付报酬。基于此，法院对电影频道中心要求中国教育电视台未经授权不得播出《冲》的主张予以支持。对于中国教育电视台主张的其播放《冲》片是进行爱国主义教育的公益行为，经过法庭调查发现，中国教育电视台在播放该片过程中插播了多处广告内容，这显然与公众利益无关，其播放行为带有一定的商业目的。

案例二：华熔诉天府早报社未经许可
刊登其拍摄数码照片纠纷案 ❶

2007 年 4 月 27 日，华熔在成都杜甫草堂拍摄了数张骑马师表演跨栏的照

---

❶ 四川省高院〔2008〕川民终字第 735 号民事判决书。

片，其中编号为 MG–7853.CR2 的数码照片被天府早报社在其 2007 年 9 月 30 日出版的《天府早报》第 21 版刊登的《骑纯血马悠游草堂》一文中，作为配图使用。天府早报社刊登该照片未署名，也未向华熔支付报酬。为此，华熔以天府早报社未经其许可，刊登其照片的行为侵犯了其对该照片享有的著作权为由，向法院提起诉讼。

天府早报社在答辩中声称其使用诉争摄影作品系为报道时事新闻之用，且不可避免，其行为属于合理使用，不构成侵权。《著作权法》第二十二条中规定，为报道时事新闻，在报纸、期刊、广播电台、电视台等媒体中不可避免地再现或者引用已经发表的作品可以不经著作权人许可，不向其支付报酬，但应当指明作者名称、作品名称，并且不得侵犯著作权人依照本法享有的其他权利。时事新闻仅仅指向单纯事实消息。该案中，天府早报社刊登的涉案文章《骑纯血马悠游草堂》，其意在向读者介绍成都杜甫草堂预备在国庆节黄金周推出的系列活动，其中既有关于细节的描述，也加入了作者的评论性语言，并非报道的单纯事实消息，因而不属于时事新闻。此外，该报道的内容是对未来活动的介绍，相关事件未实际发生，不使用任何照片也能如实反映其报道内容，因而不属于不可避免地再现。基于此，法院认为，天府早报社的《骑纯血马悠游草堂》报道，不属于时事新闻的报道，对诉争照片的使用也并非不可避免，天府早报社应承担侵权的民事责任。

专题五：计算机软件的法律保护

任春玲

【经典案例】

方正 RIP 软件著作权纠纷案 [1]

北大方正公司、红楼研究所系方正世纪 RIP 软件（以下简称"方正 RIP 软件"）、北大方正 PostScript 中文字库（以下简称"方正字库"）、方正文合软件 V1.1 版（以下简称"方正文合软件"）的著作权人。方正 RIP 软件和方正字库软件系捆绑在一起销售，合称方正 RIP 软件。上述软件安装在独立的计算机上，与激光照排机联机后，即可实现软件的功能。

北大方正公司系日本网屏（香港）有限公司（以下简称"网屏公司"）激光照排机在中国的销售商，高术天力公司、高术公司曾为北大方正公司代理

---

[1]　最高人民法院〔2006〕民三提字第 1 号民事判决书。

销售激光照排机业务，销售的激光照排机使用的是方正 RIP 软件和方正文合软件。1999 年 5 月间，由于双方发生分歧，导致代理关系终止。高术公司于 2000 年 4 月 17 日与网屏公司签订了销售激光照排机的协议，约定高术公司销售 KATANA-5055 激光照排机必须配网屏公司的正版 RIP 软件或北大方正公司的正版 RIP 软件，若配方正 RIP 软件，高术公司必须通过网屏公司订购北大方正公司正版 RIP 软件。

2001 年 7 月 20 日，北大方正公司的员工以个人名义（化名），与高术天力公司签订了《电子出版系统订货合同》，约定的供货内容为 KATANA FT-5055A 激光照排机（不含 RIP），单价为 415 000 元。合同签订后，北大方正公司分别于 2001 年 7 月 20 日和 8 月 23 日，向高术天力公司支付货款共 394 250 元，尚欠货款 20 750 元。高术公司分别于 2001 年 7 月 23 日和 8 月 23 日，向北大方正公司的员工出具了收取上述款项的收据。

2001 年 8 月 22 日，高术天力公司的员工在北京市石景山区永乐小区北大方正公司的员工临时租用的房间内，安装了激光照排机，并在北大方正公司自备的 2 台计算机内安装了盗版方正 RIP 软件和方正文合软件，并提供了刻录有上述软件的光盘。北大方正公司支付了房租 3 000 元。

应北大方正公司的申请，北京市国信公证处先后于 2001 年 7 月 16 日、20 日、23 日和 8 月 22 日，分别在北京市石景山区永乐小区、北京市海淀区花园路 6 号北楼及南楼北京后浪时空图文技术有限责任公司（原为北京中唐彩印中心，以下简称"后浪公司"），对北大方正公司的员工以普通消费者的身份，与高术天力公司联系购买 KATANA FT-5055A 激光照排机设备及高术天力公司在该激光照排机配套使用的北大方正公司自备计算机上安装方正 RIP 软件、方正文合软件的过程进行了现场公证，并对安装了盗版方正 RIP 软件、方正文合软件的北大方正公司自备的两台计算机及盗版软件进行了公证证据保全，制作了公证笔录 5 份。北大方正公司支付公证费 10 000 元。

2001 年 9 月 3 日，北大方正公司、红楼研究所以高术天力公司、高术公司非法复制、安装、销售行为，侵犯了其享有的计算机软件著作权为由诉至北京市第一中级人民法院，请求判令高术天力公司、高术公司停止侵权、消除影响、公开赔礼道歉；赔偿经济损失 3 000 000 元；承担诉讼费、保全费、取证费及审计费等。

2001 年 12 月 20 日，一审法院作出判决："第一，高术天力公司、高术公司立即停止复制、销售方正 RIP 软件、方正文合软件的侵权行为；第二，高术天力公司、高术公司自判决生效之日起三十日内，在《计算机世界》刊登启事，公开向北大方正公司、红楼研究所赔礼道歉；第三，高术天力公司、高术公司共同赔偿北大方正公司、红楼研究所经济损失 600 000 元；第四，高术天力公司、高术公司共同赔偿北大方正公司、红楼研究所为本案支付的调查取证费（购机款 394 250 元，房租 3 000 元，公证费 10 000 元）共 407 250 元；第五，北大方正公司、红楼研究所应在高术天力公司、高术公司返还购机款 394 250 元后，将激光照排机退还高术天力公司、高术公司；第六，驳回北大方正公司、红楼研究所的其他诉讼请求。案件受理费 11 010 元、财产保全费 15 520 元、审计费 60 000 元，均由高术天力公司、高术公司共同负担。"

高术天力公司、高术公司不服一审判决，向北京市高级人民法院提起上诉。

2002 年 7 月 15 日，二审法院作出判决："维持一审判决的第一、二、六项；撤销一审判决的第三、四、五项；高术天力公司、高术公司共同赔偿北大方正公司、红楼研究所经济损失 130 000 元；高术天力公司、高术公司共同赔偿北大方正公司、红楼研究所为本案所支付的公证费 10 000 元。一审案件受理费

11 010 元，由高术天力公司、高术公司共同负担 2 386 元，由北大方正公司、红楼研究所共同负担 8 624 元；二审案件受理费 11 010 元，由高术天力公司、高术公司共同负担 2 386 元，由北大方正公司、红楼研究所共同负担 824 元。"

北大方正公司、红楼研究所不服二审判决，向二审法院提出再审申请。北京市高级人民法院经审查，于 2003 年 8 月 20 日驳回北大方正公司、红楼研究所再审申请。

北大方正公司、红楼研究所不服北京市高级人民法院二审判决及驳回再审申请通知，向最高人民法院申请再审。

【争议焦点】

该案中，双方争议的焦点主要集中在 4 个方面。

第一，取证方式是否合法？

北大方正公司认为采取的取证方式不违反法律、法规的禁止性规定。如果不采取这样的取证方式，不但不能获得直接的、有效的证据，也不可能发现高术天力公司、高术公司进行侵权行为的其他线索。

高术天力公司、高术公司认为北京市国信公证处出具的公证书是在公证员明知北大方正公司员工假扮买主、欲用诱骗手段取得该公司"侵权"证据的情况下完成的，且记录的内容不完整，不是现场监督记录的结果，仅凭公证员的主观回忆作出的记录是不客观的，缺乏公正性，与该公司了解的情况有很大的出入。北大方正公司采用的"陷阱取证"方式是对法律秩序、社会公德和正常商业秩序的破坏。北大方正公司编造理由，多次要求该公司员工给他们安装一套盗版的方正的软件，这种诱骗的做法是"陷害"，违背公序良俗。

第二，侵权行为如何定性？

北大方正公司、红楼研究所认为其诉请的对象是高术天力公司、高术公司非法复制、安装、销售盗版软件的侵权行为。

高术天力公司、高术公司认为其侵权行为只有安装、销售侵权行为，没有复制的侵权行为。

第三，复制、销售盗版软件数量和损害赔偿数额如何确定？

北大方正公司、红楼研究所认为北京市国信公证处出具的公证书合法有效，从该公证书所附若干份现场记录可以看出，高术天力公司、高术公司销售的盗版方正软件绝非仅限于销售给北大方正公司员工的一套。

高术天力公司、高术公司认为除被利诱陷害安装了涉案的一套盗版方正软件外，没有其他复制销售盗版方正软件的行为。

第四，相关费用如何分担？

高术天力公司、高术公司认为北大方正公司、红楼研究所的取证方式不合法，其只是销售涉案一套盗版软件，对于北大方正公司支出的调查取证费，包括购机款、房租，以及审计费用，应由北大方正公司、红楼研究所自行负担。

北大方正公司、红楼研究所则主张应由高术天力公司、高术公司负担全部的费用，包括诉讼费、保全费、取证费及审计费等，其中取证费包括公证费、购机款、房租。

【法理分析】

最高人民法院经审理认为，二审法院对本案高术天力公司、高术公司侵权行为涉及的部分事实认定不清，适用法律不当，应予纠正。北大方正公司、红楼研究所申请再审的主要理由成立，法院予以支持。依照2001年修订前的《著作权法》第四十六条第一款第（二）项和《民事诉讼法》第一百七十七条第二款的规定，判决如下："第一，撤销北京市高级人民法院〔2002〕高民终字第194号民事判决。第二，维持北京市第一中级人民法院〔2001〕一中知初字第268号民事判决第一、二、三、六项，即高术天力公司、高术公司立即停止复制、销售方正RIP软件、方正文合软件的侵权行为；第二，高术天力公司、高术公司自本判决生效之日起三十日内，在《计算机世界》刊登启事，公开向北大方正公司、红楼研究所赔礼道歉，所需费用由高术天力公司、高术公司承担；高术天力公司、高术公司共同赔偿北大方正公司、红楼研究所经济损失600 000元；驳回北大方正公司、红楼研究所的其他诉讼请求。第三，变更北京市第一中级人民法院〔2001〕一中知初字第268号民事判决第四项为：高术天力公司、高术公司共同赔偿北大方正公司、红楼研究所为本案支付的调查取证费（房租3 000元、公证费10 000元）共13 000元。第四，撤销北京市第一中级人民法院〔2001〕一中知初字第268号民事判决第五项，即北大方正公司、红楼研究所应在高术天力公司、高术公司返还购机款394 250元后，将激光照排机退还高术天力公司、高术公司。"

首先，根据《民事诉讼法》第六十九条的规定："经过法院程序公证证明的法律事实和文书，人民法院应当作为认定事实的根据，但有相反证据足以推翻公证证明的除外。"高术天力公司安装盗版方正软件是该案公证证明的事实，因高术公司、高术天力公司无相反证据足以推翻，对于该事实的真实性应予认定。以何种方式获取的公证证明的事实，涉及取证方式本身是否违法，如果采取的取证方式本身违法，即使其为公证方式所证明，所获取的证据亦不能作为认定案件事实的依据。因为，如果非法证据因其为公证所证明而取得合法性，那就既不符合公证机关需审查公证事项合法性的公证规则，也不利于制止违法取证行为和保护他人合法权益。二审法院在否定北大方正公司取证方式合法性的同时，又以该方式获取的法律事实经过公证证明而作为认定案件事实的依据，是不妥当的。在民事诉讼中，尽管法律对于违法行为作出了较多的明文规定，但由于社会关系的广泛性和利益关系的复杂性，除另有明文规定外，法律对于违法行为不采取穷尽式的列举规定，而存在较多的空间根据利益衡量、价值取向来解决，故对于法律没有明文禁止的行为，主要根据该行为实质上的正当性进行判断。就该案而言，北大方正公司通过公证取证方式，不仅取得了高术天力公司现场安装盗版方正软件的证据，而且获取了其向其他客户销售盗版软件，实施同类侵权行为的证据和证据线索，其目的并无不正当性，其行为并未损害社会公共利益和他人合法权益。加之计算机软件著作权侵权行为具有隐蔽性较强、取证难度大等特点，采取该取证方式，有利于解决此类案件取证难问题，起到威慑和遏制侵权行为的作用，也符合依法加强知识产权保护的法律精神。此外，北大方正公司采取的取证方式亦未侵犯高术公司、高术天力公司的合法权益。北大方正公司、红楼研究所申请再审的理由正当，应予支持。该案涉及的取证方式合法有效，对其获取证据所证明的事实应作为定案根据。二审法院关于"此种取证方式并非获取侵权证据的唯一方式，且有违公平原则，一旦被广泛利用，将对正常的市场秩序造成破坏"的认定不当。

其次，北大方正公司、红楼研究所诉请的对象是高术天力公司、高术公司非法复制、安装、销售盗版软件的侵权行为，因高术天力公司、高术公司未就其销售的盗版软件的来源提供相关证据，故应推定其侵权行为包括复制，即高术天力公司、高术公司侵犯了北大方正公司、红楼研究所方正 RIP 软件和方正文合软件的复制权及发行权。

再次，根据公证证明的内容，高术天力公司的员工陈述除向北大方正公司销售了盗版软件外，还向后浪公司、宝蕾元公司等客户销售了"兼容的"同类盗版软件并提供了"客户名单"，对此，高术天力公司、高术公司未提供相反证据予以推翻。其中，向后浪公司、宝蕾元公司销售同类盗版软件的事实，也为北大方正公司在二审判决后的维权行动所印证。虽然一审、二审法院没有对审计报告中涉及的高术天力公司、高术公司销售激光照排机 82 套、单独销售 13 套 RIP 软件的事实进行质证，但前述事实足以证明，高术天力公司、高术公司销售盗版软件的数量并非一套。一审法院以高术天力公司、高术公司复制、销售盗版软件实际数量和所获利润均难以查清，根据北大方正公司、红楼研究所软件的开发成本、市场销售价格及高术天力公司、高术公司实施侵权行为的主观过错程度等因素，依据当时《著作权法》的规定，酌情判令高术天力公司、高术公司赔偿北大方正公司、红楼研究所损失 600 000 元并无明显不当。二审法院只支持北大方正公司、红楼研究所一套正版软件的赔偿数额 130 000 元没有依据。

最后，北大方正公司、红楼研究所主张应由高术天力公司、高术公司负担的费用包括诉讼费、保全费、取证费及审计费等，其中取证费包括公证费、购机款、房租。对于北大方正公司、红楼研究所的该项请求，一审法院全部予以支持并无不当。鉴于涉案的激光照排机在二审判决后被北大方正公司所属公司变卖，北大方正公司表示放弃该项支出的赔偿请求应予准许。

【理论争鸣】

方正 RIP 软件著作权纠纷案是我国众多计算机软件侵权案件中比较典型的一则案例，案件双方当事人对判决结果虽然没有异议，但案件中涉及的几个有关计算机软件的法律问题还是引发了大量的争鸣。如今计算机软件已在全球各个领域得以广泛应用，在带来巨大社会效益和经济效益的同时，计算机软件侵权的行为也屡禁不止，制定专门保护计算机软件法律的呼声也越来越高。从国内外频发的众多侵权案例可知，各国对计算机软件的法律保护模式以及保护范围等问题都存在很大的争议，而我国目前在这方面的立法和理论也并不完善，如何切实有效地保护计算机软件的相关权利是一个很值得研究的问题。

一、计算机软件的概念、范围及特点

我国发布的《计算机软件保护条例》对计算机软件的概念作出如下表述：计算机软件，是指计算机程序及其有关文档。计算机程序是指为了得到某种结果而可以由计算机等具有信息处理能力的装置执行的代码化指令序列，或者可被自动转换成代码化指令序列的符号化指令序列或者符号化语句序列。同一计算机程序的源程序和目标程序为同一作品。计算机文档是指用来描述程序的内容、组成、设计、功能规格、开发情况、测试结果及使用方法，如程序设计说明书、流程图、用户手册等。

　　我国在《计算机软件著作权登记中使用的软件分类编码指南》中将软件分成 3 大类，即系统软件、支持软件和应用软件，其下又细分为 30 个小类，如支持软件包括软件开发工具、软件评测工具、界面工具、转换工具、软件管理工具、语言处理程序、数据库管理系统、网络支持软件、其他支持软件等。这种分类方法是以软件的功能为划分标准的，是最常见的软件分类方法。

　　计算机软件的性质比较特殊，它既体现了软件开发者的创作思想，同时又具有特定的表达方式，还必须实现一定的技术目的，它具有许多较为显著的特性。首先，计算机软件是作品性与工具性紧密结合的智力成果。计算机软件的产生，凝聚了开发者的大量时间与精力，是人脑周密逻辑性的产物。软件在调入计算机运行之前，首先表现为作品性，人们无法通过阅读或欣赏计算机程序与文档而制造任何有形产品和实现任何操作，但是，软件调入计算机运行时，则更主要地表现为工具性，即通过控制计算机硬件动作过程，获得某种结果。其次，计算机软件开发工作量大、成本高，但易复制、易改编。计算机软件是开发者智力劳动的结晶，具有原创性质。开发计算机软件必须具备相应的物质和技术条件，有充足的开发资金和良好的开发环境，计算机软件的高开发成本还决定了绝大多数软件只能在一个或几个法人的组织和投资之下才能完成开发，单个自然人不可能成为软件开发的组织者和投资者。但计算机软件复制成本低廉，仅为开发成本的数百万分之一甚至数千万分之一，致使非法复制他人软件牟取暴利成为可能。最后，计算机软件具有无形性，可以多次使用，但商业寿命较短。计算机软件是智力劳动产生的精神产品，如计算机程序、说明程序的文档等都是智力劳动的直接产物，不具有任何形状，人们只有借助于一定的物质载体和工具才能感知其存在。计算机软件只要不受操作失误、计算机病毒等影响，就可以无限制反复使用，软件亦不会受到损耗。但是，计算机软件又具有工具性，主要通过使用而发挥其功用，因而应该具有使用寿命，使用寿命在流通领域表现为商业寿命。在科学技术飞速发展、新软件层出不穷的今天，计算机软件的商业寿命正日益缩短，一般而言，10 年以上的软件效率差，实用价值不大，已很难有效占领市场。❶

二、计算机软件保护的必要性及立法目的

众所周知，我国的计算机软件盗版现象非常严重，这与我国对知识产权的保护力度不够、相关法律不完善不无关系。盗版屡禁不止反映的是我国知识产权法在软件保护方面作用太小，而我国想要改变在世界经济链条的低端地位，进行产业的升级，知识产权法的保护应起到保驾护航的作用。假设中国某企业自主创新出一个很有市场的新产品，如果没有知识产权法保护，很快就会被别的企业复制，这样会极大地打击公司开发新产品的积极性，所以从这方面来说，制定完善的保护计算机软件的法律制度才能促进民族产业的发展。我国目前有关计算机软件的立法及司法实践不但与其他国家有很大差距，而且已经影响计算机软件行业发展，应在立法上对于一些技术性强的软件给予专利保护，进一步细化和类型化，以增强其可操作性，合理确定法官的自由裁量权，从而建立科学、公平、合理、统一的计算机软件保护的法律制度。

---

❶ 倪学伟，曾佐伶 . 计算机软件的特征及其法律保护 [EB/OL]. （2017-08-07）[2018-05-05]. http://www. law-lib.com/Lw/lw_view.asp?no=7300.

三、计算机软件的立法保护模式

我国目前保护计算机软件的主要方法是著作权法保护。但是按照《著作权法》的立法目的，《著作权法》只保护计算机软件程序的表达，并不保护软件本身所表达的思想。作为思想表达的计算机软件程序和文档，才能受到《著作权法》的保护。我国《计算机软件保护条例》规定："对软件的保护不能扩大到开发软件所用的思想、概念、发现、原理、算法、处理过程和运行方法。"所以在著作权保护的范围内，如果他人利用计算机软件中所包含的思想来制作新的软件就不违法。计算机软件受到侵权，可以依据《著作权法》的相关规定寻求保护。计算机软件除了有程序和文档两种表达载体之外，在开发过程中，解决技术问题时的构思、处理步骤、计算方法是可以申请专利的。我国对计算机软件的专利性还没有具体的规定，在《中华人民共和国专利法》(以下简称《专利法》)和《中华人民共和国专利法实施细则》(以下简称《专利法实施细则》)中作了原则性的规定。主要采取审查指南规定的方式，规定在涉及工业控制、计算机内部性能改善、测量、计算机外部数据处理等方面才能申请专利。我国的审查指南规定，计算机软件申请专利必须满足以下条件：利用有关技术手段，解决技术问题，产生技术效果。因而范围是比较小的，而且必须是与技术相关联的才能申请专利，才能得到《专利法》的保护。就计算机软件来说，开发难、复制容易是其软肋。计算机软件的开发要花费大量的时间、精力及金钱，但是，开发出来之后的复制成本则非常低。这使计算机软件的保密性显得十分重要，一旦公之于众，软件成果就很容易被窃取。而商业秘密的法律特征与计算机软件的需求不谋而合。因为，只要能做到严格保密，那么不管对软件程序的表达还是软件本身所包含的思想、构思等，都能得到很好的保护，所以用商业秘密来保护计算机软件还是具有一定优势的。但前提是保密工作严密，不然将得不偿失。较之《专利法》《著作权法》的保护，商业秘密的保护力度较低。所以一旦秘密被窃取，损失将更大。不过商业秘密保护方法不利于软件技术的传播，不利于软件市场的整体发展。在我国没有有关商业秘密的专门立法，而是散见于其他法律中，如《合同法》《中华人民共和国侵权责任法》《中华人民共和国反不正当竞争法》等。在我国，计算机软件除了依赖上述几种主要保护方式之外，还能在《中华人民共和国商标法》（以下简称《商标法》）上寻求保护。侵权产品的销售一般就是假冒商标或者直接以"三无"的形式销售，这正是《商标法》所禁止的。通过为软件申请商标，可为计算机软件提供更大范围的保护。《商标法》对计算机软件的保护与其他产品并无不同。计算机软件也是商品，也在其保护范围之内，故而能得到该法的保护。

四、计算机软件《著作权法》保护的几个问题

采用已有的著作权相关法律制度来保护计算机软件时，存在着以下几个问题。

首先，只保护软件的外部表达方式，不保护思想内容。其实计算机软件中最有价值的部分就是思想，软件的构思技巧和技术方案是一部计算机软件成功的关键。权利人内心的真实意愿是对这些构思技巧和技术方案享有更长时间的专有权，但令人遗憾的是，《著作权法》没有如权利人所愿，其并不保护软件的核心价值。由于《著作权法》对"思想"的"不作为"和无能为力，使其他开发者可以轻易地将权利人的思想开发出格式各异的软件，这对原软件权利人来说是极为不公平的。

其次，权利人没有专有使用权，没有关于禁止使用的规定，与软件以使用

权为核心的价值观相矛盾。计算机软件的价值在于其使用性，而《著作权法》规定为个人学习、研究和欣赏，使用他人已经发表的作品为合法，这是有悖于软件性质的。由于软件具有易复制性，其在私人之间的传递使用，必然造成计算机软件市场销售份额的减少，从而损害软件权利人的经济利益。因此，即使是为个人的学习、研究而复制使用软件，也应认定为不合理使用。❶

再次，保护主体仅仅限于软件开发者，软件经营者和消费者的正当权利没有受到足够的保护。《著作权法》对精神权利的保护不利于软件的发展，突出体现在公开和修改上。一方面，计算机软件（主要是源代码）不必公开就可享受法律保护，而源代码对于软件技术的进步和交流具有重要的意义，作为实用工具的计算机软件，其进一步开发多数是在源代码基础上对特定问题的修改，而不是在某一思想基础上的重新研发，因此，公开源代码对软件的进一步开发尤其是大规模软件系统的开发至关重要。另一方面，软件作品的作者有权保持作品的完整性，不允许他人未经授权修改，软件合法用户虽然享有一定的修改权，但也仅限于为自己使用的需要而修改，并且不能把修改后的软件提供给他人使用。因此对软件的进一步完善只是软件权利人的特权，其他人未经权利人的同意，即使发现了该软件中存在的缺陷和错误，也不能通过修改取得属于自己的版权。这在一定程度上不利于软件技术的交流和沟通，加大了软件开发的成本，从而对软件的发展产生不利影响。

最后，计算机软件侵权认定困难。对于计算机软件著作权侵权纠纷案件而言，判定侵权的标准是案件处理的关键。美国法院根据他们长期对版权保护的实践，对计算机软件著作权侵权与否的判定，普遍适用"实质性相似＋接触"原则。我国法律虽未明确规定适用该项判定原则，但法院在实际操作中，从一定程度

---

❶ 张学兵. 软件与网络侵权：案例·学理精解 [M]. 北京：中国经济出版社，2004：27.

上借鉴了该原则。在认定是否构成"实质性相似"时，一般具体从三个方面考察：代码相似，即判断程序的源代码和目标代码是否相似；深层逻辑设计相似，即判断程序的结构、顺序和组织是否相似；程序的"外观与感受"相似，即运行程序的方式与结果是否相似。对于三个方面的判断既可以各自独立，分别作出判断，又可以互相关联，综合判断。在具体的司法鉴定过程中，判断被告曾经接触过原告的版权程序，一般可以从以下几个方面着手：证明被告确实曾经看到过，进而复制过原告的有著作权的软件；证明原告的软件曾经公开发表过；证明被告的软件中包含与原告软件中相同错误，而这些错误的存在对程序的功能毫无帮助；证明被告的程序中包含着与原告程序相同的特点、相同的风格和相同的技巧，而且这些相同之处是无法用偶然的巧合来解释的。通过以上的归纳可以看出，该标准主观性太强，而且原告承担的举证责任也较重，计算机软件著作权人要维护自己的合法权益难度较大。❶

【拓展案例】

案例一：江苏林芝山阳集团有限公司与磊若软件公司
侵害计算机软件著作权纠纷案 ❷

磊若软件公司（以下简称"磊若公司"）是"Serv-U"系列计算机软件作品

---

❶ 谭筱清. 数字时代知识产权保护的理论与判解研究 [M]. 苏州：苏州大学出版社，2005：89.
❷ 江苏省高级人民法院〔2015〕苏知民终字第 00300 号民事判决书。该案入选 2016 年中国法院 50 件典型知识产权案例。

的著作权人。"Serv-U"软件是全球领先的文件传输协议（FTP）服务器软件，它可以帮助用户将计算机设置成一个 FTP 服务器，从而使用户或其他使用者使用 FTP，通过在同一网络上的任何一台计算机与 FTP 服务器连接，进行文件或目录的复制、移动、创建和删除等活动。2014 年 10 月 15 日，磊若公司通过系统命令检测到江苏林芝山阳集团有限公司（以下简称"林芝山阳公司"）官方网站 www.lzsy.com 正在使用磊若公司一款"Serv-U FTP Server v.6.4"的软件，该系列软件由磊若公司于 2004 年发布。根据调查，磊若公司销售系统上未见林芝山阳公司购买该软件的记录，林芝山阳公司亦未取得磊若公司的授权许可，系擅自复制、安装及商业使用上述软件，磊若公司遂向法院提起诉讼。林芝山阳公司一审辩称：磊若公司提交的证据不能证明其为涉案软件的著作权人；林芝山阳公司网站所使用的服务器是由网之易提供，其并非该服务器的所有人，林芝山阳公司与网之易公司签订了服务协议，其网站由网之易公司进行管理服务，实际也未安装涉案软件，磊若公司关于林芝山阳公司侵犯其软件著作权的主张无事实依据；磊若公司以公证搜索方式获取了 Serv-U 软件名称，就认为服务器使用了其软件，其提交的证据缺乏相应的证明力，不能实现其举证目的，因为"Serv-U"仅仅为软件名称，并非是计算机软件的全部。林芝山阳公司有证据证明在使用了非 Serv-U 软件的前提下，服务器依然可以显示出"Serv-U"的软件名称，故涉案著作权侵权行为必须是林芝山阳公司所使用的服务器的软件与磊若公司的相应软件完全相同才能构成，不能仅凭名称相同来认定侵权事实。

一审法院经审理认为，林芝山阳公司未经许可，在其网站服务器上安装涉案软件，系擅自复制涉案软件的行为，侵犯了磊若公司的计算机软件著作权，依法应当承担停止侵权、赔偿损失的民事责任，综合考虑涉案软件作品的类型、知名度、售价情况、林芝山阳公司的主观过错、侵权行为的性质及影响、磊若公司为制止侵权行为支付的合理开支等因素酌情确定赔偿数额为 70 000 元。

二审法院则认为，林芝山阳公司并非被控侵权服务器的实际管理者和控制者，其并未侵犯磊若公司的 Serv-U 计算机软件著作权。林芝山阳公司系向网之易公司购买服务器空间，购买空间的公司对服务器没有控制权，仅对自己购买空间中的数据有上传、下载、删除等有限的操作权限。其不能在服务器中复制、安装系统软件，相关的侵权行为不可能由空间使用者实施。故在空间购买者没有过错的情形下，侵权责任一般应由侵权行为实施者，即由服务器的实际管理者和控制者承担。依法撤销一审判决，驳回磊若软件公司的全部诉讼请求。

案例二：威海万佳金竹网吧有限公司与游戏天堂电子科技（北京）有限公司侵害计算机软件著作权纠纷案 ❶

宇峻奥汀科技股份有限公司是游戏软件《三国群英传Ⅱ》《三国群英传Ⅲ》的著作权人。2010 年 6 月 20 日，宇峻奥汀科技股份有限公司出具《授权委托书》，将计算机单机游戏《三国群英传Ⅱ》《三国群英传Ⅲ》（包括繁体版和简体版）的信息网络传播权、复制发行权等著作权及相关权利独家授权给游戏天堂电子科技（北京）有限公司（以下简称"游戏天堂公司"）；游戏天堂公司拥有对所涉及游戏软件知识产权的侵权行为，包括网吧（包含单机、局域网等情形）各种形式的使用、传播等进行维权的权利，并有权以自己的名义在授权范围内行使上述权利；授权区域为中国大陆地区；授权期限自 2010 年 6 月 20 日至 2012 年 6 月 19 日。2012 年 5 月 22 日宇峻奥汀科技股份有限公司再次出具《授权委托书》，将上述授权期限续展至 2014 年 6 月 19 日。游

---

❶ 山东省高级人民法院（2013）鲁民三终字第 227 号民事判决书。

戏天堂公司于 2011 年 2 月 22 日取得了国家版权局颁发的《三国群英传Ⅱ》《三国群英传Ⅲ》的《计算机软件著作权专有许可合同登记证书》。

法院认为，宇峻奥汀科技股份有限公司是《三国群英传Ⅱ》《三国群英传Ⅲ》的著作权人。著作权人可以许可他人行使著作权中的财产权。游戏天堂公司经著作权人宇峻奥汀科技股份有限公司许可，获得游戏软件《三国群英传Ⅱ》《三国群英传Ⅲ》著作财产权的行使权利及以其自身名义维权的权利，上述行为不违反法律、行政法规的强制性规定，合法有效，依法应受到保护。

游戏天堂公司经合法授权取得涉案游戏软件在中国大陆地区的信息网络传播权、复制权，除法律、行政法规另有规定外，任何组织、个人未经游戏天堂公司许可并支付报酬，将涉案游戏软件复制并用于营利，均属侵权行为。游戏天堂公司提供的〔2010〕临沂蒙证民字第 1942 号公证书载明，万佳金竹网吧在其经营的网吧计算机本地磁盘 E 盘上安装涉案《三国群英传Ⅱ》《三国群英传Ⅲ》的游戏软件供网吧消费者使用，属于营利性使用行为，且未获得权利人许可，万佳金竹网吧的行为侵犯了游戏天堂公司涉案游戏软件的复制权、出租权、获得报酬权等相关权利，应当承担停止侵害、消除影响、赔偿损失等责任。万佳金竹网吧向网络运营商的付费行为不能改变其侵犯游戏天堂公司著作权的性质。

专题六：植物新品种的法律保护

李　阳

【经典案例】

"美人榆"植物新品种侵权案 ❶

近年来，美人榆因其叶片金黄，景观效果好，同时具有较强的抗逆性，在我国北方许多城市的园林绿化中得到了广泛应用。河北省林业科学研究院（以下简称"河北林科院"）、石家庄绿缘达园林工程有限公司（以下简称"绿缘达公司"）于 2006 年 8 月 22 日获得品种名称为"美人榆"的植物新品种权。美人榆所属属种榆属，植物类别观赏植物，品种权号为 20060008，该品种权的保护期限为 20 年。

---

❶ 山东省高级人民法院〔2014〕鲁民再字第 13 号民事判决书。该案入选 2016 年中国法院 10 大知识产权案件。

2011 年 9 月，河北林科院与绿缘达公司认为吉林省九台市城市管理行政执法局(以下简称"九台执法局")、九台市园林绿化管理处(以下简称"九台园林处")未经授权，擅自在其管理的街道绿化带大量种植美人榆的行为侵害了其植物新品种权，遂向吉林省长春市中级人民法院提起诉讼，请求法院判令九台执法局、九台园林处停止侵权，公开道歉，支付品种使用费 100 万元。吉林省长春市中级人民法院于 2011 年 12 月 23 日作出〔2011〕长民三初字第 260 号民事判决，驳回河北林科院、绿缘达公司的诉讼请求。河北林科院、绿缘达公司不服，提起上诉。吉林省高级人民法院于 2012 年 5 月 9 日作出〔2012〕吉民三知终字第 17 号民事裁定，撤销〔2011〕长民三初字第 260 号民事判决，发回吉林省长春市中级人民法院重审。吉林省长春市中级人民法院于 2012 年 10 月 31 日作出〔2012〕长民三重字第 2 号民事判决，驳回河北林科院、绿缘达公司的诉讼请求。河北林科院、绿缘达公司不服，提起上诉。吉林省高级人民法院于 2013 年 4 月 12 日作出〔2013〕吉民三知终字第 2 号民事判决，驳回上诉，维持原判。河北林科院、绿缘达公司仍不服，向最高人民法院申请再审。最高人民法院于 2013 年 11 月 11 日作出〔2013〕民申字第 1769 号民事裁定，指令山东省高级人民法院再审此案。

　　该案前后历经六次庭审，耗时四年半，被业界称为"林业植物新品种维权第一案"。该案是最高人民法院公布的 2016 年中国法院十大知识产权案件之一，其入选理由是该案对政府机关在履行职能时生产授权品种的繁殖材料等行为是否构成侵权的认定，其关于是否属于生产授权品种的繁殖材料以及是否具有商业目的的认定均具有一定典型意义和指导意义，有效地保护了品种权人的合法权益。

【争议焦点】

该案中，双方争议的焦点主要集中在两个方面。

第一，九台执法局与九台园林处是否实施了被诉侵权行为及上述行为是否侵害涉案植物新品种权。

河北林科院、绿缘达公司认为，九台执法局对其管辖范围内的"美人榆"具有所有权、管理权及处置权，其应为本案侵权的第一责任人；九台园林处系在九台执法局的委托授权下进行了具体的侵权行为；九台执法局与九台园林处应负连带赔偿责任；九台执法局与九台园林处种植的涉案树木是其享有植物新品种权的"美人榆"，其种植行为本身就是生产美人榆繁殖材料的行为，侵害了涉案植物新品种权。九台执法局则认为诉讼主体有误，九台园林处具有独立法人资格，河北林科院、绿缘达公司所诉九台执法局侵权的事实不存在。九台园林处则认为其种植的树种系金叶榆，与河北林科院、绿缘达公司所诉的新树种美人榆不属同一树种；假定九台园林处所购树种为美人榆，其不是侵权人，侵权人当是销售方。

第二，如果构成侵权，九台执法局与九台园林处应如何承担民事责任。

河北林科院、绿缘达公司认为，九台执法局与九台园林处应负连带赔偿责任，停止侵权、公开道歉，并向其支付品种使用费。九台执法局与九台园林处则认为其行为不属于侵害涉案植物新品种权的行为，请求驳回河北林科院、绿缘达公司的再审请求。

【法理分析】

经审理，山东省高级人民法院依照《最高人民法院关于审理侵犯植物新品种权纠纷案件具体应用法律问题的若干规定》（以下简称《规定》）第二条、第六条，《植物新品种保护条例》（以下简称《条例》）第十条，《民事诉讼法》第二百零七条、第一百七十条第一款第二项之规定，判决："第一，撤销吉林省高级人民法院〔2013〕吉民三知终字第 2 号民事判决、〔2012〕吉民三知终字第 17 号民事裁定和吉林省长春市中级人民法院〔2012〕长民三重字第 2 号民事判决、〔2011〕长民三初字第 260 号民事判决；第二，九台市园林绿化管理处于本判决生效后十日内向河北省林业科学研究院、石家庄市绿缘达园林工程有限公司支付品种使用费 20 万元；第三，驳回河北省林业科学研究院、石家庄市绿缘达园林工程有限公司的其他诉讼请求。如果未按本判决指定的期间履行给付金钱义务，应当依照《民事诉讼法》第二百五十三条之规定，加倍支付迟延履行期间的债务利息。一审案件受理费 13 800 元，由河北省林业科学研究院、石家庄市绿缘达园林工程有限公司负担 3 800 元，由九台市园林绿化管理处负担 10 000 元；二审案件受理费 13 800 元，由河北省林业科学研究院、石家庄市绿缘达园林工程有限公司负担 3 800 元，由九台市园林绿化管理处负担 10 000 元。本判决为终审判决。"

首先，九台执法局未实施被诉侵权行为。九台执法局和九台园林处均为独立的事业单位法人。九台园林处已经认可其种植了被诉侵权榆树。在河北林科院、绿缘达公司无证据证明九台执法局和九台园林处之间具有委托授权关系的情况下，只能认定九台园林处实施了被诉侵权行为，而不能认定九台执法局也实施了被诉侵权行为。法院认为，河北林科院、绿缘达公司关于九台执法局的行为侵害涉案植物新品种权的主张不能成立。

其次，九台园林处的种植行为侵害了涉案植物新品种权。

《规定》第二条规定，未经品种权人许可，为商业目的生产或销售授权品种的繁殖材料的，人民法院应当认定为侵犯植物新品种权。《条例》第十条规定，在下列情况下使用授权品种的，可以不经品种权人许可，不向其支付使用费，但是不得侵犯品种权人依照本条例享有的其他权利：一是利用授权品种进行育种及其他科研活动，二是农民自繁自用授权品种的繁殖材料。《最高人民法院关于民事诉讼证据的若干规定》第二条规定："当事人对自己提出的诉讼请求所依据的事实或者反驳对方诉讼请求所依据的事实有责任提供证据加以证明。没有证据或者证据不足以证明当事人的事实主张的，由负有举证责任的当事人承担不利后果。"

九台园林处种植的被诉侵权榆树系美人榆。该案中，法院再审查明的事实包括以下几项：2005年8月，河北林科院、绿缘达公司在国家林业局申请涉案植物新品种权时，品种名称由"金叶榆"改为"美人榆"。虽然九台园林处称被诉侵权榆树系金叶榆，并非美人榆，但河北林科院、绿缘达公司提交的其向国家林业局申请涉案植物新品种权的资料能够证明金叶榆系美人榆的曾用名称。并且河北林科院、绿缘达公司提交的鉴定报告亦表明被诉侵权榆树为美人榆，九台园林处虽不认可鉴定报告，但其未申请重新鉴定，也未能提交相反证据。所以，法院认为根据现有证据，能够认定被诉侵权榆树系美人榆。

九台园林处的种植行为属于生产授权品种的繁殖材料的行为。关于九台园林处为证明被诉侵权榆树系其委托政府采购办购买，具有合法来源，提交发票复印件一宗的证据，因上述证据均为复印件，且九台园林处未能证明销售方的主体情况，未能证明购销行为真实存在，法院认为，上述证据不能证明其主张，对上述证据均不予采信。因此，由于九台园林处未能提供其所种植美人榆的合法来源，而美人榆系无性繁殖，其植株本身即为繁殖材料，所以认定九台园林处的种植行为属于生产授权品种的繁殖材料的行为。

九台园林处的种植行为具有商业目的。法院再审查明的事实有，九台园林处的业务范围是管理园林绿地，美化城市环境，城市园林绿地系统规划、建设、管理及维护，城市园林绿化工程设计。九台园林处系事业单位法人，其具有建设城市园林绿地的职能。法院认为，判断九台园林处的种植行为是否具有商业目的不能仅以其主体性质来判断，而应当结合主体的行为进行综合判断。该案中，第一，九台园林处再审中提交的案外人销售发票虽然是复印件，无法证明其种植美人榆的合法来源，但是发票上载明的榆树数量可以视为九台园林处对其种植美人榆数量的自认，可以在一定程度上反映九台园林处种植美人榆的最少数量，而上述销售发票中显示 2012 年之前榆树数量为 60 000 余棵，再考虑到美人榆无性繁殖的特性，九台园林处实际的种植数量必然还要更多，所以，九台园林处存在大量种植美人榆的行为。而九台园林处并不符合《条例》第十条规定的可以自繁自用的主体身份，所以，九台园林处没有从品种权人处购买美人榆，而擅自进行种植使用，不但损害了品种权人的利益，其自繁自用的行为也暗含了商业利益，应当认定为具有商业目的。第二，九台园林处生产授权品种的繁殖材料的行为系用于街道绿化，上述行为既不是利用授权品种进行科研活动，更不是农民自繁自用，不符合《条例》第十条规定的可以不经品种权人许可，不向其支付使用费的情况。第三，九台园林处生产授权品种的繁殖材料的行为不但美化了城市环境，而且客观上起到了提升城市形象、优化招商引资环境的作用，从促进地方经济发展的角度来看也具有商业目的。

综合上述事实，法院认为能够认定九台园林处生产授权品种的繁殖材料的行为侵害了涉案植物新品种权。

最后，九台园林处依法应当承担赔偿损失的民事责任。《规定》第六条规定，人民法院审理侵犯植物新品种权纠纷案件，应当依照《民法通则》第一百三十四条的规定，结合案件具体情况，判决侵权人承担停止侵害、赔偿损失等民事责任。人民法院可以根据被侵权人的请求，按照被侵权人因侵权所受损失或者侵权人因侵权所得利益确定赔偿数额。依照前款规定难以确定赔偿数额的，人民法院可以综合考虑侵权的性质、期间、后果，植物新品种实施许可费的数额，植物新品种实施许可的种类、时间、范围及被侵权人调查、制止侵权所支付的合理费用等因素，在 50 万元以下确定赔偿数额。《规定》第七条第二款规定，侵权物正处于生长期或者销毁侵权物将导致重大不利后果的，人民法院可以不采取责令销毁侵权物的方法。河北林科院、绿缘达公司在本案再审过程中也对其诉讼请求进行了说明，即不必铲除已种植的榆树，只要求支付品种使用费。在九台园林处的行为构成侵权的情况下，应当对河北林科院、绿缘达公司的上述诉讼请求予以支持。

为证明九台执法局、九台园林处应当支付品种使用费的数额，河北林科院、绿缘达公司提交如下证据：第一，绿缘达公司与辽阳市加禾林业种苗繁育中心美人榆授权合同一份，拟证明授权费用为 20 万元（2 年 20 亩）；第二，河北林科院与宁夏林业研究所签订的《关于合作开发中华金叶榆的协议》，拟证明授权费用为 20 万元 [5 年，新疆（不包括喀什、阿克苏、和田），宁夏]；第三，河北林科院、绿缘达公司与天津市高新有容苗木有限公司签订的美人榆授权合同一份，拟证明在该合同中美人榆的授权费用为 30 万元（3 年 200 亩）；第四，河北林科院、绿缘达公司与宁夏森森种业生物工程有限公司的调解协议一份，拟证明授权费用为 60 万元（3 年，600 亩）。九台执法局、九台园林处质证称，对上述证据的真实性均有异议。法院认为，河北林科院、绿缘达公司均未能证明上述证据中其他主体的身份，且证据二系复印件，证据四系另案调解协议，与本案无关，证据一的授权方缺少河北林科院，因此对上述证据均不予采信。关于品种使用费的数额，法院认为，考虑到涉案品种的价值、涉案品种使用费数额、九台园林处种植的范围以及九台园林处的种植行为具有一定公益性质等因素，确定九台园林处支付河北林科院、绿缘达公司涉案品种使用费 20 万元。另外，由于植物新品种权系财产权，河北林科院、绿缘达公司要求九台园林处公开赔礼道歉等诉讼请求无法律依据，法院不予支持。

【理论争鸣】

国以农为本，农以种为先。种子作为最基本的农业生产资料，对保障农产品有效供给，确保国家的种业安全和粮食安全，具有十分重要的意义。培育优良的植物品种是推动和促进现代农业发展，增强核心竞争力的重要环节。植物新品种作为生物遗传信息的一种表达形式，其主要特点是具有生命性和自我复制能力。植物新品种因其凝结着育种者的智慧和汗水，是育种者创造的智力成果，是一种无形的财产。给予植物新品种知识产权法的保护，鼓励和认可育种创新活动，建立植物新品种保护制度，为包括中国在内的多数国家所重视。这一制度对于激发育种者的创造性与积极性，保护育种者的合法权益不受侵犯，促进种业的繁荣具有不可替代的作用。

一、我国植物新品种的保护模式

从世界范围内来看，各国对植物新品种的知识产权保护，大体上可以分为两种模式。一是单轨制，是指对植物新品种的保护只采用一种方式，或者以专门的植物新品种权，或者以单一的专利权提供保护。如作为国际植物新品种保护联盟发起国的荷兰，通过实施《种子和育种材料法》，对育种者给予植物新品种权的保护。匈牙利于 1996 年 1 月 1 日生效的 1995 年第 XXXIII 号《发明专利保护法》，以专利法保护模式授予植物新品种专利权。二是双轨制，是指通过两种及以上的方式对植物新品种进行保护。如美国对植物新品种采取专利法与专门法双重保护的方式：1930 年通过《植物专利法》，对无性繁殖的植物给予专利保护；1970 年通过《植物新品种保护法》，对有性繁殖的和其他植物新品种给予专门法的保护。植物专利、发明专利、品种证书是美国植物新品种保护的三种形式。

就植物新品种本身的保护，我国采取的是单轨制保护模式，即以独立的专门法，以授予植物新品种权的形式，对植物新品种进行保护。根据《专利法》第二十五条第一款第（四）项的规定，"植物品种不能被授予专利权"，我国《专利法》不保护植物品种本身。但是，根据《专利法》第二十五条第二款的规定，对植物品种的生产方法，可以授予方法发明专利。《专利审查指南 2010》第二部分第一章第 4.4 节作出进一步解释，该生产方法是指非生物学的方法，不包括生产动物和植物主要是生物学的方法。一种方法是否属于"主要是生物学的方法"，取决于在该方法中人的技术介入程度。如果人的技术介入对该方法所要达到的目的或者效果起了主要的控制作用或者决定性作用，则这种方法不属于"主要是生物学的方法"。在培育植物新品种的过程中，我国《专利法》保护的客体是非生物学的育种方法。育种方法与植物新品种是两个不同的法律概念。育种方法无法体现植物新品种的特性。育种方案与植物新品种本身并不是一一对应的关系。❶植物新品种不是育种方法的直接产品。专利法对育种方法的保护，并不能直接等同于对植物新品种本身的保护。我国在植物新品种立法保护方面，起步较晚。1997 年 10 月 1 日起施行的《植物新品种保护条例》是一部对植物新品种进行专门保护的行政法规，开启了中国植物新品种保护制度的先河。在我国知识产权保护体系中，专利权、商标权、著作权等均有相关法律进行保护，唯有植物新品种是通过行政法规来规范的。2016 年新修订的《种子法》，新设"新品种保护"一章，并对植物新品种的授权条件、授权原则、品种命名、保护范围及例外、强制许可作了原则性规定，提升了我国植物新品种保护相关规定的法律位阶。

时至今日，我国的植物新品种保护已经有 20 多年历史，基本形成了较完善的以《种子法》《条例》、两个实施细则（《中华人民共和国植物新品种保护条例实施细则（农业部分）》和《中华人民共和国植物新品种保护条例实施细则（林业部分）》）、一个复审规定（《农业部植物新品种复审委员会审理规定》）、一个侵权处理规定（《农业植物新品种权侵权案件处理规定》），以及三个司法解释（《最高人民法院关于开展植物新品种纠纷案件审判工作的通知》《最高人民法院关于审理植物新品种纠纷案件若干问题的解释》《最高人民法院关于审理侵犯植物新品种权纠纷案件具体应用法律问题的若干规定》）为内容的植物新品种保护框架。

授予植物新品种专门品种权的保护制度，源自欧洲国家于 1961 年缔结的国际植物新品种保护公约（UPOV），这一公约发展至今先后经过了 1972 年、

---

❶　侯仰坤 . 植物新品种权保护问题研究 [M]. 北京：知识产权出版社，2007：183.

1978 年和 1991 年的修改，形成了三个同时有效的文本：1961/1972 年文本、1978 年文本和 1991 年文本。我国于 1999 年 4 月 23 日加入 UPOV 公约 1978 年文本，成为该公约第 39 个成员。UPOV 公约 1978 年文本已于 1999 年关闭。如今，UPOV 公约 1991 年文本在世界范围内的影响力和地位逐渐显现。截至 2016 年 4 月 15 日，UPOV 公约的 74 个成员中，已有 56 个成员加入 UPOV 公约 1991 年文本。

二、植物新品种的概念、范围与植物新品种权的内容、条件

关于植物新品种的法律概念，《种子法》在第二十五条中给予了明确的界定，即"国家植物品种保护名录内经过人工选育或者发现的野生植物加以改良，具备新颖性、特异性、一致性、稳定性和适当命名的植物品种"。植物新品种不同于野生植物，它强调人在育种过程中发挥的主观能动性，是人工培育的结果。我国植物新品种的保护范围限于国家植物新品种保护名录中列举的植物的属或者种。我国植物新品种保护名录目前已更新至农业部分第十批（2016 年 4 月 16 日），林业部分第六批（2016 年 10 月 26 日），农业植物新品种保护名录累计达到 138 个属（种），林业部分累计达到 206 个属（种）。同时，出于对国家和社会利益的考虑，《种子法》对植物新品种的保护范围作了限制性规定：对违反法律，危害社会公共利益、生态环境的植物新品种，不授予植物新品种权。

作为我国植物新品种知识产权的保护形式，植物新品种权，又称育种者权利，简称品种权，是指完成育种的单位或者个人对其获得授权的植物新品种，在一定期限内依法所享有的排他的独占权。它是对完成植物新品种育种的单位

或者个人（即育种者）研究的智力成果给予法律上的保护，依法通过自行或者许可他人进行生产、繁殖和销售而获得相应经济利益的民事权利。植物新品种权的客体是国家植物新品种保护名录中列举的植物新品种。出于平衡育种者与国家公众之间利益的考量，植物新品种权，同很多知识产权一样，有受法律保护的时间界限，一旦超过这一期限，则该项品种权就进入公共领域，人人可用，品种权人对其不再享受专有权利。这一期限具体如下：自授权之日起，藤本植物、林木、果树和观赏树木为20年，其他植物为15年。根据新修订的《种子法》第二十八条的规定，植物新品种权的排他独占性，表现为任何单位或者个人未经植物新品种权所有人（即品种权人）许可，不得生产、繁殖或者销售该授权品种的繁殖材料，不得为商业目的将该授权品种的繁殖材料重复使用于生产另一品种的繁殖材料。这里将品种权保护的材料范围限定为繁殖材料。繁殖材料因载有植物新品种的生物遗传信息，可以将植物新品种的全部信息固定复制出来。赋予品种权人对授权品种繁殖材料的控制是为了阻止他人未经品种权人同意而繁殖该品种，从根本上保护品种权人的独占权。关于繁殖材料的具体内容，《中华人民共和国植物新品种保护条例实施细则（农业部分）》第五条规定，《条例》所称繁殖材料是指可繁殖植物的种植材料或植物体的其他部分，包括籽粒、果实和根、茎、苗、芽、叶等。《中华人民共和国植物新品种保护条例实施细则（林业部分）》第四条规定，《条例》所称的繁殖材料，是指整株植物（包括苗木）、种子（包括根、茎、叶、花、果实等）以及构成植物体的任何部分（包括组织、细胞）。授权品种的繁殖材料，可以是整个植株本身。如该案中的美人榆，其繁殖方式属于无性繁殖。无性繁殖，不需要经过两性生殖细胞的结合，由母体直接产生新个体。美人榆的植株本身就大量分枝繁殖材料，整个植株就是繁殖材料。比较《种子法》第二十八条与《条例》的第六条，可以发现有一个重大变化，即生产、繁殖和销售授权品种的繁殖材料，不再要求"商业目的"。只要行为人未经许可，实施了生产、繁殖和销售授权品种繁殖材料的行为，即构成侵权。这一修改，扩大了对品种权人利益保护的范围，进一步强化了对品种权人权利的保护，提升了我国植物新品种的保护水平。

植物新品种权的授权条件，包括五个方面。一是具备新颖性，是为了满足品种的"新"而在法律中规定，如果品种销售、推广的时间没有超过法定期限，则不会导致该品种新颖性的丧失。《种子法》附则中规定"新颖性"是指"申请植物新品种权的品种在申请日前，经申请权人自行或者同意销售、推广其种子，在中国境内未超过 1 年；在境外，木本或者藤本植物未超过6 年，其他植物未超过 4 年。本法施行后新列入国家植物品种保护名录的植物的属或者种，从名录公布之日起一年内提出植物新品种权申请的，在境内销售、推广该品种种子未超过四年的,具备新颖性"。同时,规定了新颖性的例外情形,除销售、推广行为丧失新颖性外，下列情形视为已丧失新颖性：第一，品种经省、自治区、直辖市人民政府农业、林业主管部门依据播种面积确认已经形成事实扩散的；第二，农作物品种已审定或者登记 2 年以上未申请植物新品种权的。二是具备特异性。判定一个植物新品种是否具备特异性的标准是至少有一个性状与已知品种具有明显的区别。已知品种是指已受理申请或者已通过品种审定、品种登记、新品种保护，或者已经销售、推广的植物品种。特异性是不同品种之间的比较。三是具备一致性。一致性是指一个植物品种的特性除可预期的自然变异外，群体内个体间相关的特征或者特性表现一致，是同一品种内不同个体之间的比较。四是具备稳定性。稳定性是指一个植物品种经过反复繁殖后或者在特定繁殖周期结束时，其主要性状保持不变，是同一品种内不同代之间的比较。五是具备适当的名称，并与相同或者相近的植物属或种中已知品种的名称相区别。同一植物品种在申请新品种保护、品种审定、品种登记、推广、销售时只能使用同一个名称。植物新品种的名称并不是植物品种本身的特性。特异性、一致性和稳定性是植物新品种的核心特性。判断一个植物新品种是否具备这三性,需要依赖专业技术。品种特异性、一致性和稳定性测试(即 DUS 测试),是整个植物新品种保护的基本技术手段。申请新品种保护的品种,DUS 测试由国家统一组织,安排到 DUS 测试机构开展。目前,我国的 DUS 测试初具规模,为品种保护、农作物品种选育、司法裁决等提供了有力的技术支撑。

三、植物新品种侵权形式与侵权民事责任承担方式

我国作为历史悠久的农业大国,拥有极其丰富的种质资源,这为培育优良、高产的植物新品种奠定了良好的物质基础。近年来,我国科研机构、种子企业育种创新的积极性不断高涨,植物新品种的申请量和授权量持续增长,在国际植物新品种保护联盟成员中位居前列。与此同时,随着育种技术的发展以及品种权人维权意识的增强,侵犯植物新品种权的案件开始出现并有增多的趋势,损害了品种权人的合法权益,对品种权人和社会造成了巨大损失,扰乱了市场秩序。

侵犯植物新品种权的行为主要有三种表现形式:一是未经品种权人许可而实施的生产、繁殖或者销售授权品种繁殖材料的行为。二是未经品种权人许可的繁殖材料重复使用行为,即以商业目的将授权品种的繁殖材料重复使用于生产另一品种的繁殖材料的行为。这里需要强调的是,以商业目的生产另一品种时,需要每次都重复地使用授权品种的繁殖材料,才构成对品种权的侵犯。如

果以该授权品种的繁殖材料作为亲本与其他亲本繁殖出的品种能够独立繁衍，不需要反复利用该授权品种的繁殖材料，则不属于侵犯品种权的行为。三是假冒授权品种行为，具体可以分为两种侵权行为。一种是印制或使用伪造的品种权证书、品种权申请号、品种权号或者其他品种权申请标记、品种权标记，另一种是不当使用授权品种名称行为。❶ 但是，行为人在法定情形下未获得许可使用授权品种的不视为侵权。《种子法》第二十九条、第三十条对法定免责作出了规定，包括三种类型：一是育种科研，即利用授权品种进行育种及其他科研活动；二是农民自用，即农民自繁自用授权品种的繁殖材料；三是强制许可，即为了国家利益或者社会公共利益，国务院农业、林业主管部门可以作出实施植物新品种权强制许可的决定，并予以登记和公告。取得实施强制许可的单位或者个人不享有独占的实施权，并且无权允许他人实施。

关于植物新品种侵权民事责任的承担问题，《最高人民法院关于审理侵犯植物新品种权纠纷案件具体应用法律问题的若干规定》第六条第一款明确了侵权责任的承担方式，主要为停止侵害、赔偿损失。对于侵权赔偿数额的确定，新《种子法》第七十三条明确规定，首先按照权利人因被侵权所受到的实际损失确定；如果实际损失难以确定的，可以按照侵权人因侵权所获得的利益确定。在此基础上规定了法定赔偿方式：权利人的损失或者侵权人获得的利益难以确定的，可以参照该植物新品种权许可使用费的倍数合理确定。赔偿数额应当包括权利人为制止侵权行为所支付的合理开支。侵犯植物新品种权，情节严重的，可以在按照上述方法确定数额的一倍以上三倍以下确定赔偿数额。如果权利人的损失、侵权人获得的利益和植物新品种权许可使用费均难以确定，人民法院可以根据植物新品种权的类型、侵权行为的性质和情节等因素，确定给予 300

---

❶ 隋文香 . 判例与理论：植物新品种侵权行为研究 [M]. 北京：知识产权出版社，2011：2.

万元以下的赔偿。较之《最高人民法院关于审理侵犯植物新品种权纠纷案件具体应用法律问题的若干规定》第六条中的"在 50 万元以下确定赔偿数额"，新《种子法》大幅度提高了法定赔偿数额的标准，强化了植物新品种侵权民事责任。对于能否承担赔礼道歉的民事责任，一般认为植物新品种权主要是财产权，不涉及权利人的人格利益，如该案中，法院对申请再审人赔礼道歉的诉讼请求不予支持。

【拓展案例】

案例一：林金山诉福建省农业科学院果树所、陆修闽、卢新坤植物新品种权属纠纷上诉案 ❶

原告林金山以其应为被告福建省农业科学院果树所（以下简称"果树所"）陆修闽、卢新坤所获"红肉蜜柚"植物新品种权的权利人之一为由，向福建省福州市中级人民法院提起诉讼，请求判令其为该品种的品种权人。一审法院认为，林金山发现了可培育"红肉蜜柚"植物新品种的种源，为后续培育新品种作出了重大贡献，同时林金山成功地对该变异品种进行了嫁接、培育。为保护农民育种的合法权利和研究人员育种的积极性，林金山亦应享有"红肉蜜柚"植物新品种权。遂判决林金山享有"红肉蜜柚"植物新品种权，驳回林金山的其他诉讼请求。果树所、陆修闽不服该判决，上诉至福建省高级人民法院。二审法

---

❶ 福建省高级人民法院〔2010〕闽民终字第 436 号民事判决书。该案入选 2010 年中国法院知识产权司法保护 10 大案件。

院认为，林金山在其生产果园发现可用于培育"红肉蜜柚"植物新品种的种源，为此后"红肉蜜柚"品种选育、品种权申请，以及最终取得"红肉蜜柚"品种权作出了重大贡献。在果树所与案外人签订的《科技合作协议》以及向福建省非主要农作物品种认定委员会提交的《福建省非主要农作物品种认定申请书》中，均将林金山列为育种人之一。由此可见，在本案"红肉蜜柚"的育种过程中，果树所始终将林金山视为共同育种人。《条例》规定，委托育种或者合作育种，品种权的归属由当事人在合同中约定；没有合同约定的，品种权属于受委托完成或者共同完成育种的单位或者个人，林金山作为"红肉蜜柚"的共同育种人，亦应享有该品种权。遂判决驳回上诉，维持原判。

案例二：甘肃省敦煌种业股份有限公司与张掖市丰玉鑫陇种子有限公司、曹玉荣侵害植物新品种权纠纷案 ❶

玉米新品种"吉祥1号"于2011年1月1日取得植物新品种权，品种权人是武威市农业科学研究所和黄文龙。2011年12月9日，武威市农业科学研究院与黄文龙签署"吉祥1号"玉米植物新品种权转让合同，双方约定"吉祥1号"品种权变更为武威市农业科学研究院。2012年1月1日，武威市农业科学研究院授权甘肃省敦煌种业股份有限公司（以下简称"敦煌种业公司"）对国内他人未经许可擅自生产、经营"吉祥1号"的侵权行为单独以自己名义实施包括举报、调查取证、诉讼和非诉讼在内的各种维权活动。2012年9月，敦煌种业公司与他人诉讼中，发现丰玉鑫陇种子有限公司（以下简称"丰玉鑫陇公司"）在甘州区乌江镇符家堡村生产"吉祥1号"，遂诉诸法院，请求停止侵权并赔偿损失。诉讼中，敦煌种业公司申请证据保全，法院审判人员从涉案地块随机提取

❶ 甘肃省张掖市中级人民法院民事判决书〔2012〕张中民初字第83号。

玉米果穗若干并予以现场封存，并委托北京玉米种子检测中心就涉嫌侵权的玉米果穗与农业部植物新品种保藏中心的"吉祥1号"杂交玉米种子是否属于同一品种进行真实性司法鉴定。鉴定结论为"相同或极近似"。经审理，法院认为原告诉讼主体资格适格；涉案地块生产的繁殖材料经司法鉴定，与标准样品相比并未检测出差异，应当认定被告曹玉荣生产的繁殖材料落入授权繁殖材料"吉祥1号"的保护范围，被告曹玉荣实施了侵权行为；虽然涉案侵权地点的繁殖材料由被告曹玉荣具体生产，但被告丰玉鑫陇公司将其资质借给被告曹玉荣组织生产的行为，客观上为被告曹玉荣侵权提供了便利条件，被告丰玉鑫陇公司对于侵权行为的发生"具有过错"，依法应当与被告曹玉荣承担连带责任。一审法院遂判决支持原告的诉讼请求。

专题七：外观设计专利的法律保护

任春玲

【经典案例】

"美容器"外观设计专利侵权案 ❶

涉案专利是名称为"美容器"的外观设计专利，申请号为 ZL201130151611.3，授权公告号为 CN302065954S，专利权人为松下株式会社，申请日为 2011 年 6 月 1 日，于 2012 年 9 月 5 日获得授权。涉案专利用途为产生例如蒸汽、负离子来滋润肌肤和头发等；设计要点为产品的形状，最能表明设计要点的图片为主视图。涉案专利从授权公告的图片看，美容器主要包括机身和底座。机身整体类似半椭圆柱体；柱体上部沿 60° 角向侧上方延伸形成喇叭状喷嘴，喷嘴同侧

---

❶ 北京市高级人民法院〔2016〕京民终 245 号民事判决书。该案入选 2016 年中国法院十大知识产权案。

的正下方设有长圆形控制键；喷嘴相对一侧的顶部有一个提起式盾形注水结构，盾形结构两侧与机身连接处有空隙。产品底座一圈向内略微收窄，底面平整、封闭，机身底部有拱形电线插口。

2014年8月22日，松下株式会社代理人方善姬律师向北京市国立公证处申请对在http：//www.jd.com/上购买商品的行为过程办理保全证据，北京市国立公证处两位公证员监督方善姬律师使用该公证处DELL计算机进行操作：通过登录http：//www.jd.com/网页，在搜索栏输入"金稻KD2331T"进行搜索，显示有四种商品，价格分别为289元、299元、299元及285元。点击购买两台285元的被诉侵权产品，卖家显示为"丽康富雅"，该网页多处显示了被诉侵权产品的宣传。2015年8月25日，北京市国立公证处两位公证员与方善姬律师在北京市西城区德胜门西大街68号东门侧接收并当场拆开了申通快递所投递的包裹（快递单号868701207498），其包裹内有"金稻离子蒸汽美容器KD-2331"两台、购物清单一张、面膜六张。产品包装底部显示生产厂商为"珠海金稻电器有限公司"（以下简称金稻公司），地址为"珠海市金鼎镇上栅第二工业区18号"。包装上显示了四件KD-2331产品图案，其中一件带有提手，三件不带有提手。松下株式会社认为金稻公司生产、销售、许诺销售及北京丽康富雅商贸有限公司（以下简称丽康公司）销售的"金稻离子蒸汽美容器KD-2331"侵犯其外观设计专利权，请求法院判令：二被告停止侵权；销毁有关被诉侵权产品的全部宣传资料以及删除被诉侵权产品的宣传内容；金稻公司销毁涉案模具和专用的生产设备及被诉侵权产品全部库存，并从销售店回收未销售被诉侵权产品进行销毁；金稻公司赔偿经济损失人民币300万元，二被告共同赔偿合理支出人民币20万元。

金稻公司提交了专利号为ZL201330418584.0的美容喷雾机外观设计专利证

书，设计人为贺晓东，专利权人为珠海市东部金陆电器有限公司（简称"东部公司"），专利申请日为 2013 年 8 月 30 日，授权公告日为 2014 年 1 月 22 日。用途为面部美容设备，设计要点为产品的整体外部形态。从授权公告的图片看，属于单纯形状的外观设计，主要包含机身、底座和提手。机身整体类似半椭圆柱体，柱体上部沿 60° 角向侧上方延伸形成喇叭状喷嘴，喷嘴外圈有一层圆形颗粒结构，喷嘴同侧的正下方设有长圆形控制键，其中部凸出；喷嘴相对一侧的顶部有一个提起式盾形注水结构，其上有锥形提钮。产品底座中间内凹，底面分布有四个扁圆柱形支脚，同时表面分布有多块散热孔区，由数量不同的小圆孔组成。产品上部有提手，提手的弧面向下延伸环绕喷嘴消防控制键区域，形成类似套头围嘴的设计，中间有孔，露出控制键，两侧各有两个螺钉安装孔，从而与机身嵌合。

2014 年 9 月 9 日，东部公司针对 ZL201330418584.0 号"美容喷雾机"外观设计向国家知识产权局申请出具专利权评价报告。在专利权评价报告中确定了 10 个对比设计，但上述 10 个对比设计并不包括涉案专利。在评述 ZL201330418584.0 号美容喷雾机外观设计与对比设计 1 时载明：从检索到的现有设计状况来看，美容喷雾设备形状设计多样，虽然都有喷嘴设备，但其整体结构、各部位形态、表面图案等均有较大的设计自由度让设计人员进行创新性设计。结合涉案专利与对比设计区别来看，虽然两者都包含极其相似的喷嘴和机身，但是在整体结构、新增提手部位以及喷嘴外圈等设计上的区别，导致整体有较大区别。对于一般消费者而言，二者的差异足以对整体视觉效果产生显著的影响。

北京知识产权法院一审认为，被诉侵权产品与涉案专利外观设计存在的差异对二者的整体视觉效果并不产生实质的影响，二者属于相似的外观设计。

金稻公司未经许可，实施了制造、销售及许诺销售被诉侵权产品的行为；丽康公司未经许可，实施了销售及许诺销售被诉侵权产品的行为，二被告共同承担赔偿责任。金稻公司、丽康公司不服一审判决，提起上诉。

【争议焦点】

该案中，双方争议的焦点主要集中在两个方面。

第一，被诉侵权产品的外观设计是否落入涉案专利权的保护范围。

金稻公司主张将被诉侵权产品与松下株式会社的涉案专利相比，二者的整体视觉效果不相似。判决查明了被诉侵权产品与涉案专利存在四点不同，足以证明二者不相似，且将二者相对比，存在多个不同点，不会使普通消费者产生混淆、误认，整体视觉效果具有实质性差异；金稻公司对其产品拥有外观设计专利，金稻公司生产、销售拥有外观设计专利权的相关产品符合法律规定，被诉侵权产品的外观设计没有落入涉案专利权的保护范围。

第二，一审判决关于赔偿数额的确定是否恰当。

金稻公司表示其仅认可京东商城和天猫商城上金稻旗舰店销售的产品系该公司生产，其他网站上销售的被诉侵权产品80%以上是假货，并非该公司生产，且网络上显示的销售数量存在刷单情况，多数为虚假。法院以松下株式会社提供的网络销售数量及平均价格为依据判决人民币300万元的赔偿数额不恰当，松下株式会社所提供的证据不足以证明各大网站的销量均由金稻公司销售或许诺销售，法院在法定赔偿限额之上确定赔偿数额缺乏依据。法院错误支持金稻公司主张的全部合理费用金额，松下株式会社为证明其诉讼合理支出的票据金额远低于其主张的金额，法院以现实花费并非都有票据为由全额支持松下株式会社的诉讼请求，系歪曲事实、滥用自由裁量权，对于赔偿数额的确定不恰当。

【法理分析】

北京知识产权法院一审判决："第一，被告珠海金稻电器有限公司自本判决生效之日起立即停止制造、销售、许诺销售侵犯原告松下电器产业株式会社享有的专利号为 ZL201130151611.3，名称为'美容器'外观设计专利权的产品；第二，被告北京丽康富雅商贸有限公司自本判决生效之日起立即停止销售、许诺销售侵犯原告松下电器产业株式会社享有的专利号为 ZL201130151611.3，名称为'美容器'外观设计专利权的产品；第三，被告珠海金稻电器有限公司、被告北京丽康富雅商贸有限公司删除被控侵权产品的全部宣传资料，并删除二被告网站中有关被控侵权产品的宣传内容；第四，被告珠海金稻电器有限公司自本判决生效之日起十日内赔偿原告松下电器产业株式会社经济损失共计人民币三百万元；第五，被告珠海金稻电器有限公司、被告北京丽康富雅商贸有限公司自本判决生效之日起十日内连带赔偿原告松下电器产业株式会社为制止侵权行为所支付的合理开支共计人民币 20 万元；第六，驳回原告松下电器产业株式会社的其他诉讼请求。"

北京市高级人民法院经审理认为金稻公司、丽康公司的上诉请求均不能成立，判决驳回上诉，维持原判。

首先，进行外观设计侵权判定，应当首先审查被诉侵权产品与涉案专利产品是否属于相同或者相近种类产品，然后根据授权外观设计、被诉侵权设计的设计特征，以外观设计的整体视觉效果进行综合判断是否相同或者近似。

涉案专利的名称为"美容器"，用途为产生蒸汽、负离子来滋润肌肤和头发等，被诉侵权产品同样是离子蒸汽美容器，二者属于相同产品。经对比，被诉侵权产品与涉案专利机身形状相同，均为类似半椭圆形向斜上方呈60°角先形成缩紧的颈部再扩张成喇叭状喷嘴，颈部的弧度以及喇叭状的喷嘴形状相同，且二者机身上的控制键与盾形注水口的位置及形状相同。不可否认，被诉侵权产品与涉案专利存在提手、底座环形凹槽、插线口、底座底部支点及散热孔四点区别。但是，支点及散热孔处于底座的底面，不易为消费者注意。涉案专利的设计要点在形状，而插线口及环形凹槽在机身及底座部位所占比重很小，难以影响到外观设计的整体视觉效果。被诉侵权产品虽然加装了提手，但是机身的形状仍然构成整体视觉效果的主要部分，提手的增加并不会导致被诉侵权产品与涉案专利存在明显的差异。因此，被诉侵权产品与涉案专利外观设计存在的差异对二者的整体视觉效果并不产生实质的影响，二者属于相似的外观设计。金稻公司和丽康公司关于被诉侵权产品与涉案专利不构成相近似外观设计的抗辩缺乏事实依据，不予采信。

松下株式会社从丽康公司在京东网上经营的商铺公证购买到被诉侵权产品，购买的被诉侵权产品包装上显示生产厂商为被告金稻公司，地址为"珠海市金鼎镇上栅第二工业区18号"等信息，上述信息与金稻公司的信息相匹配，以此可以认定金稻公司实施了制造和销售行为，丽康公司实施了销售被诉侵权产品的行为。

松下株式会社虽然主张金稻公司还制造了不带提手的涉案产品，但未公证购买到相应的被诉侵权产品。但是，根据包装盒上的显示以及涉案公证书的记载，金稻公司、丽康公司网站上将带提手的被诉侵权产品以及不带提手的被诉侵权产品作为销售的商品进行了宣传，而且网站、包装上的图案能够反映出被诉侵权产品的具体形状和结构，故二被告对上述两种被诉侵权产品均实施了许诺销售的行为。

《专利法》第五十九条第二款规定："外观设计专利权的保护范围以表示在图片或者照片中的该产品的外观设计为准，简要说明可以用于解释图片或者照片所表示的该产品的外观设计。"《最高人民法院关于审理侵犯专利权纠纷案件应用法律若干问题的解释》第八条规定："在与外观设计专利产品相同或者相近种类产品上，采用与授权外观设计相同或者近似的外观设计的，人民法院应当认定被诉侵权设计落入专利法第五十九条第二款规定的外观设计专利权的保护范围。"

其次，外观设计是否相近似是该案中的核心问题。

判断外观设计是否相同或相近似时，应当以整体观察、综合判断为原则，以外观设计产品的一般消费者为判断主体，以产品外观设计整体视觉效果的相同或者近似作为判断标准，即对授权外观设计、被诉侵权设计可视部分的全部设计特征进行观察，对能够影响产品外观设计整体视觉效果的所有因素进行综合考虑后作出判断。在具体比对时，一般应当将被诉侵权产品与授权外观设计专利文件中的图片或者照片进行比对，在无法出示被诉侵权产品的情况下，也可以将被诉侵权产品的图片与授权外观设计专利中的图片或者照片进行比对。

该案中，被诉侵权产品包括有提手、不带提手两种类型。对于有提手的被诉侵权产品，松下株式会社提交了产品实物；对于不带提手的被诉侵权产品，松下株式会社提交了显示其照片的相关证据。将涉案专利设计图片分别与两款被诉侵权产品实物或照片相对比，其相同点均体现为：二者在机身整体形状设计上相同，均为类似半椭圆形向斜上方呈 60° 角先形成缩紧的颈部再扩张成喇叭状喷嘴，且二者在颈部的弧度以及喇叭状的喷嘴形状相同，机身上控制键的位置、外形以及盾形注水口的位置、形状均相同；其不同点体现为：二者在底座环形凹槽、插线口、底座底部支点及散热孔四个方面有所区别。此外，有提手的被诉侵权产品还包含提手这一设计特征。但是，底座环形凹槽、插线口以及支点、散热孔位分别位于产品底部区域或产品底座的底面，属于一般消费者在正常使用产品时通常不会特别施加注意力或不容易直接观察到的部位，故对于外观设计的整体视觉效果影响较小。而产品的机身外形及其具体设计既是产品正常使用时容易直接观察到的部位，也是涉案专利区别于现有设计的设计特征，对于整体视觉效果具有显著的影响。综合考虑涉案专利与被诉侵权产品的全部设计特征及其对整体视觉效果的影响，可以认定二者的整体视觉效果相近似。因此，被诉侵权产品落入涉案专利权的保护范围。对于有提手的被诉侵权产品，虽然涉案专利不包括提手，仅包含产品机身的形状设计，但形状和提手在外观设计上属于相互独立的设计要素，在机身形状设计的基础之上增加提手的设计并未对产品形状本身产生显著的视觉影响，也未使二者的整体视觉效果产生明显差异。在二者的形状设计相近似的情况下，仍然应认定有提手的被诉侵权产品落入涉案专利权的保护范围。因此，对于金稻公司关于被诉侵权产品的设计与涉案专利不相近似的上诉主张，法院不予支持。

《专利法》第十一条第二款规定，外观设计专利权被授予后，任何单位或者个人未经专利权人许可，都不得实施其专利，即不得为生产经营目的制造、许诺销售、销售、进口其外观设计专利产品。对于金稻公司提出其仅生产、销售带有提手的被诉侵权产品，并未销售不带提手的被诉侵权产品的上诉主张，该案中，对于松下株式会社从丽康公司经营的网络商铺公证购买到有提手的侵权产品，一审法院根据产品上显示的生产者信息，认定金稻公司实施了制造和销售行为，丽康公司实施了销售行为；对于松下株式会社未实际公证购买到的不带提手的侵权产品，一审法院根据包装盒上的显示以及涉案公证书的记载，认定二被告实施了许诺销售的行为。

再次，一审判决中关于赔偿数额是否恰当也是争议之一。

《专利法》第六十五条规定："侵犯专利权的赔偿数额按照权利人因被侵权所受到的实际损失确定；实际损失难以确定的，可以按照侵权人因侵权所获得的利益确定。权利人的损失或者侵权人获得的利益难以确定的，参照该专利许可使用费的倍数合理确定。赔偿数额还应当包括权利人为制止侵权行为所支付的合理开支。权利人的损失、侵权人获得的利益和专利许可使用费均难以确定的，人民法院可以根据专利权的类型、侵权行为的性质和情节等因素，确定给予一万元以上一百万元以下的赔偿。"对于《专利法》第六十五条第一款规定的权利人的损失、侵权人获得的利益和专利许可使用费三个事项，权利人和侵权人均可以进行举证，权利人和侵权人不举证或所举证据不足以确定前述事项的，人民法院应当依照《专利法》第六十五条第二款的规定在法定赔偿限额之内酌情确定赔偿数额。当事人就权利人的损失、侵权人获得的利益或专利许可使用费进行举证的，人民法院应当在全面、客观地审核证据的基础上，运用逻辑推理和日常生活经验法则，判断相关证据拟证明的损害赔偿事实是否达到相当程度的可能性。考虑到专利权损害举证难，与专利侵权行为相关的账簿、资料主要由侵权人掌握，如果权利人在其举证能力范围内就侵权人的获利情况进行了充分举证，且对其所请求经济损失数额的合理性进行了充分说明的情况下，侵权人不能提供相反证据推翻权利人赔偿主张的，人民法院可以根据权利人的主张和提供的证据认定侵权人因侵权所获得的利益。

《最高人民法院关于当前经济形势下知识产权审判服务大局若干问题的意见》（法发〔2009〕23号）第16条规定，对于难以证明侵权受损或侵权获利的具体数额，但有证据证明前述数额明显超过法定赔偿最高限额的，应当综合全案的证据情况，在法定最高限额以上合理确定赔偿额。根据该规定，对于有充分的证据证明权利人的损失或者侵权人的获利已经明显高于法定赔偿限额，尽管不能以一对一的证据精确计算出具体的金额，但如果权利人能够说明其请求的赔偿金额的计算、得出过程，并有相应的证据佐证其合理性的，人民法院可以在法定最高限额以上支持权利人的赔偿请求。

该案中，松下株式会社将其通过公证取证方式固定地在部分电商平台上检索得到的侵权产品同型号产品销售数量之和18411347台，以及该产品的平均价格260元作为300万元赔偿请求的依据。根据《最高人民法院关于审理专利纠纷案件适用法律问题的若干规定》第二十条的规定，《专利法》第六十五条规定的"侵权人因侵权所获得的利益可以根据该侵权产品在市场上销售的总数乘以每件侵权产品的合理利润所得之积计算"，按照松下株式会社主张的被诉侵权产品销售数量总数与产品平均售价的乘积，即便从低考虑每件侵权产品的合理利润，得出的计算结果仍远远高于300万元。因此，在上述证据的支持下，松下株式会社主张300万元的赔偿数额具有较高的合理性。原审法院全额支持松下株式会社关于经济损失的赔偿请求，具有事实和法律依据。虽然金稻公司在二审中主张一审法院确定的赔偿数额不合理，主张除其仅开办的"金稻旗舰店"外，其他网站上销售的被诉侵权产品绝大多数为假货，以及网络上显示的销售数量不真实，但其就此未能提供相应证据予以证明，法院没有采信。

最后，关于丽康公司是否承担连带赔偿责任的问题。

《专利法》第七十条规定，为生产经营目的使用、许诺销售或者销售不知道是未经专利权人许可而制造并售出的专利侵权产品，能证明该产品合法来源的，不承担赔偿责任。其中，"不知道"是指实际不知道且不应当知道。该案中，丽康公司作为销售者，其在得知该案诉讼后未停止销售、许诺销售涉案侵权产品的行为，且上述行为在二审期间仍在持续，故原审法院判令其与金稻公司共同承担松下株式会社为制止侵权行为所支付的合理开支，并无不当。丽康公司的上诉主张，缺乏事实和法律依据，法院没有支持。

【理论争鸣】

世界各国对于外观设计的保护不尽一致。有的国家将之纳入专利法保护，有的国家将之纳入版权法保护，有的国家既给予专利法保护又给予版权法保护。在我国现行体制下，外观设计是由《专利法》来保护的。但外观设计与发明、实用新型不同，外观设计专利保护的是一种具体的产品外观设计，而发明和实用新型保护的是一种技术方案。由于我国《专利法》中关于外观设计的法律条文很少，因此有人认为，外观设计的保护并不复杂，只要将被控侵权产品与外观设计专利表示在图片或照片中的外观设计产品相比较，就可以很容易实现对外观设计的保护。但实际上，对外观设计的保护远比只将被控侵权产品与外观设计专利图片或照片比较要复杂得多。目前我国外观设计专利保护还存在一定的问题，使得外观设计专利不能得到应有的保护，与其他权利产生冲突。虽然我国对专利法进行了几次修改，但存在着外观设计专利所保护的设计数量不少、水平不高的现象。所以，要解决这些问题，必须对外观设计专利的概念、保护的范围有明确的界定。

一、外观设计专利的概念及特点

外观设计是指工业品的外观设计，也就是工业品的式样，它与发明或实用新型完全不同，即外观设计不是技术方案。《专利法实施细则》第二条中规定："外观设计，是指对产品的形状、图案或者其结合，以及色彩与形状、图案的结合所做出的富有美感并适于工业应用的新设计。"从该条规定可以看出，产品的形状和图案可以分别单独构成能用外观设计专利保护的设计方案，但是色彩却难以单独构成，需要与形状或者图案结合起来，才能获得外观设计专利保护。另外"富有美感"一词的主要作用在于表明判断是否属于外观设计专利权的保护客体，应当关注的是产品外观给人的视觉感受，而不是该产品的功能特性或者技术效果，这是外观设计专利与发明和实用新型专利之间的本质区别。

通过对上述定义的分析，可以认定外观设计是关于产品外表的装饰性或艺术性的设计，这种设计可以是平面图案，也可以是立体造型，或者是二者的结合。一般而言，它具有下述特点。

（1）只有与产品相结合的外观设计才是我国《专利法》意义上的外观设计。《专利法》所保护的外观设计必须是依附于产品之上，不能够脱离于产品而独立存在的。而且该产品还必须具有一定的形状，类似于液体、气体等都不具有外观设计。既然是产品就应当有其独立用途，白纸上的花纹图案不是外观设计，印在糊墙纸上的花纹图案则是外观设计，因为糊墙纸是一种装饰品，有其独立的用途❶。如用黑白两色可以构成一幅熊猫图案，单纯的一幅熊猫图案尽管十分可爱，但却不能被授予外观设计专利；如果将这种图案运用到某种产品上，如

---

❶ 汤宗舜. 专利法教程 [M]. 北京：法律出版社，1988：60.

用白色的奶油冰淇淋与含有巧克力或可可的褐色冰淇淋构成熊猫冰淇淋便是一种不错的外观设计 ❶。

（2）必须能够在产业上应用，也就是能够为生产经营目的而制造，如果产品的形状或图案不能用工业的方法复制出来，或者不能达到批量生产的要求，就不是我国《专利法》意义上的外观设计。

（3）能给人以美的享受，即"富有美感"。外观设计主要是为了增加产品的吸引力，让其具有一定的美感，能够吸引消费者的眼球。在我国《专利法实施细则》里也提出了外观设计必须具有美感设计的要求。

二、外观设计专利保护的必要性

随着社会的发展，现代各个生产厂家之间在市场上的竞争日趋激烈，想要自己的产品在同类产品中脱颖而出，一举赢得消费者的青睐，就必须具有独特的吸引眼球的外观设计。外观设计专利在现代产品销售中所起的作用，对于各大厂家的重要性不言而喻。而产品的外观设计又由于其存在着以下特点——在产品公开销售后，其他竞争者对产品借鉴设计的易行性，可以轻易地将吸引消费者眼球的产品的外观设计采取复制或模仿——使最先推出具有该产品的外观设计的厂家的研发投入付诸东流。如此行为在社会上蔚然成风，必然对现代社会工业应用的发展带来重创。为此，需要给予外观设计以专利制度的保护，让最先推出此项外观设计的厂家能够从其研发出的外观设计中受益。将外观设计归于《专利法》并给予专利权保护，使专利权人在一段期间内享有独占使用的

---

❶ 刘春田. 知识产权法 [M]. 北京：中国人民大学出版社，2000：150.

权利，但《专利法》所规定的独占使用不是指对技术的全面独占。❶

授予外观设计专利的目的主要是促进商品外观的改进，既增强竞争能力，又美化人民生活。随着国际市场的扩大、国内外市场竞争的日趋激烈和人类生活水平的不断提高，对产品的外观设计给予有效保护的必要性已变得更为突出。这是因为改善外观设计与扩大商品销售有着密切的关系，当产品的质量和性能相同时，外观设计的好坏能直接影响消费者的选择，影响产品的销售量。

三、外观设计专利的法律保护

外观设计对于一个产品来说是不可缺少的，从而外观设计的法律保护也显得尤为重要。在我国，外观设计是用《专利法》来直接进行保护的，主要体现在以下几个方面。

一是外观设计专利的申请。外观设计必须符合法定的形式要件和实质要件才能获得专利。形式要件主要是指合格的申请人及时提交了必要的申请文件，并交纳有关费用。必要的申请文件包括外观设计专利请示书、外观设计专利图片和照片、简要说明及其他的附加材料。实质性要件主要是《专利法》第二十三条规定的，授予专利权的外观设计，应当同申请日以前在国内外出版物上公开发表过或国内公开使用过的外观设计不相同或不相似。

二是外观设计专利的审查。我国对外观设计专利授权审查采取的是介于形式审查于实质审查之间的初步审查制度。审查内容包括申请文件的格式是否符合规定，及对请示书中产品名称、产品类别、设计人、申请人、专利代理机构及其代理人的资格进行审查；对外观设计图片或照片的尺寸、绘图要求、简要

---

❶ 吴汉东.知识产权法 [M].2 版.北京：法律出版社，2007：137.

说明的内容以及有关要求优先权、不丧失新颖性的例外声明等进行审查；还要对保护的客体是否符合《专利法》，是否具有工业应用性，是否明显不具新颖性，是否明显违反在先申请原则或可能导致重复授权，是否属于违反国家法律或有关公序良俗的设计，以及外观设计的单一性进行审查。初步审查的制度虽比形式审查更为细致，但相比实质审查则显不足。目前，实践操作中审查力度不够，容易形成数量过多、质量过差的状况。

三是外观设计专利的期限，撤销和无效。在外观设计专利获得授权后，其保护期限是自申请之日起 10 年。根据《专利法》规定在公告授予专利权 6 个月内，任何人认为该外观设计专利不符合专利的授权要件时，可向专利局提出宣告无效并撤销的请求，专利局在接到请求后对其进行实质性审查。

四、外观设计《著作权法》保护的几个问题

外观设计是知识产权领域一项特殊的客体，具有"技术"与"艺术"的特性，兼跨产业和艺术两大领域。我国《著作权法》虽未明确规定保护外观设计，但根据相关的法律法规和司法实践，外观设计在一定条件下可以成为《著作权法》的保护对象。我国《著作权法》和《中华人民共和国著作权法实施条例》没有对外观设计的著作权保护进行明确规定，根据相关法律以及司法实践，外观设计可按纯美术作品和实用艺术作品受到《著作权法》的保护。对于艺术成分和实用成分可分的外观设计，比如印有图画的地毯，图画与地毯是可分的，图画离开地毯其可供观赏的价值并未受影响，而地毯即使没有图画其实用性亦未受影响，此时两者分离后的图画可以作为纯美术作品受到《著作权法》的保护，即对于艺术成分和实用成分可分的外观设计，可将其艺术成分的部分作为纯美

术作品给予《著作权法》的保护；而对于其实用部分，《著作权法》则不予保护。对于那些实用成分与艺术成分不可分的外观设计，根据我国的司法实践，如果其同时具备独创性、可复制性、实用性和艺术性，则可作为实用艺术作品受到《著作权法》的保护。独创性是指作品由作者独立创作，而非抄袭或剽窃他人的作品；可复制性是指可以某种有形形式进行复制，这是作品得以传播的必备条件；实用性是指具有实用性功能；艺术性是指审美意境所达到的程度。在这些条件中，艺术性的判定是一个难点，我国目前的《著作权法》对于实用艺术作品的艺术性的判断也没有明确规定。由于外观设计专利排斥相同或近似的外观设计获得专利权，即在保护期限内权利人享有独占的对专利技术的垄断权，以最大限度地防止他人实施该技术方案，而著作权并不排除其他人独立创作的相同或近似的作品，因此外观设计专利权的垄断性和保护效力强于著作权。

【拓展案例】

案例一：上海晨光文具股份有限公司与得力集团有限公司、济南坤森商贸有限公司侵害外观设计专利权纠纷案 ❶

上海晨光文具股份有限公司（以下简称"晨光公司"）是 ZL200930231150.3 号名称为"笔"（AGP67101）的外观设计专利的专利权人，申请日为 2009 年 11 月 26 日，授权公告日为 2010 年 7 月 21 日，目前处于有效状态。济南坤森

---

❶ 上海知识产权法院〔2016〕沪 73 民初 113 号民事判决书。该案入选 2016 年度中国法院十大知识产权案件。

商贸有限公司（以下简称"坤森公司"）在天猫网上经营"得力坤森专卖店"，销售得力集团有限公司（以下简称"得力公司"）生产的得力 A32160 中性笔。晨光公司认为该产品侵犯其涉案专利权，诉至法院。上海知识产权法院认为，授权外观设计的笔杆主体形状、笔杆顶端形状、笔帽主体形状、笔帽顶端形状、笔帽相对于笔杆的长度、笔夹与笔帽的连接方式、笔夹长出笔帽的长度等方面的设计特征，在整体上确定了授权外观设计的设计风格，而这些设计特征在被诉侵权设计中均具备，可以认定两者在整体设计风格及主要设计特征上构成近似。而被诉侵权设计与授权外观设计存在的四点区别设计特征，对整体视觉效果的影响有限，不足以构成与整体视觉效果的实质性差异。另外，授权外观设计的简要说明中并未明确要求保护色彩，且从图片或照片中显示的授权外观设计来看，其并不存在因形状产生的明暗、深浅变化等所形成的图案，故在侵权判定时，颜色、图案要素不应考虑在内。被诉侵权设计在采用与授权外观设计近似的形状之余所附加的色彩、图案等要素，属于额外增加的设计要素，对侵权判断不具有实质性影响。故被诉侵权产品构成对涉案专利权的侵犯，得力公司与坤森公司应停止侵权行为，得力公司赔偿晨光公司经济损失 5 万元并支付原告律师费用 5 万元。法院确定赔偿数额主要考虑了以下因素：第一，原告专利为外观设计专利；第二，专利有效期自 2009 年 11 月 26 日开始，侵权行为发生时保护期已近半；第三，笔类产品的利润有限；第四，消费者在选购笔类产品时，除形状外，笔的品牌、笔芯质量、外观图案、色彩等，都是其主要的考虑因素，即得力公司使用授权外观设计形状所获侵权利润只是被诉侵权产品获利的一部分。本案原、被告均为国内影响力较大的文具生产企业，涉案产品为日常生活中常见的笔类产品，其外观设计侵权判断受主观因素的影响较大。本案对外观设计近似性判断的客观标准进行了探索，既考虑被诉侵权产品与授权专利的相似性，也考虑其差异性，就相同设计特征与区别设计特征对整体视觉效果的影响分别进行分析，得出认定结论。本案判决对于生活常见产品外观设计近似性的认定具有借鉴意义。此外，本案根据外观设计专利的特点，结合具体案情，确定法定赔偿额和被告应承担的原告律师费的数额，亦具有指引作用。

案例二：高仪股份公司诉浙江健龙卫浴有限公司
侵害外观设计专利权纠纷案 ❶

高仪股份公司（以下简称"高仪公司"）为"手持淋浴喷头"（No. A4284410X2）外观设计专利的权利人，该外观设计专利现合法有效。2012 年 11 月，高仪公司以浙江健龙卫浴有限公司（以下简称"健龙公司"）生产、销售和许诺销售的丽雅系列等卫浴产品侵害其"手持淋浴喷头"外观设计专利权为由提起诉讼，请求法院判令健龙公司立即停止被诉侵权行为，销毁库存的侵权产品及专用于生产侵权产品的模具，并赔偿高仪公司经济损失 20 万元。经一审庭审比对，健龙公司被诉侵权产品与高仪公司涉案外观设计专利的相同之处为：二者属于同类产品；从整体上看，二者均是由喷头头部和手柄两个部分组成；被诉侵权产品头部出水面的形状与涉案专利相同，均表现为出水孔呈放射状分布在两端圆、中间长方形的区域内，边缘呈圆弧状。两者的不同之处为：第一，被诉侵权产品的喷头头部四周为斜面，从背面向出水口倾斜，而涉案专利主视图及左视图中显示其喷头头部四周为圆弧面。第二，被诉侵权产品头部的出水面与面板间仅由一条线分隔，涉案专利头部的出水面与面板间由两条线构成的带状分隔。第三，被诉侵权产品头部出水面的出水孔分布方式与涉案专利略有不同。第四，涉案专利的手柄上有长椭圆形的开关设计，被诉侵权产品

❶ 最高人民法院〔2015〕民提字第 23 号民事判决书。该案入选 2015 年中国法院十大知识产权案件。

·127·

没有。第五，涉案专利中头部与手柄的连接虽然有一定的斜角，但角度很小，几乎为直线形连接，被诉侵权产品头部与手柄的连接产生的斜角角度较大。第六，从涉案专利的仰视图看，手柄底部为圆形，被诉侵权产品仰视的底部为曲面扇形；涉案专利手柄下端为圆柱体，向与头部连接处方向逐步收缩压扁呈扁椭圆体，被诉侵权产品的手柄下端为扇面柱体，且向与喷头连接处过渡均为扇面柱体，过渡中的手柄中段有弧度的突起。第七，被诉侵权产品的手柄底端有一条弧形的装饰线，将手柄底端与产品的背面连成一体，涉案专利的手柄底端没有这样的设计。第八，涉案专利头部和手柄的长度比例与被诉侵权产品有所差别，两者的头部与手柄的连接处弧面亦有差别。浙江省台州市中级人民法院于 2013 年 3 月 5 日作出〔2012〕浙台知民初字第 573 号民事判决，驳回高仪公司诉讼请求。高仪公司不服，提起上诉。浙江省高级人民法院改判，健龙公司不服，提起再审申请。最高人民法院最终撤销二审判决，维持一审判决。

专题八：商标的显著性判断

许莲丽

【经典案例】

美国儿科学会诉中华人民共和国工商行政管理总局商标评审委员会行政纠纷案 ❶

2013 年 10 月 31 日，商标申请人美国儿科学会向中华人民共和国工商行政管理总局商标局 ❷（简称"商标局"）提出商标注册申请。申请商标为第 13459917 号"PEDIATRICS IN REVIEW"商标。申请商标指定使用在第 9 类"医学杂志的电子出版物（可下载）、以医学领域信息为特点的预录制 CD 盘"商品上。

经审查，商标局决定对申请商标的注册申请予以驳回。美国儿科学会不服

---

❶ 北京知识产权法院〔2016〕京 73 行初 384 号行政判决书。

❷ 现为"国家知识产权局商标局"。

上述决定，于 2014 年 11 月 13 日向商标评审委员会提出复审申请。

在商标评审阶段，美国儿科学会提交了在多个国家出版发行的 *Pediatrics in Review*（《儿科新论》）期刊封面及内容介绍打印件及中文摘译，美国儿科学会 2012—2013 年度、2013—2014 年度报告打印件及中文摘译，美国儿科学会与健康研究和发展协会在 2006 年签署商标使用许可协议复印件及中文摘译，2006 年 9 月和 2008 年 2 月发行的 *Pediatrics in Review*（《儿科新论》）试刊复印件，美国儿科学会与循证传媒有限公司签订的商标许可使用协议复印件及中文摘译，循证传媒有限公司在 2012 年 10 月出版发行的 *Pediatrics in Review*（《儿科新论》）的中文期刊《大查房》复印件，美国儿科学会 *Pediatrics in Review* 的中文版《大查房》的中文网站打印件，独立学术出版集团与中国中医科学院医学信息研究所在 2012 年签订的《学术协会许可协议》复印件及中文摘译，美国儿科学会 2005 年 9 月"学术期刊"的编辑出版计划复印件及中文摘译，类似已注册商标的档案打印件。

2015 年 8 月 28 日，商标评审委员会作出商评字〔2015〕第 0000058909 号关于第 13459917 号"PEDIATRICS IN REVIEW"商标驳回复审决定（简称"被诉决定"）。美国儿科学会不服商标评审委员的决定，认为被诉决定存在事实认定错误和适用标准错误，向北京知识产权法院提起诉讼，请求法院撤销被诉裁定，并判令商标评审委员会重新作出决定。

在审理过程中，美国儿科学会提交了《出版管理条例》及《电子出版物出版管理规定》，证明按照相关规定，申请商标指定使用的医学杂志的电子出版物（可下载）、以医学领域信息为特点的预录制 CD 盘商品均属于连续型电子出版物范畴，与国际分类第 16 类的报纸、期刊等均属于出版物。申请商标指定使用的商品与期刊、杂志并无实质区别，仅是媒介不同。美国儿科学会提交了《国家工商行政管理总局商标局关于在第 16 类"报纸、期刊、杂志（期刊）、新闻刊物"四种商品上申请注册商标注意事项的通知》《报刊、书籍等印刷品的商标注册审查》《期刊出版管理规定》及美国儿科学会注册的其他商标情况，用于证明申请商标用在医学杂志的电子版上时，具有可注册性。美国儿科学会提交了在第 9 类和第 16 类商品上核准注册的商标信息，用于证明已有在先其他商标获准注册，申请商标亦应获准注册。美国儿科学会提交了在中华人民共和国国家图书馆（简称"国家图书馆"）检索到的以申请商标为名称的杂志的报道文章，用于证明申请商标在中国具有很高的权威性和知名度，具有显著性。美国儿科学会提交了网络检索的有关 Pediatrics in Review 杂志在中国的发行情况，用于证明电子杂志也需要审批，等同于纸质版杂志，且其杂志在中国进行了持续性使用，对相关群体形成了较高知名度。美国儿科学会提交了与其他出版社签订的协议，有关 Pediatrics in Review 杂志的调查数据及美国儿科学会官方网站对该杂志的介绍，用于证明 Pediatrics in Review 杂志已经获得了较高的知名度。

诉讼中，美国儿科学会不认可商标评审委员会将"PEDIATRICS IN REVIEW"译为"儿科检查中"，其主张其杂志 Pediatrics in Review 中文名称为"儿科继续教育"。

【争议焦点】

该案中，双方争议的焦点主要集中在两个方面。

第一，申请商标是否直接表示了该商品的内容等特点。

商标评审委员会认为，第 13459917 号"PEDIATRICS IN REVIEW"商标（简

称"申请商标")可译为"儿科检查中"。申请商标指定使用在"医学杂志的电子出版物（可下载）、以医学领域信息为特点的预录制 CD 盘"等商品上直接表示了本商品的内容等特点，属于《商标法》第十一条第一款第（二）项所指的"仅直接表示商品的质量、主要原料、功能、用途、重量、数量及其他特点的"情形。

原告美国儿科学会认为，申请商标整体由英文构成，虽然每个单词具有固定含义，但一方面申请商标整体的含义并不为中国境内的相关公众所了解和认知；另一方面，其本身固有的含义也非"儿科检查中"。申请商标并非指定使用商品"医学杂志的电子出版物（可下载）、以医学领域信息为特点的预录制 CD 盘"的同业经营者描述与电子出版物和 CD 盘的特点时所使用的常用方式，与申请商标指定使用的商品之间没有必然联系，并不必然使消费者将其理解为对申请商标指定商品项目的目的、内容等方面的描述性词汇。申请商标整体具有能够区分商品来源的作用，能够作为商标注册和使用。

第二，申请商标是否经过使用取得显著特征，并便于识别。

商标评审委员会认为，美国儿科学会提交的证据不足以证明申请商标经过使用具有一定知名度，进而产生具有标示商品来源的显著性。

原告美国儿科学会认为，虽然申请商标显示了其指定的商品和服务项目的特点，但也能够起到识别商品和服务来源的作用，具有显著性。原告指出，申请商标所指定使用的商品属于《出版管理条例》规定的出版物范畴，有关商标如作为出版物的名称进行使用时须由特定的出版单位在得到出版行政主管部门的审批之后才能进行使用。在此情况下，申请商标在出版物上进行使用时无论是使用的出版单位还是作为出版物的名称都具有固定的指向性，能够起到识别商品和服务来源的作用。根据《商标法》第八条的规定，申请商标可以作为商标申请注册并进行使用。

原告又进一步指出，申请商标系美国儿科学会所创立的儿科医学专业学术期刊，在儿科医学专业期刊中具有很高的知名度和影响力，并已与美国儿科学会之间建立起唯一对应的关系，相关公众看到申请商标会直接联想到美国儿科学会提供的期刊等儿科出版物，而不会是其他第三方。从这个角度而言，申请商标的显著性得到进一步增强，完全具备了商标本质的属性，能够作为商标予以注册。

【 法理分析 】

经审理，北京知识产权法院依照《中华人民共和国行政诉讼法》第七十条第（一）、（二）项之规定和《商标法》第十一条第一款第（二）项、《最高人民法院关于审理商标授权确权行政案件若干问题的规定》第七条之规定，判决："撤销中华人民共和国国家工商行政管理总局商标评审委员会作出的商评字〔2015〕第 0000058909 号关于第 13459917 号'PEDIATRICS IN REVIEW'商标驳回复审决定；中华人民共和国工商行政管理总局商标评审委员会就美国儿科学会对第 13459917 号'PEDIATRICS IN REVIEW'商标所提出的复审请求重新作出决定。"

法院认为，申请商标"PEDIATRICS IN REVIEW"直接表示了该商品的特点。《商标法》第十一条第（二）项规定："下列标志不得作为商标注册……（二）仅直接表示商品的质量、主要原料、功能、用途、重量、数量及其他特点的；"符合该条情形的标志因为容易被识别为对商品特征的描述，而不是识别为具有区分意义的商标，不具有显著特征，故不得作为商标注册。本案中，申请商标为英文词组"PEDIATRICS IN REVIEW"，不论是被诉决定中所认定的中文译文"儿科检查中"，还是原告美国儿科学会自认的中文译名"儿科继续教育"，其中文含义均指向"儿科"。将该词组作为商标注册在医学杂志的电子出版物（可下载）、以医学领域信息为特点的预录制 CD 盘商品上，确实描述了该类商品的特点。

那么，申请商标是否经过使用取得显著特征，并便于识别呢？法院认为，描述商品特点的标志能否注册为商标，应当对标志进行综合全面的考量。具体到本案申请商标，可以从以下两个方面进行考量。

第一，根据美国儿科学会提交的证据可以认定，"PEDIATRICS IN REVIEW"这一词组被原告美国儿科学会用作期刊名称使用。期刊是一种具有连续性的出版物，在使用上具有反复性和一贯性。正是这种连续性，让期刊名称和期刊的主办单位建立了较为紧密的联系，能够发挥商标所应有的区分作用。《电子出版物出版管理规定》第十六条规定："经批准出版的连续型电子出版物，新增或者改变连续型电子出版物的名称、刊期与出版范围的，须按照本规定第十四条、第十五条办理审批手续。"申请商标指定使用的医学杂志的电子出版物（可下载）商品属于电子出版物的范畴，与期刊具有相同的特点，即其期刊名称均具有区分商品来源的功能。

第二，申请商标使用在指定商品上是否具有显著性，应当根据该商品的相关受众的认知进行判断。《最高人民法院关于审理商标授权确权行政案件若干问题的规定》第七条规定，人民法院审查诉争商标是否具有显著特征，应当根据商标所指定使用商品的相关公众的通常认识，判断该商标整体上是否具有显著特征。本案申请商标指定使用的医学杂志的电子出版物（可下载）、以医学领域信息为特点的预录制 CD 盘商品，其相关公众应当界定为从事医学教学、研究和医疗实践工作的专业人士。从原告美国儿科学会提交的其在国家图书馆检索到的医学领域学术论文来看，在多篇医学学术论文中，作者已经将 *Pediatrics in Review* 上刊登的文章引用到其文章中，并在脚注、尾注或参考文献中按照论文书写格式将 *Pediatrics in Review* 标注为期刊杂志。例如在《语言发育迟缓的干预现状》一文中，作者在参考文献 [12] 中标明 "Mark D，Simms M D，Robert L S. Preschool children who have a typical patterns of development [J]. *Pediatrics in Review*，2000（21）：147-158."。该标注方式即意味着作者知晓 *Pediatrics in Review* 系期刊名称。应当认定，在医学教学、研究和医疗实践工作领域的专业人士，能够知晓 "PEDIATRICS IN REVIEW" 系医学期刊名称，该特定群体中，该词组整体使用在医学杂志的电子出版物（可下载）等商品上已经具有一定的显著性，可以发挥区分商品来源的作用。

【理论争鸣】

显著性是商标得以获得注册与权利继续维持的前提与基础，显著性对于商标的重要性，相当于新颖性之于专利、独创性之于作品，都是三大传统知识产权原始取得的前提条件。[1] 所以有学者认为，"在同注册性相关的所有标准中，显著性是最为重要的"[2]。简而言之，显著性是各国商标制度对商标注册的基本要求，是商标法的核心概念和商标保护的灵魂。

---

[1] 米勒，戴维斯. 知识产权法 [M]. 北京：法律出版社，2004：264.
[2] 菲利普斯. 商标法：实证性分析 [M]. 马强，主译. 北京：中国人民大学出版社，2014：76.

一、商标显著性的概念、特点及分类

（一）商标显著性的概念、特点

从词义上看，"显著性"系英语"distinctiveness"（美国商标法即《兰哈姆法》）、英国商标法上的"distinctive and particular"（显著与特殊）和"distinct character"（《巴黎公约》）的汉译。❶ 我国现代汉语小词典解释"显著"为"非常明显突出"；而显著性，这一抽象名词则是指"非常明显突出"的性质。

对于商标显著性的概念，从学理上看，主要有"构成要素论"和"商标功能论"两种学说。前者侧重于商标本身，认为是其具有的特异性；后者侧重于商标作用，认为是将商品和服务区分开的功能。一是构成要素论。构成要素论主要从商标与商标之间的关系出发，从商标本身的构成要素是否具有独特性、是否能与其他商标相区别的角度，将显著性定义为："所谓商标的显著性，是指构成商标的文字、图形或其组合从总体上具有明显的特色，能与他人同种或类似商品上的商标区别开来，在市场交易中足以使一般人据以辨别不同经营者提供的商品或服务，即商标具有独特性和可识别性。"❷ "显著性，又称独特性，是指商标自身的特异性，即某一商标与其他商标等商业标志相区别的特性。"❸ 二是商标功能论。主要是从商标与商品或服务之间的关系出发，从商标区别不同商品或服务的功能的角度，将显著性定义为："显著性也叫作商标的识别性或区别性，即能够起到区别作用的特性。"❹

❶ 陈明汝. 商标法原理（台湾法学研究精要丛书）[M]. 北京：中国人民大学出版社，2003：112-113.

❷ 潘勇锋. 商标显著性研究 [J]. 中华商标，2001（9）：25.

❸ 刘晓军. 商标淡化的侵害对象研究 [J]. 知识产权，2002（1）：24. 类似观点吴汉东. 知识产权法 [M]. 北京：中国政法大学出版社，2004：229；黄勤南. 知识产权法 [M]. 北京：法律出版社，2000：67.

❹ 黄晖. 驰名商标和著名商标的法律保护 [M]. 北京：法律出版社，2002：11.

从立法上看，国际公约和各国法律都没有直接给商标显著性下正面的定义，而是在商标的定义中体现了对显著性的界定。比如说，TRIPS 协议第 15 条第 1 款规定："任何标记或者标记的组合，只要能够区分一企业和其他企业的货物或服务，就应可构成商标……如标记无固有的区分有关商品或服务的特征，各成员可依据有关标记在使用后所获得的区分性决定是否予以注册。"我国《商标法》第八条规定："任何能够将自然人、法人或者其他组织的商品与他人的商品区别开的标志，包括文字、图形、字母、数字、三维标志、颜色组合和声音等，以及上述要素的组合，均可以作为商标申请注册。"可见，立法中的商标显著性含义都凸显了商标构成要素及其功能。

通过对上述概念的分析，不难发现，商标显著性是指特定的标志所具有的区分特定商品或服务的性质。具有以下特征：第一，具有明显可区别的特征。之所以使用商标，就是为了区别不同商品或服务的来源。如果没有可区别性，则丧失了商标的本来意义。第二，反映了特定标志与特定商品或服务之间的联系。第三，是商标之所以成为商标的本质属性。❶

（二）商标显著性的分类

按照不同的标准，可以对商标显著性进行不同的分类。比如说，按照商标构成元素，商标可以分为文字商标、图形商标、文字图形组合商标（可统称为平面或传统商标）、立体商标、气味商标、声音商标（可统称为非传统商标）等。相应地，不同构成元素的商标显著性的认定有较大差别。❷ 正是在这个意义上，理论和实务界开始进行传统商标显著性、立体商标显著性、声音商标显著性等的专门探讨。在这里重点介绍商标传统理论按照商标显著性产生原因之不同，

---

❶ 李玉香.知识产权法学概论 [M].北京：知识产权出版社，2009：167.

❷ 芮松艳.论司法审判中如何认定商标显著性 [J].法律适用，2017（17）：25.

将商标显著性分为固有显著性和获得显著性的分类。

商标的固有显著性（inherent distinctiveness），或称内在显著性、先天显著性，是指一个标记本身与商品或服务没有直接联系，当它同商品或服务相结合使用时，能够起到区别商品或服务出处的作用。这种具有固有显著性的标志，能够直接作为商标得到注册和保护。比如说，可口可乐公司的CocaCola，柯达公司的Kodak等。一般而言，过于简单或复杂的符号都不能认为具有显著性。

商标的获得显著性（acquired distinctiveness），也称为"第二含义"（secondary meaning）理论，或通过使用取得的显著性（distinctiveness acquired through use），是指原本叙述商品或服务的标志，或本身不具备显著性的标志，经过长期、广泛的使用，能够使消费者将其与特定出处联系在一起，具备了识别商品或服务出处的作用。这种标志，在获得了显著性之后，能够作为商标得到注册和保护。比如说，两面针牌牙膏，该商标"两面针"是牙膏产品的一种原料；AMERICAN STANDARD牌洁具，该标志的本意是美国标准，都不具有先天的显著性，但是经过长期、广泛的使用后，获得了显著性。

此外，美国通过司法判例，依据商标显著性的强弱程度，按从高到低的顺序将商标分为臆造性商标（fanciful mark）、任意性商标（arbitrary mark）、暗示性商标（suggestive mark）和描述性商标（descriptive mark）和通用标志。前三种商标具有固有显著性，后两种商标不具有固有显著性。这种商标显著性强弱的判断标准，是商标标志与所用于的商品或服务之间的关联关系，关联程度越低，则显著性越高；反之亦然。❶ 以文字商标为例，臆造性商标，由杜撰的文字、词汇所构成的无特定含义的商标，比如海尔电器、SONY手机等。任意性商标，由一个现成的、具有字典含义的词汇构成的商标，其文字意义与所表述的商品

---

❶ Abercrombie & Fitch Co. v. Hunting World, inc., 537 F. 2d 4（2d Cir. 1976）.

或服务没有特别联系,比如用在手机上的"Apple"、用在计算机上的"联想"等。暗示性商标,由常用词汇构成,以隐喻、暗示的手法指示商品的属性或某一特点,比如用在冰柜上的"白雪"。描述性商标,是指仅仅描述了其使用商品的功能、质量、成分等特点的商标,比如用在餐刀上的"不锈"。❶

二、商标显著性的认定

商标显著性的认定,是商标审查和无效程序中最基本和最经常的工作,是认定商标侵权责任的前提和基础。然而如何将抽象的"显著性"法律概念和原则适用于形形色色的社会现实,更是国内外司法实践的难点。毫无疑问,商标显著性的认定不可避免地具有主观性和裁量性,因此,最大限度地克服认定的随意性、维护认定标准的客观化和确定性显得尤为重要。下面就结合我国商标认定的行政司法实践,分析我国的商标显著性认定。

我国《商标法》第八条、第九条、第十一条及第十二条等就商标显著性进行了规定。第八条从对商标的界定中提出了商标应当具有的区别商品的本质属性,是判断"商标显著性"的重要法律依据。第九条强调商标应当具有显著性,第十一条反向列举了注册普通商标时不具有固有显著性的几种情形,同时规定不具有固有显著性的标志经过使用取得显著特征,并便于识别的,可以作为商标注册。第十二条则对立体商标的显著性认定进行了规定。因此,在行政司法实践中,显著性的认定紧紧围绕着两个问题展开:该标志是否具有显著性(固有);没有固有显著性的标志,是否经过使用具有第二显著性(获得显著性)。

---

❶ 孔祥俊.论商标的区别性、显著性与显著特征[J].现代法学,2016(6):69.

（一）固有显著性的认定 ❶

实践中，认定固有显著性，根据《商标法》第十一条第一款第一、第二项的规定，只要是符合列举情形的标志，就都不具有显著性；反之，则具有显著性。具体包括：仅有指定使用商品的通用名称（比如将"高丽白"注册在人参上）、图形（比如将鞋底图案注册在鞋底上）、型号的（比如将"XXL"注册在服装上），不具有显著性。仅直接表示指定使用商品的质量（比如将"好香"注册在米上）、主要原料（比如将"彩棉"注册在服装上）、功能用途的（比如将"纯净气"注册在气体净化装置上）、重量数量的（比如将"20支"注册在香烟上）及其他特点的（比如仅直接表示指定使用商品的使用方式、方法的，将"冲泡"注册在方便面上）。

除了上述情形，实践中还会出现标志的构成既有以上不具备显著特征的标志，也有其他元素，这类标志如何判定是否具有显著性呢？首先，这类标志并不必然被认定为不具有显著性，而是需要根据具体情形进行细致的甄别。其次，这类标志审查的主要对象应为其他元素以及标志的整体。如果其他元素具有显著性，或者标志整体具有显著性，可以使得相关公众识别商品或服务来源的，视为该标志具有显著性。比如，将"利郎商务男装"用在服装上，尽管"商务男装"不具有显著性，但"利郎"具有，而且"商务男装"与其指定使用的商品"服装"的特点相一致，依据商业惯例和消费习惯，不会造成相关公众误认的，应当具有显著性。但相关公众通过其他要素或者商标整体难以识别商品或服务来源的，仍视为缺乏显著性。最高人民法院《关于审理商标授权确权行政案件若干问题的规定》第八条对此就作出规定："商标标志中含有描述性要素，

---

❶ 需要特别指出的是，这里主要是探讨普通商标显著性的认定，立法、声音、气味、颜色组合等特殊商标的认定标准有待理论实务界进一步的研究和探索。

但不影响其整体具有显著特征的；或者描述性标志以独特方式加以表现，相关公众能够以其识别商品来源的，应当认定其具有显著特征。"❶

此外，《商标法》第十一条第一款第三项规定的其他缺乏显著特征的情形主要有：过于简单的线条，普通几何图形，过于复杂的文字、图形、数字、字母或上述要素的组合，一个或者两个普通表现形式的字母（非普通表现形式的除外），普通形式的阿拉伯数字（非普通表现形式的除外），指定使用商品的常用包装、容器或者装饰性图案，单一颜色，表示商品或者服务特点的短语或者句子，普通广告宣传用语（比如将"一旦拥有，别无所求"使用在旅行箱包上），常用祝颂语（比如生日快乐）等。

（二）获得显著性的认定

《商标法》第十一条第二款规定，"前款所列标志经过使用取得显著特征，并便于识别的，可以作为商标注册"。可见，本身不具备显著特征的标志经过使用取得商标显著特征，能够起到区分商品或服务来源作用的，可以作为商标注册。那么，如何判断该标志是否经过使用而取得显著性呢？实践中，主要考虑相关公众对该商标的认知情况、申请人实际使用该商标的情况、使用该标志的生产情况、同行业使用情况以及该商标经使用取得显著特征的其他因素等。

相关公众对该商标的认知情况是最为重要的考虑因素。通常情况下，我国实践中掌握的标准是，如果使用者可以证明全国范围内该商品的相关公众对使用在特定商品或服务上的某一标志已"广为知晓"，且能够将其与使用者之间建立起唯一对应关系，则可以认定该标志在这一商品或服务上具有获得显著性。❷而实现这一结果本身，就离不开申请人长期或者广泛使用该标志，换句话说，

---

❶ 法释〔2017〕2号。

❷ 芮松艳.论司法审判中如何认定商标显著性 [J].法律适用，2017（17）：20.

相关公众对该商标的认知情况是申请人实际使用该商标的情况的必然结果。比如说，"商务通"之所以能够成为注册商标，就是因为通过注册申请人的大力推广、宣传与使用，使得"商务通"一词与申请人发生了密切相连，使得相关公众对其商品的标志广为知晓，产生了显著性，具有标志商品来源的作用。

此外，对于标志使用的先后顺序、连续使用的时间长度等因素是否成为判定获得显著性的重要标准，最高人民法院在《关于审理商标授权确权行政案件若干问题的规定》第九条第二款对立体商标获得显著性的规定中作出了回应，"该形状系申请人所独创或者最早使用并不能当然导致其具有作为商标的显著特征"。因为"来源指向唯一是获得显著性的核心含义，而唯一指向的对象并不必然是第一个使用者，因为他可能放弃对商标的使用。在第一个使用者放弃对商标的使用之后，可以由其他人长期使用相同商标并造成唯一指向的事实，从而建立起获得显著性"❶。

三、商标显著性的退化与消失

商标的显著性不是绝对的、一成不变的。原本不具有显著性的标志可以通过长期的专用和广告产生显著性，具有显著性的标志也可能由于商标的普遍使用或其他因素，导致显著性退化甚至丧失。商标"显著性之有无，并非一成不变，它将随着时间而冲淡或消逝，亦可因时间而取得增长"❷。这些变化"取决于消费大众对商标之信赖与爱好之心理状态"❸。商标显著性的获得、退化、消失乃

---

❶ 姚洪军. 商标获得显著性认定标准的中美比较 [J]. 知识产权，2015（7）：97.

❷ 陈明汝. 商标法原理（台湾法学研究精要丛书）[M]. 北京：中国人民大学出版社，2003：26.

❸ 陈明汝. 商标法原理（台湾法学研究精要丛书）[M]. 北京：中国人民大学出版社，2003：131.

至失而复得，实际上体现了一种意义生成机制，这一机制发挥作用的大背景就是市场。❶

商标之显著性既可能因时间而获得和增长，也可能随着时间的推移而逐渐退化或丧失。当某一类商品没有统一的通用名称或通用名称不为普通消费者所熟知时，一个新商品的商标或此类商品中驰名度极高的商标可能被用来直接指代此类商品，逐渐成为商品的通用名称，丧失标志商品来源的作用，这被称为商标显著性的退化。❷ 例如，Aspirin、Cellophon、Thermos 原来都是经过注册的商标，现在却分别成为乙酸水杨酸、透明玻璃纸和保温瓶的通用名称，进入公用领域而无法专用。我国也有类似的例子。比如，"21 金维他"在 1987 年 8 月 3 日获得国家商标局核准注册，而在 1989 年却被作为药品名称收入《中华人民共和国省、自治区、直辖市药品标准品种汇编》，造成了实际退化的后果。

除了上述因使用、宣传等为相关公众认知而获得显著性，或者显著性退化进而消失外，消失的显著性也有可能失而复得。1896 年，美国法院在审理 Singer Manufacturing Co. V. June Manufacturing Co. 案时发现，由于社会公众开始用"SINGER"称呼所有缝纫机，"SINGER"这一商标已经丧失显著性。尽管如此，公司还是在其所有产品上使用"SINGER"这一标志，经过大约半个世纪后，该标志重新获得显著性，公司于是再次拥有了"SINGER"这一商标的专有权。究其原因，乃是由于经过相关企业的长期使用和广告宣传，在消费大众心目中，这一标志又开始发挥标示产品出处的功能。这种商标重新获得显著性的案例虽然并不多见，但其所体现的原则，即商标权最终取决于消费者和

---

❶ 彭学龙.商标显著性新探 [J]. 法律科学（西北政法学院学报），2006（2）：65.

❷ 潘勇峰.商标显著性研究 [J]. 中华商标，2001（9）：26.

市场的认知。❶

显著性因公众认知而获得，也因公众认知而退化。那么，应该如何预防和避免商标显著性的退化呢？我国《商标法》关于驰名商标保护的规定，在一定程度上可以起到降低商标沦为商品通用名称的可能性。比如，在 20 世纪 80 年代国家工商行政管理局曾作出防止驰名商标退化为商品名称的规定，对世界驰名商标"Jeep"（吉普车）与"Freon"（氟利昂）被当作越野车与氟制冷剂的商品通用名称使用时，为维护商标所有权人的利益，要求全国范围内禁止继续将其作为商品通用名称使用。此外，作为商标权利人，也应注意商标与商品名称的区别，正确慎重地使用商标。比如，进行广告宣传时，要在商标之后加商品名称，而不要以商标代替商品，称"'商务通'掌上手写电脑"而不只是"商务通"。

【拓展案例】

案例一：屈臣氏企业有限公司诉商标评审委员会
商标行政纠纷案 ❷

原告屈臣氏企业有限公司（以下简称"屈臣氏公司"）于 2002 年 2 月 22 日在第 30 类小食品等商品上向商标局提出"超值牌 BEST BUY 及图"商标（以下简称"申请商标"）的注册申请。商标局认为，申请商标不仅直接表示了本商

---

❶ 米勒，戴维斯. 知识产权法 [M]. 周林，等，译. 北京：法律出版社，2004：178.
❷ 北京市第一中级人民法院〔2006〕一中行初字第 619 号行政判决书。

品的质量等特点，而且"超值"是普通商贸用语，不宜作为商标。商标局依据《商标法》第十一条第一款第（一）项、第（二）项及第二十八条的规定，作出 ZC3099655BH1 号商标驳回通知书，驳回申请，不予注册。原告不服商标局的驳回决定，于 2002 年 12 月 13 日向被告商标评审委员会提出复审申请。被告于 2004 年 9 月 8 日作出第 4864 号决定，认为申请商标不具有显著特征，难以起到识别商品来源的作用，故对于申请商标不予初步审定公告。

原告屈臣氏公司认为申请具有显著性，请求法院撤销第 4864 号决定并判令被告重新作出决定。原告理由如下：申请商标由置于黑色条状背景上的一个五角星状卡通图形及文字"超值牌 BEST BUY"构成，"BEST BUY"可译为"最好的购买"，而"超值牌"应该是对"BEST BUY"较为贴切的解释。"超值"两字或许能够使人联想到"物超所值"或者"超值享受"等，但也不构成对商品质量等特点的直接和完整描述。

法院经审理认为，本案所涉申请商标虽然为中文文字、英文文字与图形的组合商标，但鉴于在商品流通过程中，商标文字部分的呼叫作用对于消费者识别商品的作用较大，故本院首先对申请商标文字部分的显著性予以判定。鉴于申请商标中文部分"超值牌"中的"牌"字有"商标"之意，不具有显著性，故在对"超值牌"显著性进行判定时，仅考虑"超值"一词。鉴于"超值"的字面含义为"物超所值"，直接表述了商品的质量或数量，且《新华新词语词典》对此词汇亦作了基本相同的解释，即"超过商品等本身的价值"，所以"超值"一词不具有显著性。对于申请商标的英文文字部分"BEST BUY"，鉴于原告认为其是中文"超值"最贴切的英文译文，且原告对该英文部分的翻译"最好的购买"与中文"超值"的"物超所值"的含义极其相近，故"BEST BUY"亦直接表述了商品的质量或数量，不具有显著性。鉴于"超值"与"BEST

BUY"均不具有显著性,而该申请商标中的五角星状图形与上述文字相结合亦无法使申请商标具有显著特征,故申请商标"超值牌 BEST BUY 及图"不具有显著性。

案例二:雀巢产品有限公司与开平味事达调味品有限公司、商标评审委员会商标纠纷案 ❶

国际注册第 640537 号三维标志商标(以下简称"争议商标")在中国申请注册时间为 2002 年 3 月 14 日,核定使用在第 30 类"食用调味品"商品上,指定颜色为棕色、黄色,专用权期限自 2005 年 7 月 27 日至 2015 年 7 月 27 日,专用权人为雀巢产品有限公司(以下简称"雀巢公司")。在法定争议期内,开平味事达调味品有限公司(以下简称"味事达公司")以"争议商标指定使用在习惯以棕色方形瓶作为常用包装、容器的'食品香料'上,缺乏显著特征"等为由向商标评审委员会提出撤销申请。商标评审委员会经审理作出对争议商标予以维持注册的决定。味事达公司不服,在法定期限内提起诉讼。此案历经一审、二审和再审。最高人民法院再审时围绕着争议商标是否具有作为商标注册的固有显著性或者经过使用获得了显著性这一焦点进行,认定争议商标不具有显著性,最终判决驳回雀巢产品有限公司的再审申请。

雀巢公司认为,涉案瓶型经过特殊设计,为数种要素相结合,包括特殊的瓶型与特定颜色,区别于常用瓶型,是雀巢公司独创,已使用 100 多年,具有当然的显著性。针对这一主张,最高人民法院认为,作为商品包装的三维标志,由于其具有实用因素,其在设计上具有一定的独特性并不当然表明其具有作为

---

❶ 最高人民法院〔2014〕知行字第 21 号行政判决书(再审)、北京市高级人民法院〔2012〕高行终字第 1750 号行政判决书。

商标所需的显著性，而应当根据相关公众的一般认识，判断其是否能区别产品的来源。本案中，争议商标指定使用的"调味品"是普通消费者熟悉的日常用品，在争议商标申请领土延伸保护之前，市场上已存在与争议商标瓶型近似的同类商品的包装，且由于2001年修改前的《商标法》并未有三维标志可申请注册商标的相关规定，故相关公众不会将其作为区分不同商品来源的标志，即争议商标不具有作为商标注册的固有显著性。

最高人民法院还认为，争议商标并没有经过使用获得了显著性。味事达公司及其关联公司至迟于1983年即开始使用与争议商标近似的"棕色方形瓶"作为产品的包装，持续使用多年并进行大量广告宣传，使用该包装的"味极鲜"酱油有很高的市场占有率。在争议商标申请日（2000年3月）之前，有不同主体的外观设计专利中亦显示了与争议商标近似的包装瓶。国内多家知名的调味品生产企业使用与争议商标近似的棕色（或透明）方形瓶作为液体调味产品的容器和外包装。雀巢公司提交的证据显示其产品最早在中国大陆地区进行销售是1997年，晚于味事达公司及其他同行业企业。雀巢公司称其争议商标瓶型已使用100多年，但在其他国家和地区的使用不能使得该标志在中国大陆消费者心目中产生可以成为商标的显著性。

专题九：驰名商标的法律保护

马晓梅

【经典案例】

"施华洛世奇"商标权纠纷案 ❶

施华洛世奇品牌最早可以追溯到 1895 年，其创始人丹尼尔·施华洛世奇于奥地利始创，是世界上首屈一指的水晶制造商，每年为时装、首饰及水晶灯等工业提供大量优质的切割水晶石。施华洛世奇公司于 1968 年 12 月在列支敦士登公国登记注册，主营业务为水晶产品的制造和销售。

该案商标"SWAROVSKI"最早注册于 1965 年，且获得了国际商标注册，核定商品类别为第 14 类。随后施华洛世奇公司包括"SWAROVSKI""施华洛

---

❶ 辽宁省高级人民法院（2014）辽民三终字第 83 号民事判决书和沈阳市中级人民法院（2012）沈中民四初字第 413 号民事判决书。该案入选沈阳市中级人民法院 2014 年知识产权司法保护十大典型案例。

世奇"在内的系列商标在奥地利、美国等地广泛注册。施华洛世奇公司自1994年在北京设立代表机构后，其产品进入中国市场并受到广泛欢迎。1987年7月30日，施华洛世奇公司的"SWAROVSKI"文字商标在中国获得核准注册，注册证号为第384001号，核定使用的商品类别为第14类"珠宝饰物仿制品"，经续展注册有效期至2017年7月29日；1989年8月30日，施华洛世奇公司的"施华洛世奇"文字商标在中国获得核准注册，注册证号为第385013号，核定使用的商品为第14类"金银珠宝饰品及其仿制品，即玻璃、塑料和贱金属饰品、装饰用的玻璃、宝石、金属板、塑料物和人造石"，经续展注册有效期至2019年8月29日。2005年4月1日，施华洛世奇公司以普通许可方式授权施华洛世奇（上海）贸易有限公司使用上述注册商标。

该案上诉人（一审被告）沈阳施华洛婚纱摄影有限公司成立于2009年2月17日，沈阳施华洛沈河分公司成立于2010年7月13日，是沈阳施华洛公司的分支机构，机构类型为企业非法人。二公司经营范围均为摄影服务、婚礼服务及用品出租。

2011年，施华洛世奇公司发现沈阳施华洛公司及沈阳施华洛沈河分公司均在其所属经营场所门头招牌、路牌和店内装潢上单独或用明显大于其他文字的方式使用了"SWAROV""施華洛"文字；在照片展示册和纸杯上使用了"SWAROV"文字；在抽样调查表上使用了"SWAROV""施华洛"文字；在店内摆放的相框上使用了"SWAROVSKI"文字，其旁边宣传卡上单独使用了"施华洛世奇"文字；在公司地址和电话册内插页使用了"SWAROVSKI礼服设计发布"文字，且店内有宣传"魔法水晶"概念礼服的大幅宣传图片，并在网站宣传中使用了"施華洛""施华洛"文字，字体、字号均突出于其他文字。

施华洛世奇公司认为，沈阳施华洛公司在经营场所及宣传册等多处使用

"SWAROV""SWAROVSKI""施华洛"等，侵犯其注册商标专用权；使用含有"施华洛"字样的企业名称构成不正当竞争，于是，向沈阳市中级人民法院提起诉讼，请求认定其在中国商标局注册的第 384001 号"SWAROVSKI"和第 385013 号"施华洛世奇"商标为驰名商标；请求判令沈阳施华洛婚纱摄影有限公司和沈阳施华洛婚纱摄影有限公司沈河分公司：立即停止涉案侵犯第 384001 号"SWAROVSKI"商标、第 385013 号"施华洛世奇"商标注册商标专用权的行为；停止使用含有"施华洛"字样企业名称的不正当竞争行为；赔偿施华洛世奇有限公司经济损失；在《沈阳日报》刊登声明，消除影响。

【争议焦点】

该案中，双方争议的焦点主要集中在三个方面。

第一，施华洛世奇公司的第 384001 号"SWAROVSKI"和第 385013 号"施华洛世奇"两个注册商标是否应认定为驰名商标。

施华洛世奇公司主张：自进入中国市场以来，施华洛世奇公司每年花费巨资对"SWAROVSKI"和"施华洛世奇"注册商标进行宣传，其产品在中国市场水晶饰品行业的占有率、销售量居同类商品的前列，在消费者中享有较高的信誉，为公众所知悉；其注册商标还多次受到中国国家工商行政管理部门保护，并在 2009 年被人民法院判决认定为驰名商标，因此，应认定为驰名商标。沈阳施华洛公司则认为：施华洛世奇公司提供证据不足以证明"SWAROVSKI"和"施华洛世奇"为驰名商标，且北京市第一中级人民法院〔2011〕一中行初字第 885 号行政判决亦未认定二注册商标为驰名商标，故不应认定为驰名商标。

第二，沈阳施华洛公司与沈阳施华洛沈河分公司在经营场所使用"SWAROV""SWAROVSKI""施华洛"等行为是否侵害施华洛世奇公司注册商标专用权。

施华洛世奇公司认为：沈阳施华洛公司及沈阳施华洛沈河分公司在经营场所及宣传册等多处使用的"SWAROV""SWAROVSKI""施华洛"等是对施华洛世奇公司注册商标的模仿，足以导致消费者的混淆误认，因此侵犯了其注册商标专用权。沈阳施华洛公司则认为：沈阳施华洛公司系"施華洛""SWAROVWENNING"注册商标的合法被许可使用人，有权在相关服务类别上使用，因此不构成侵权。

第三，沈阳施华洛公司与沈阳施华洛沈河分公司使用含有"施华洛"字样企业名称是否构成不正当竞争。

施华洛世奇公司认为：施华洛世奇公司的注册商标"施华洛世奇"在中国市场为相关公众所熟知，沈阳施华洛公司与沈阳施华洛沈河分公司在其企业名称中以"施华洛"作为其企业字号，足以使公众误认为二者之间存在某种特定关系，有借助施华洛世奇公司商誉、试图"搭便车"以及误导相关公众的主观故意，违反了诚实信用原则，构成了不正当竞争。沈阳施华洛公司称：其已变更企业字号为"苏菲施华洛"，故不存在不正当竞争。

【法理分析】

经审理，沈阳市中级人民法院依据《商标法》第十四条、第五十六条第一款、第二款、《中华人民共和国反不正当竞争法》第二条、最高人民法院《关于审理商标民事纠纷案件适用法律若干问题的解释》第一条第（二）项、第（三）项、第九条第二款、第十条、第十六条第一款、第二款、第二十三条第一款、第二款、最高人民法院《关于审理注册商标、企业名称与在先权利冲突的民事纠纷案件若干问题的规定》第一条第二款、第二条之规定，判决："沈阳施华洛婚纱摄影有限公司和沈阳施华洛婚纱摄影有限公司沈河分公司于判决生效之日起，停止涉案侵犯第 384001 号'SWAROVSKI'商标、第 385013 号'施华洛世奇'商标注册商标专用权的行为；沈阳施华洛婚纱摄影有限公司和沈阳施华洛婚纱摄影有限公司沈河分公司于判决生效之日起，停止使用含有'施华洛'字样企业名称的不正当竞争行为；沈阳施华洛婚纱摄影有限公司和沈阳施华洛婚纱摄影有限公司沈河分公司于判决生效之日起十日内，共同赔偿施华洛世奇有限公司经济损失人民币 100 000 元；驳回施华洛世奇有限公司其他诉讼请求。"二审法院辽宁省高级人民法院维持原判。

首先，施华洛世奇公司的第 384001 号"SWAROVSKI"和第 385013 号"施华洛世奇"两个注册商标认定为驰名商标并无不妥。从程序角度而言，根据最高人民法院《关于审理商标民事纠纷案件适用法律若干问题的解释》第二十二条第一款、《最高人民法院关于审理涉及驰名商标保护的民事纠纷案件应用法律若干问题的解释》第一条第（二）项之规定，施华洛世奇公司申请认定第 384001 号"SWAROVSKI"和第 385013 号"施华洛世奇"注册商标为驰名商标符合法律规定。另，由于施华洛世奇公司的第 384001 号"SWAROVSKI"和第 385013 号"施华洛世奇"注册商标核定使用的商品类别为第 14 类珠宝饰物仿制品，而被诉侵权行为发生在第类婚纱摄影等服务项目上，两者属于不相同也不类似的商品和服务。因此，认定涉案商标为驰名商标对该案至关重要。从实体层面讲，根据《商标法》第十四条规定，认定驰名商标应当考虑下列因素：相关公众对该商标的知晓程度；该商标使用的持续时间；该商标的任何宣传工作的持续时间、程度和地理范围；该商标作为驰名商标受保护的记录；该商标驰名的其他因素。该案中施华洛世奇公司自在中国注册商标以来，持续使用"SWAROVSKI"和"施华洛世奇"注册商标，在全国范围内发行和地区范围发行的多家报纸杂志上持续地刊登广告，并在包括北京、上海、广州、深圳、香港等城市举办多次新品发布会和产品展示会，主办时尚派对，参与公益活动，2009年至2011年，施华洛世奇公司的宣传费用每年均达到数千万元；在中国拥有多家"施华洛世奇"及"SWAROVSKI"分店，形成了完整的销售网络，其产品在中国市场水晶饰品行业的占有率、销售量居同类商品的前列，在我国消费者中享有较高的信誉，2009年至2011年的进出口关税额每年均超过1亿元；2009年，北京市第二中级人民法院〔2008〕二中民初字第10067号判决书认定"SWAROVSKI""施华洛世奇"注册商标为驰名商标。据此，一审法院认定"SWAROVSKI"和"施华洛世奇"商标为驰名商标，二审法院予以认可。

其次，沈阳施华洛公司与沈阳施华洛沈河分公司在经营场所使用"SWAROV"、"SWAROVSKI""施华洛"等行为侵害了施华洛世奇公司注册商标专用权。根据最高人民法院《关于审理商标民事纠纷案件适用法律若干问题的解释》第一条第（二）项，该案中沈阳施华洛公司与沈阳施华洛沈河分公司在店面门头、路牌、橱窗、店内装潢、照片展示册、广告宣传、网站等多处单独或突出使用"施華洛""施华洛"或"SWAROV"文字，如前述，施华洛世奇公司"施华洛世奇"和"SWAROVSKI"注册商标本身具有较强的显著性，又属于驰名商标，法院认为，"施華洛""施华洛""SWAROV"文字标志构成对施华洛世奇公司驰名商标的模仿，足以导致消费者的混淆误认。虽然沈阳施华洛公司提供的服务与施华洛世奇公司不同，但由于施华洛世奇为公众所熟知，其注册商标被多次认定在我国具有较高知名度，因此沈阳施华洛公司已经侵害了施华洛世奇公司注册的驰名商标的权益，侵犯了施华洛世奇公司对其"施华洛世奇"和"SWAROVSKI"注册商标所享有的专有使用权。沈阳施华洛公司辩称系"施華洛""SWAROVWENNING"注册商标的合法被许可使用人，有权在相关服务类别上使用"施華洛""SWAROVWENNING"图文组合商标，但经查，沈阳施华洛公司与沈阳施华洛沈河分公司在实际使用过程中并未按照上述注册商标核准注册的文字图形规范使用，而是将注册商标进行了拆分或改写，故意突出与施华洛世奇公司商标近似的文字或字母组合，从而使实际使用商标标志在视觉上更接近施华洛世奇公司的驰名商标。沈阳施华洛公司在宣传册中使用"SWAROVSKI"宣传其"水晶概念礼服"，在店内使用"SWAROVSKI""施华洛世奇"宣传其相框等，上述使用及宣传方式足以使消费者误认为其提供的服务与施华洛世奇公司的产品之间存在某种关联，造成消费者对服务提供者的误认，侵犯了施华洛世奇公司注册商标专用权。

最后，沈阳施华洛公司与沈阳施华洛沈河分公司使用含有"施华洛"字样企业名称的行为构成不正当竞争。如前所述，由于施华洛世奇公司的注册商标"施华洛世奇"的驰名度，沈阳施华洛公司与沈阳施华洛沈河分公司使用"施華洛"文字，与"施华洛世奇"驰名商标主要部分的字形相近，读音相同，易使相关公众对商品的来源产生混淆和误认，构成近似使用；沈阳施华洛公司以与施华洛世奇公司注册的驰名商标相近似的文字作为其企业字号，足以使相关公众误认为沈阳施华洛公司及其提供的服务与施华洛世奇公司存在某种特定关系，有借助施华洛世奇公司商誉、试图"搭便车"以及误导相关公众的主观故意，违反了诚实信用原则，构成了不正当竞争。基于此，一审法院对施华洛世奇公司要求沈阳施华洛公司与沈阳施华洛沈河分公司停止使用含有"施华洛"

字样的企业名称的诉讼请求予以支持，二审法院予以认可。

关于沈阳施华洛公司企业字号已变更为"苏菲施华洛"的答辩意见，法院认为：因沈阳施华洛公司未能证明其在实际经营中已经停止对原企业名称的使用行为，且变更后的企业字号"苏菲施华洛"仍带有"施华洛"字样，尚不足以使相关公众对沈阳施华洛公司及其提供的服务是否与施华洛世奇公司存在特定关系作出明确判断，仍然存在误导公众产生混淆的可能，故法院对该抗辩理由不予支持。

【理论争鸣】

该案主要涉及我国法律对驰名商标的保护问题。随着商品经济的发展，驰名商标所具有商标保护的区别商品或服务来源以及表彰商品或服务质量的功能，带给持有者越来越多的经济利益。对于消费者而言，驰名商标意味着优良的商品质量和较高的企业信誉；对驰名商标持有人而言，驰名商标意味着较高的市场占有率和较强的创利能力。也正因如此，商标具有越高的知名度，受到侵害的可能也越高。如同仁堂、庆丰、迪士尼、苹果、三星等众多国内外著名企业都不止一次经历过商标侵权事件。因此，如何对驰名商标进行合理的保护，一直是知识产权领域备受关注的重点。

一、驰名商标的含义

驰名商标一词由英文词组 well-known trade mark 翻译而来，是商标的高级形式，相对于普通商标而言，凝结了更多商品和服务的精华。

（一）国际公约中关于的驰名商标的定义

首次出现"well-known mark"这一概念的国际公约是《巴黎公约》，在第六条第二款中提出了"well-known trade mark"这一概念。根据《巴黎公约》，驰名商标即在商标注册国或使用国主管机关认定的范围内享有较高知名度的商品商标。《与贸易有关的知识产权协定》（以下简称"TRIPS协定"），在第十六条第二、三款中对驰名商标作出了相应规定，将驰名商标的保护从商品商标延伸到了服务商标。根据TRIPS协定，驰名商标即在相关行业为公众所了解的商标，其知名度的获得途径包括因宣传而在有关受众获知，并适用于商品与服务方面。随着经济全球化进程的加快，如何进一步加强对驰名商标的保护已成为各国所考虑的重要问题。1999年，保护工业产权巴黎联盟及世界知识产权组织大会通过了《关于驰名商标保护规定的联合建议》（以下简称《联合建议》）。根据《联合建议》，驰名商标即在相关公众中享有较高知名度的商品商标与服务商标，其知名度可通过实际使用取得，也可通过非实际使用取得。

综上，关于驰名商标的定义，截至目前，国际条约并没有统一而准确的规定。这主要是因为各成员国及组织的法律制度和经济水平不一致，不顾各国差异而盲目制定统一的概念和标准并不科学，而不是国际条约有意回避这个问题。❶各国及组织在不违背国际条约大框架的前提下，可根据自己的实际情况和现实需要来规定。

（二）我国法律关于驰名商标的定义

我国首次对驰名商标有明确的定义是在1996年发布的《驰名商标认定和管理暂行规定》，该规定第二条明确："本规定中的驰名商标是指在市场上享

---

❶ 吴汉东. 知识产权基本问题研究 [M]. 北京：中国人民大学出版社，2005：611-613.

有较高声誉并为相关公众所熟知的注册商标。"2003 年《驰名商标认定和保护规定》第二条第一款规定："驰名商标是指在中国为相关公众所熟知的商标。"该定义较《驰名商标认定和管理暂行规定》中的规定做了修改：一是限定驰名商标的地域范围为中国，二是将符合标准的未注册商标也纳入驰名商标的范畴内。最高人民法院于 2009 年发布的《审理涉及驰名商标保护问题的解释》中将驰名商标定义为："在中国境内为相关公众广为知晓的商标。"2013 年新修订的《商标法》并未明确驰名商标的概念，仅在第十三条规定："为相关公众所熟知的商标，持有人认为其权利受到侵害时，可以依照本法规定请求驰名商标保护。"

二、驰名商标的认定

（一）认定标准

1. 地域范围

关于驰名商标地域范围标准，《巴黎公约》和 TRIPS 协定都没有明确的规定。从各国实际来看，因经济状况及法律制度不同，各国立法对"地域范围"规定各不相同。英美等发达国家认为，商标在两个以上国家范围内具有较高知名度，本国及其他国家都应认定其为驰名商标；而发展中国家则要求驰名商标必须在本国驰名。我国立法未明确驰名商标的地域范围，最高人民法院 2008 年颁布的《关于在审理侵犯商标权等民事纠纷案件中认定和保护驰名商标应用法律若干问题的解释（征求意见稿）》第四条第二款规定："人民法院认定驰名商标，应当以其在中国境内主要地域驰名的事实为根据。但根据案件具体情况，在必要时适当考虑其在中国境外驰名的事实。"新修订的《商标法》第十四条第三款规定了"该商标的任何宣传工作的持续时间、程度和地理范围",从驰名商标被宣传的维度来推定驰名商标知名的地域范围,但该"地域范围"标准为何并没有明确。

2. 相关公众

《联合建议》第二条第二款规定:"相关公众包括但不限于:(1)使用该商标的那类商品或服务的实际或潜在的消费者;(2)使用该商标的那类商品或服务的营销渠道所涉及的人员;(3)经营使用该商标的那类商品或服务的商业界人员。"我国 2003 年颁布的《驰名商标认定和保护规定》第二条第二款规定:"相关公众包括与使用商标所标示的某类商品或者服务有关的消费者,生产前述商品或者提供服务的其他经营者以及经销渠道中所涉及的销售者和相关人员等。"2005 年《商标审查及审理标准》第三条第一款规定:"相关公众包括但不以下列情形为限:(1)商标所标志的商品的生产者或者服务的提供者;(2)商标所标志的商品及服务的消费者;(3)商标所标志的商品或服务在经销渠道中所涉及的经营者和相关人员等。"综上可知,相关公众即对实际接触使用过或者在未来有可能接触使用商品服务的商标的人群的总称。哪些人属于潜在的生产者、经销者、消费者,只能具体案件具体判定。

3. 知名度

这是驰名商标区别于普通商标的核心特征,也是认定某一商标是否驰名的核心要件。《联合建议》第二条规定:相关公众对商标的知晓度是认定驰名商标时要考虑的第一要素,"(1)如果一商标被某成员国认定至少为该国一个相关领域的公众所熟知,该商标应当被该成员国认定为驰名商标;(2)如果一商标被某成员国认定至少为该国一个相关领域的公众所知晓,该商标可以被该成员国认定为驰名商标;(3)即使一商标未在某成员国中为任何相关公众所熟知,或者未为适用本款第 3 项的成员国中的任何相关公众所知晓，该成员国亦可将该商标认定为驰名商标"。知晓与熟知所反映的知名度完全不一样，成员国有权自由降低认定商标驰名的标准，从这个角度而言，关于"知名"达到何种"度"，《联合建议》并没有给出定量标准。我国新修订的《商标法》第十四条第一款也只概括地规定了"相关公众对商标的知晓程度"，没有给出明确标准，实际上这也只能依赖于个案判定。

4. 商业信誉

驰名商标之所以比普通商标具有更高的商业价值，核心在于驰名商标是优良商品质量和企业信誉的象征。虽然 2009 年最高人民法院《审理涉及驰名商标保护问题的解释》将《驰名商标认定和保护规定》中"享有较高声誉"的形式要件限定删除，新修订的《商标法》也没有规定这一条，但从司法实践来看，良好的商业信誉依然是认定驰名商标的重要考量因素。如前案施华洛世奇申请认定"施华洛世奇""SWAROVSKI"为驰名商标，再如北京国美电器有限公司申请认定"国美电器"为驰名商标，同仁堂申请认定"同仁堂"为驰名商标等，都践行着这一要素。

（二）认定方式

《保护工业产权巴黎公约》（以下简称《巴黎公约》）第六条第二款规定："如该国法律允许，应依职权，或依有关当事人的请求，对商标注册或使用国主管机关认为在该国已经属于有权享受本公约利益的人所有而驰名，并且用于相同或类似商品的商标构成复制、仿制或翻译，易于产生混淆的商标，拒绝或取消注册，并禁止使用。"依据此条，驰名商标认定机构的决定权在各成员国。西方国家大多采用司法认定，即由法院认定。我国则采取"双轨制"，即由行政机关认定和司法认定共同构成了我国驰名商标保护的基本法律制度。

1.行政机关认定

行政机关认定是我国现行法律认定驰名商标的主要方式，认定机关是国家商标局和商标评审委员会。认定方式包括主动认定和被动认定。主动认定顾名思义是在商标权纠纷发生之前申请人主动向主管机构提出申请，要求对其商标是否驰名作出认定；被动认定则是在商标权纠纷发生之后申请认定。行政认定的优势在于较司法机关更为了解商标情况，能够快捷地对驰名商标的认定因素作出判断；同时能够在商标注册阶段阻止相同或类似商标的注册，对已注册的驰名商标保护更为有利。但也存在一定的缺陷。从现实情况来看，一些商标被认定为驰名商标后，企业便将其作为荣誉称号大肆宣传，地方政府也给予高额奖励及其他优惠政策。这并不符合行政机关认定驰名商标的初衷。针对这种现象，2013年新修订《商标法》规定："生产、经营者不得将'驰名商标'字样用于商品、商品包装或者容器上，或者用于广告宣传、展览以及其他商业活动中。"

2.司法认定

2001年最高人民法院《关于审理涉及计算机网络域名民事纠纷案件适用法律若干问题的解释》第六条规定，人民法院审理关于域名纠纷的案件时，根据当事人的请求与案件的具体情况，有权对所涉注册商标是否驰名的情况依法作出认定。这是我国法律第一次明确人民法院对驰名商标的司法认定权，转变了原来单一行政认定的模式，从此确立了驰名商标司法认定机制。2013年新修订的《商标法》明确规定了"个案认定、被动保护"的原则，即人民法院不得主动适用《商标法》有关驰名商标保护的规定，只有当事人在商标案件中主动提出保护其驰名商标的申请后，方可适用相应的规定；同时，认定结果仅对此次案件有效。

三、我国法律对驰名商标的保护

我国法律对驰名商标的保护，始于1985年加入《巴黎公约》。在此之前，我国第一部《商标法》并未规定驰名商标内容；1993年修订的《商标法》仍未明确提出"驰名商标"的概念；同年制定出台的《商标法实施细则》也未明确规定驰名商标，但其第二十五条为驰名商标的保护提供了法律依据❶；1996年出台的《驰名商标认定和保护暂行规定》是我国第一部专门调整驰名商标的行政规章，该规定界定了驰名商标的含义，并对驰名的保护扩大到了非类似产品和服务上，在驰名商标的认定上遵循"行政认定为主，个案认定为辅"的原则；2001年修订的《商标法》正式确立了驰名商标的保护制度。自此，我国关于驰名商标认定与保护的制度法律体系基本成型。2006年最高人民法院《关于建立驰名商标司法认定备案制度的通知》，提出了建立驰名商标司法认定备案制度；2009年，最高人民法院《关于涉及驰名商标的认定的民事纠纷案件管辖问题的通知》规定了涉及认定驰名商标的案件的管辖问题；2014年新修订《商标法》增加了禁止宣传和使用"驰名商标"的规定以及未注册驰名商标的保护；2014年出台的《驰名商标认定与保护规定》对驰名商标进了全面的规定，补充了《商标法》关于驰名商标认定的标准和保护规则。可以说，我国法律对驰名商标的保护经历了从无到有，从零散到系统，逐步完善的过程，但与发达国家还有较大差距。我国的驰名商标保护立法方面还需要完善，也正在完善。

---

❶ 该细则第二十五条规定："下列行为属于《商标法》第二十七条第一款所指的以欺骗手段或者其他不正当手段取得注册的行为：（1）……（2）违反诚实信用原则，以复制、模仿、翻译等方式，将他人已为公众熟知的商标进行注册的；（3）……"

四、我国驰名商标法律保护的完善

（一）完善驰名商标的认定标准

《商标法》第十四条以列举的形式明确了驰名商标的认定标准："（一）相关公众对该商标的知晓程度；（二）该商标使用的持续时间；（三）该商标的任何宣传工作的持续时间、程度和地理范围；（四）该商标作为驰名商标受保护的记录；（五）该商标驰名的其他因素。"然而，认定机关在运用上述标准认定某一项商标是否驰名时，有的可能与全部因素有关，有的可能与部分因素有关，而各因素之间又是相互联系的。这种情况的存在要求办案人进行主观判断，在人员素质、知识层次不统一的情况下，办案人员会作出不同甚至截然相反的判决。如埃克森美孚公司诉江门市埃克森化工有限公司、北京山水嘉业装饰有限公司侵害商标权纠纷❶一案，法院根据"相关公众对该商标的知晓程度"这一项要素认定埃克森美孚公司注册的第 1524048 号"ExxonMobil"商标在第 1 类工业用化学品、芳族烃、工业溶剂上属于驰名商标。而本文施华洛世奇公司诉沈阳施华洛公司商标权纠纷一案，法院则在综合考量涉案商标为相关公众所知晓、使用的持续时间、宣传工作的持续时间、程度和地理范围以及作为驰名商标受保护的记录后作出认定。因此，有必要对驰名商标的认定标准进行一定程度的细化❷。

（二）引入淡化理论

混淆理论及淡化理论是商标法律的两大理论基础，前者重点保护商标的可

---

❶ 北京市高级人民法院〔2014〕高民终字第 1790 号民事判决书。

❷ 亚军，胡宏雁 . 我国注册驰名商标法律保护中的问题与思考：以案例为线索 [J]. 法学杂志（增刊），2010（1）：94.

识别性，后者重点保护的则是驰名商标的无形价值❶。如果说混淆是对驰名商标的直接侵害，那么淡化则更像温水煮青蛙，以看起来不相关的方式侵害商标特别是驰名商标的显著性。来看德国联邦法院判决的一则商标淡化案例：1923年，德国科隆一家香水公司发现自家著名的"4711"香水商标被一家污水处理公司用在他们的抽粪车上，这完全与"4711"牌香水所要传达的清新、淡雅的形象背道而驰，不仅影响了商标在消费者心目中的声誉，而且严重损害了商标的市场价值。于是，香水公司起诉到法院，要求法院判决污水处理公司停止侵权行为。最终法院认可这一诉求，判决污水处理公司停止使用"4711"标志。这是世界最早的商标淡化案。本案中，污水处理厂将他人驰名香水商标用在自己的抽粪车上，不会产生混淆以致消费者误以为抽粪车与香水出于同一厂家，但冲淡了"4711"与香水之间的独特与唯一联系，从而使其利益受到侵害。正因如此，单纯以混淆理论为基础建构的传统商标法难以有效地保护商标持有人更为重要、长远的利益。自1927年美国学者斯凯特在《商标保护的理论基础》一文中提出淡化理论以来，淡化理论不断在各国立法及司法实践中产生影响❷。

我国商标法律规范是否引入淡化理论，目前学界尚无统一认识。持肯定说的学者认为：我国早在1996年颁布的《驰名商标认定和暂行规定》就已将驰名商标的保护扩大到非类似商品的保护上，现行《商标法》第十三条也明确了关于驰名商标的跨类保护，而对驰名商标的跨类别保护已不属于混淆理论范畴，只能建立在淡化理论基础上，也就是说，驰名商标的跨类保护属于对淡化理论的运用。因此，我国法律早已引入并实践淡化理论。持否定说的学者则认为：

❶ 王玉琢.我国驰名商标反淡化保护研究 [J].世纪桥，2014（6）：86.

❷ 李有根."淡化理论"在商标案件裁判中的影响分析：对100份驰名商标案件判决书的整理与研究 [J].法商研究，2008（3）：137.

驰名商标的跨类保护不是关于商标淡化行为，仍然是传统的混淆理论，我国现行商标法律制度也没有关于商标淡化的规定。厘清这个问题，要结合《商标法》立法者的意图及第十三条条文本身之含义来理解。首先从立法者意图来看。而要探寻其意图，从其所著的相关法律释义类著作对这一问题的解释，大致可以找到答案。遗憾的是，淡化理论并未出现在这些释义中。如在时任全国人大常委会法制工作委员会副主任卞耀武主编的释义书中，并未涉及淡化理论；在全国人大常委会法制工作委员会调研员赵惜兵主编的释义书中，也未谈到淡化理论❶。探寻完立法者意图，让我们回归法律条文本身来理解。《商标法》第十三条第三款规定："就不相同或者不相类似商品申请注册的商标是复制、模仿或者翻译他人已经在中国注册的驰名商标，误导公众，致使该驰名商标注册人的利益可能受到损害的，不予注册并禁止使用。"如何理解"误导公众"，是判断该条所依据理论基础的关键。在行政机关认定驰名商标过程中，对"误导公众"的理解一般是从混淆的意义来把握的，即"误导公众"="导致公众产生混淆"。如 2005 年的《商标审查标准》中，商标局指出："混淆、误导是指导致商品、服务来源的误认，包括以下情形：① 消费者对商品、服务的来源产生误认，认为标志系争商标的商品、服务由驰名商标所有人生产或提供；② 使消费者联想到标志系争商标的商品的生产者或服务提供者与驰名商标所有人存在某种联系……"❷ 由此可见，我国商标法律制度对驰名商标的跨类保护并非建立在淡化理论基础上，而依然是在传统的混淆理论基础上。而司法实践中，法院运用

---

❶ 李有根 ."淡化理论"在商标案件裁判中的影响分析：对 100 份驰名商标案件判决书的整理与研究 [J]. 法商研究，2008（3）：140.

❷ 同上。

淡化理论作为论证判决结果理由的却不在少数❶。综上，我国商标法律规范中引入淡化理论不仅必要而且可行。建议在《商标法》中对增加反淡化制度，避免立法中的模糊状况对司法实践的错误指导。也可参考美国做法，制定专门的反淡化保护法来保护驰名商标。

【拓展案例】

案例一：北京同仁堂诉台北中华同仁堂生物科技有限公司侵害商标权及不正当竞争纠纷案❷

"同仁堂"是中国北京同仁堂（集团）有限责任公司（以下简称"北京同仁堂"）的注册商标和商号，承载着 340 多年的企业商誉。2012 年 8 月，北京同仁堂公司发现我国台湾地区的中华同仁堂生物科技有限公司（以下简称"同仁堂科技公司"）在其网站页面标有"中华同仁堂"标志，宣称北京同仁堂公司没有"任何一份"同仁堂传统药方，北京同仁堂"早已名存实亡"，而称自己是"正宗同仁堂"，是"同仁堂"三百多年历史、文化的传承者。不仅如此，北京同仁堂公司还发现同仁堂科技公司在常州开设的"中华同仁堂"多处模仿北京同仁堂公司的店铺设置，且店内布置多处突出"同仁堂"。北京同仁堂将同仁堂科技公司诉至法院，认为其实施虚假宣传、商业诋毁，侵犯北京同仁堂商标权，请求判

---

❶ 李有根．"淡化理论"在商标案件裁判中的影响分析：对 100 份驰名商标案件判决书的整理与研究 [J]．法商研究，2008（3）：142.

❷ 中华人民共和国最高人民法院民事裁定书〔2014〕民申字第 1462 号。入选 2014 江苏法院知识产权司法保护十大案例。

令同仁堂科技公司支付侵权损害赔偿金 500 万元，以及北京同仁堂为制止侵权行为所支付的公证费、律师费，共计 524 万余元。同仁堂科技公司则认为其有合法企业名称，有权单独使用"中华同仁堂"字样，认为"同仁堂"商标为驰名商标事实不成立。另外，其在常州的代表处在大陆只是从事招商联络、文化业务推广，并未进行任何形式的经营或营利性活动。法院查明同仁堂科技公司在江苏省常州市武进区淹城中医一条街常乐坊 3 号开设了"中华同仁堂"店铺。在店铺门头、店铺侧面使用"中华同仁堂"字样，并在店铺内陈列有"茶、同修仁德""台湾茶"等字样的宣传标志；同仁堂科技公司还散发了"'中华同仁堂'视立明视力恢复训练中心"的宣传单，该宣传单为"视立明"的相关介绍。因此，同仁堂科技公司设立常州代表处有商业目的，法院认为同仁堂科技公司是商业主体，《中华人民共和国反不正当竞争法》（以下简称《反不正当竞争法》）适用于其不正当行为。

法院查明并认定，中国北京同仁堂集团公司由创建于 1669 年的同仁堂药室发展而成，属于历史悠久、字号驰名的企业；该企业中药商品上的注册商标"同仁堂"，于 1989 年被认定为驰名商标；对"同仁堂"字号切实加强保护，并将该商标列入 2000 年度的《全国重点商标保护名录》，在全国范围内进行重点保护。法院判令同仁堂科技公司立即停止侵害中国北京同仁堂注册商标专用权的行为；赔偿中国北京同仁堂经济损失及因维权支出的合理费用 100 万。

案例二：加多宝（中国）饮料有限公司诉
重庆加多宝饮料有限公司仿冒纠纷案 ❶

"加多宝"文字及图形商标注册日期为 2002 年 1 月 7 日，核定使用商品类

---

❶ 中华人民共和国最高人民法院民事判决书〔2015〕最高法民再 375 号。

别为第 32 类，该商标的注册人为鸿道发展（中国）有限公司，注册有效期限自 2002 年 1 月 7 日至 2012 年 1 月 6 日，后经国家工商行政管理总局商标局核准续展注册有效期至 2022 年 1 月 6 日。2008 年 7 月 14 日，经国家工商行政管理总局商标局核准，该商标注册人变更为王老吉有限公司。2014 年 12 月 3 日，王老吉有限公司出具授权书，授权加多宝（中国）饮料有限公司代表其处理该公司商标专用权的一切行为，全权行使维权权利，并独立采取一切有关附件商标的维权行动，并同意追认加多宝（中国）饮料有限公司在该授权书之前实施的在授权范围内的任何行为。加多宝（中国）饮料有限公司于 2012 年年初在凉茶产品上使用"加多宝"商标，并在 2012 年 5 月 9 日中国国际贸易仲裁委员会作出要求鸿道（集团）有限公司停止使用"王老吉"商标的仲裁裁决后，向公众广泛宣传标有"加多宝"商标的红罐凉茶。2012 年年初至 2012 年 8 月，加多宝（中国）饮料有限公司与多家广告公司签订了发布品牌为红色罐装加多宝凉茶的电视、平面、户外广告等发布或制作合同。

重庆中澳美浓生物技术有限公司成立于 2005 年 9 月 20 日，2012 年 6 月 1 日企业名称变更为重庆加多宝饮料有限公司。该公司的营业执照上载明的经营范围包括：生产饮料（其他饮料类）；一般经营项目：研究、推广生物工程技术、食品工程技术、发酵工程技术、开发农业项目、农业种植、农产品收购、农技推广。2012 年 8 月 31 日，重庆加多宝公司取得《全国工业产品生产许可证》，载明该公司生产的饮料（其他饮料类）符合食品生产许可证发证条件。在其生产的标有"健多帮"商标的夏桑菊红罐凉茶罐体下方标有"重庆加多宝饮料有限公司"企业名称。加多宝（中国）饮料有限公司诉至法院，请求判令重庆加多宝饮料有限公司立即停止在"健多帮"凉茶罐体上使用企业名称的不正当竞争行为，立即停止使用"加多宝"作为企业名称的不正当竞争行为，并变更企业名称，赔偿经济损失 50 万元。

法院查明并认定："加多宝"注册商标的注册日期为 2002 年 1 月 7 日，而重庆加多宝饮料有限公司企业名称变更的时间为 2012 年 6 月 1 日，在重庆加多宝饮料有限公司将企业名称中的字号变更为"加多宝"之时，"加多宝"注册商标已经具有了较高的市场知名度，故应作为合法的在先权利予以保护。因此，在"加多宝"注册商标的知名度已经为相关公众所知悉的情况下，重庆加多宝饮料有限公司将"加多宝"作为企业名称中的字号进行登记并实际使用的行为，损害了加多宝（中国）饮料有限公司的合法权益，并可能产生市场混淆的后果，构成《反不正当竞争法》所禁止的不正当竞争行为，判令重庆加多宝饮料有限公司立即停止不正当竞争行为，即停止使用"加多宝"作为字号的企业名称，赔偿加多宝（中国）饮料有限公司经济损失及合理开支 10 万元。

专题十：注册商标与商号权冲突

宋　昕

【经典案例】

北京庆丰包子铺与济南庆丰餐饮管理有限公司侵害商标权纠纷案 ❶

　　北京庆丰包子铺是北京市著名的老字号餐饮企业，始创于 1956 年，主要经营包子等面食、炒肝等北京传统小吃，系北京传统小吃的代表。1998 年 1 月 28 日，庆丰包子铺的第 1171838 号"慶豐"商标被核准注册，指定使用在第 42 类（现为第 43 类）服务项目上；其第 3201612 号"老庆丰 + laoqingfeng"商标也于 2003 年 7 月 21 日核准注册，指定使用在第 30 类商品上。2007—2009 年，北京市工商行政管理局认定"庆丰"为著名商标；2011 年，"庆丰"被评为"北

---

❶　最高人民法院〔2016〕民再第 238 号判决书，。该案入选 2016 年中国法院十大知识产权案件。

京餐饮十大品牌";2010 年、2013 年"庆丰"两次被认定为"北京市著名商标"。庆丰包子铺还积极通过连锁及加盟方式，在北京及北京以外地区开设庆丰包子铺，截至 2009 年 6 月已开设分店超过 100 家，目前已达 267 家分店，地域包括北京、河北、内蒙古、黑龙江、吉林、辽宁、山东、天津等省、自治区、直辖市。2007—2009 年，庆丰包子铺营业额 8 亿元，2007—2013 年营业额 30 亿元，2009—2013 年年均营业额、市场占有率位居全国第二，成为我国规模最大的传统小吃企业之一。庆丰包子铺先后荣获"中国十佳连锁餐饮企业""中国风味特色餐厅""北京餐饮企业 50 强""北京诚信经营企业""早餐工程示范店""最受吃货喜爱的十大餐厅"等荣誉。庆丰包子铺、庆丰包子以其悠久的历史，良好的品质，北京特色，分布广泛密集，成为北京小吃的代表、外地游客来京旅行的必尝小吃及"全国热门的旅游景点"。

2009 年 6 月 24 日，济南庆丰餐饮管理有限公司（以下简称"济南庆丰公司"）经核准登记成立，法定代表人徐庆丰，注册资本 50 万元，公司类型为有限责任公司（自然人投资或控股），经营范围为餐饮管理及咨询，有八个门店餐厅以"庆丰"字号营业。

2013 年 6 月，北京庆丰包子铺准备在济南市发展庆丰包子铺连锁店，因济南庆丰公司于 2009 年注册使用了"济南庆丰餐饮管理有限公司"的企业名称，且济南庆丰公司的营业范围与北京庆丰包子铺的基本相同，致使北京庆丰包子铺无法在济南地区设立连锁企业。此外，庆丰包子铺还发现，济南庆丰公司不仅在其经营场所突出使用"庆丰"服务标志，还在其网站上醒目显示"庆丰"标志。北京庆丰包子铺遂以济南庆丰餐饮管理有限公司侵害其商标权及构成不正当竞争为由提起民事诉讼，诉称济南庆丰公司的上述行为使相关公众对北京庆丰包子铺与济南庆丰公司产生了误认，造成了混淆，济南庆丰公司的行为侵犯了北京庆丰包子铺的注册商标专用权，请求判令济南庆丰公司：立即停止商标侵权行为，包括拆除销毁含有"庆丰"标志的牌匾、招牌、价格单、名片等材料及删除网上"庆丰"标志的宣传；立即停止使用含有"庆丰"字号的企业名称；在《济南日报》上发表声明，消除影响；赔偿经济损失 50 万元和北京庆丰包子铺为维权而支付的律师费、公证费及调查取证费 9 万元。

【争议焦点】

本案经一审、二审、再审，双方争议的焦点最终集中在两个方面。

第一，济南庆丰公司注册并使用"济南庆丰餐饮管理有限公司"企业名称是否侵害庆丰包子铺的注册商标专用权，并构成不正当竞争。

北京庆丰包子铺在一审中诉称，北京庆丰包子铺是北京市著名的老字号餐饮企业，拥有"慶豐"和"老庆丰"两个注册商标。济南庆丰公司有八个门店餐厅以"庆丰"字号营业，经营与北京庆丰包子铺注册商标相同和类似的商品和服务，使相关公众对北京庆丰包子铺与济南庆丰公司产生了误认，造成了混淆，济南庆丰公司的行为侵犯了北京庆丰包子铺的注册商标专用权。济南庆丰公司则认为其注册"庆丰"作为企业名称是基于其法定代表人徐庆丰的姓名，即其有权以自己的姓名作为企业字号，因此不构成侵权。

第二，济南庆丰公司相关宣传行为是否侵害庆丰包子铺的注册商标专用权。

济南庆丰公司在网站宣传上使用"庆丰餐饮""走进庆丰""庆丰文化"等字样，在经营场所使用"庆丰餐饮全体员工欢迎您"字样、在员工服装及名片上使用"庆丰餐饮"字样等行为，北京庆丰包子铺认为上述行为侵害其涉案商标权。济南庆丰则辩称，其在网站和经营场所使用"庆丰"文字，是与其他文字一同使用，字体、颜色、字形均一样，并未突出"庆丰"二字。

【法理分析】

该案的判决一波三折。济南市中级人民法院经审理认为，北京庆丰包子铺无证据证明在济南庆丰公司注册并使用被诉企业名称时，其经营地域和商誉已经涉及或影响到山东，亦无证据证明济南庆丰公司注册并使用被诉企业名称有假借北京庆丰包子铺商标商誉的可能。同时，北京庆丰包子铺提供的现有证据也不能证明相关公众有将北京庆丰包子铺、济南庆丰公司误认或存在误认的可能。此外，济南庆丰公司使用"庆丰"与其使用环境一致，且未从字体、大小和颜色方面突出使用，属于对其字号的合理使用。故济南庆丰公司注册并使用"济南庆丰餐饮管理有限公司"企业名称具有合理性，并未侵犯北京庆丰包子铺的注册商标专用权。依照《商标法》第五十一条、《最高人民法院关于民事诉讼证据的若干规定》第二条，《企业名称登记管理规定》第三条的规定，判决："驳回北京庆丰包子铺的诉讼请求。案件受理费 9700 元，由北京庆丰包子铺负担。"北京庆丰包子铺不服判决，上诉至山东省高级人民法院。2014 年 6 月 13 日，山东省高级人民法院作出驳回上诉，维持原判的终审判决。北京庆丰包子铺不服判决，向最高人民法院提起再审申请，2016 年 9 月 29 日，最高人民法院经审理认为，济南庆丰公司构成侵害庆丰包子铺的商标权及不正常竞争，依照《民事诉讼法》第二百零七条第一款、第一百七十条第一款第（二）项之规定，判决："第一，撤销山东省高级人民法院〔2014〕鲁民三终字第 43 号民事判决；第二，撤销山东省济南市中级人民法院〔2013〕济民三初字第 716 号民事判决；第三，山东庆丰餐饮管理有限公司于本判决生效之日起立即停止使用"庆丰"标志的侵害北京庆丰包子铺注册商标专用权的行为；第四，山东庆丰餐饮管理有限公司于本判决生效之日起立即停止在其企业名称中使用"庆丰"字号的不正当竞争行为；第五，自本判决生效之日起十日内，山东庆丰餐饮管理有限公司赔偿北京庆丰包子铺经济损失及合理费用 5 万元；第六，驳回北京庆丰包子铺的其他诉讼请求。一审、二审案件受理费各 9 700 元，合计 19 400 元，由北京庆丰包子铺负担 1 400 元，山东庆丰餐饮管理有限公司负担 18 000 元。本判决为终审判决。"

首先，北京庆丰包子铺拥有"慶豐"和"老庆丰"两个注册商标。1998 年 1 月 28 日，北京华天饮食集团公司经核准注册取得"慶豐"商标，商标注册证第 1171838 号，核定服务项目第 42 类（现为第 43 类）：餐馆、临时餐室、自助餐室、快餐馆和咖啡馆。2008 年 8 月 14 日，上述商标经核准变更注册人名义为北京庆丰包子铺，经续展注册有效期自 2008 年 4 月 28 日至 2018 年 4 月 27 日。2003 年 7 月 21 日，北京市西城区庆丰包子铺经核准注册取得"老庆丰＋laoqingfeng"商标，商标注册证第 3201612 号，核定使用商品第 30 类：方便面、糕点、面包、饺子、大饼、馒头、元宵、豆沙、包子、肉泡馍。2008 年 11 月 13 日，上述商标经核准变更注册人名义为北京庆丰包子铺，经续展注册有效期自 2013 年 7 月 21 日至 2023 年 7 月 20 日。北京市工商局先后于 2007—2009 年、2010 年、2013 年评定"庆丰"为"北京市著名商标"。庆丰包子铺于 2007 年在北京广播电台、电视台投入的广告费用为 131 万余元。2008 年至庆丰餐饮公司成立之前，其在上述媒体上投入的广告费用为 322 万余元。此外，庆丰包子铺采用全国性连锁经营的模式，直营及加盟店共计 293 家，分布在北京、天津、河北、山东、山西等地。经过多年诚信经营和广告宣传，庆丰包子铺的注册商标具有较高的显著性和知名度。

其次，济南庆丰公司存在在其公司网站、经营场所使用"庆丰"文字的行为；济南庆丰餐饮管理有限公司成立后在网站宣传上使用"庆丰餐饮""走进庆丰""庆丰文化"等字样，在经营场所使用"庆丰餐饮全体员工欢迎您"字样，在员工服装及名片上使用"庆丰餐饮"字样。2013 年 7 月 23 日，北京市中信公证处应北京庆丰包子铺申请，登录济南庆丰公司的网站 www.qingfengcanyin.com 进行证据保全，出具了〔2013〕京中信内经证字 18419 号公证书。上述公证书记载，济南庆丰公司网站设有"走进庆丰""庆丰文化""庆丰精彩""庆丰新闻"等栏目，自 2009 年 7 月 15 日至 2012 年 8 月 26 日，济南庆丰公司开办了吉利餐厅等八家企业内设餐厅。2010 年 6 月 4 日，济南吉利汽车有限公司餐厅开业，济南庆丰公司打出"庆丰餐饮全体员工欢迎您"横幅。据此，济南庆丰公司在其公司网站、经营场所使用"庆丰"文字的行为得以确认。从济南庆丰公司使用"庆丰"文字的行为中可以看出，"庆丰"二字是该企业各种宣传中标志性的核心文字，围绕"庆丰"宣传，突出使用"庆丰"二字。济南庆丰公司使用"庆丰"文字的行为，会导致相关公众将"庆丰"文字作为区别商品或者服务来源的标志，因此属于对"庆丰"商标标志的突出使用，其行为构成商标性使用。

再次，济南庆丰公司使用的"庆丰"文字与庆丰包子铺的注册商标具有近似性；庆丰包子铺的注册商标为"慶豐"和"老庆丰 + laoqingfeng"，其中"慶豐"与"庆丰"属于发音完全相同的繁体汉字与简体汉字对应关系，"老庆丰 + laoqingfeng"则完全包含"庆丰"文字。"慶豐"和"老庆丰 +

laoqingfeng" 商标与"庆丰"文字均使用于食品及餐饮行业。对于此种相似程度，相关公众并不能作出明确区分二者的判断，即可能导致相关公众的混淆和误认。

最后，庆丰餐饮公司对"庆丰"文字的使用给庆丰包子铺的注册商标专用权造成损害。《商标法》第五十二条第（一）项规定："未经商标注册人许可，在同一种商品或者类似商品上使用与其注册商标相同或者近似的商标，属于侵犯注册商标专用权的行为。"《最高人民法院关于审理商标民事纠纷案件适用法律若干问题的解释》第一条第一项规定："将与他人注册商标相同或者相近似的文字作为企业的字号在相同或者类似商品上突出使用，容易使相关公众产生误认的"，属于《商标法》第五十二条第（五）项规定的"给他人注册商标专用权造成其他损害的行为"。再审法院认为，济南庆丰公司将"庆丰"文字商标性地使用在与庆丰包子铺的上述两注册商标核定使用的商品或服务类似的餐饮服务上，容易使相关公众对商品或服务的来源产生误认，或者认为其来源济南庆丰公司与庆丰包子铺之间存在某种特定的联系，可能导致相关公众的混淆和误认。由于庆丰包子铺分别于 1998 年和 2003 年注册两个商标，济南庆丰公司成立于 2009 年，显然庆丰包子铺的注册商标使用先于济南庆丰公司商标性使用"庆丰"文字，基于《商标法》在先权利保护原则，再审法院认定济南庆丰公司给庆丰包子铺的注册商标专用权造成损害，构成侵权。

关于济南庆丰公司将"庆丰"文字作为其企业字号注册并使用的行为是否构成不正当竞争的问题，《反不正当竞争法》第五条第（三）项规定："擅自使用他人的企业名称或者姓名，引人误以为是他人的商品的行为属于不正当竞争行为。"《最高人民法院关于审理不正当竞争民事案件应用法院若干问题的解释》第六条规定："……具有一定的市场知名度、为相关公众所知悉的企业名称中的字号，可以认定为反不正当竞争法第五条第（三）项规定的'企业名称'。"庆丰包子铺自 1956 年开业，1982 年 1 月 5 日开始使用"庆丰"企业字号，至济南庆丰公司注册之日已逾 27 年，属于具有较高的市场知名度、为相关公众所知悉的企业名称中的字号。济南庆丰公司擅自将庆丰包子铺的字号作为其字号注册使用，经营相同的商品或服务，再审法院认为其具有攀附庆丰包子铺企业名称知名度的恶意，其行为构成不正当竞争。在案件审理过程中，济南庆丰公司曾主张其对"庆丰"文字的使用属于合理使用其企业字号，系济南庆丰公司法定代表人徐庆丰以其名字作为字号注册的企业名称。对此，再审法院认为，济南庆丰公司的法定代表人为徐庆丰，其姓名中含有"庆丰"二字，徐庆丰享有合法的姓名权，当然可以合理使用自己的姓名。但是，徐庆丰将其姓名作为商标或企业字号进行商业使用时，不得违反诚实信用原则，不得侵害他人的在先权利。徐庆丰曾在北京餐饮行业工作，应当知道庆丰包子铺商标的知名度和影响力，却仍在其网站、经营场所突出使用与庆丰包子铺注册商标相同或相近似的商标，明显具有攀附庆丰包子铺注册商标知名度的恶意，容易使相关公众产生误认，属于前述司法解释规定的给他人注册商标专用权造成其他损害的行为，其行为不属于对该公司法定代表人姓名的合理使用。

济南庆丰公司,在注册商标已经具有较高知名度的情况下,虽然利用对"庆丰"文字的使用使相关公众对其与庆丰包子铺的关系产生混淆误认，但其所创造的商誉也只能附着在"庆丰"品牌上，实则替他人做嫁衣裳，也不利于其企业自身的发展。再审法院对其判决侵权，将促其变更企业名称，该企业完全可以通过诚信经营及广告宣传，提高企业自身的商誉和知名度，打造出自己的品牌。

【理论争鸣】

北京庆丰包子铺注册商标与济南庆丰公司纠纷案一波三折，最终以北京庆丰包子铺胜诉告终。商标与商号都是商事主体在参与商事活动中的商业标志，商标是用于区分商品或服务来源的商业标志，商号是用于区别商事主体的商业标志。由于二者经常出现在商事活动中，因此难免发生冲突。

一、商标与商号

（一）商标与商标权

商标是区分商品或服务来源的商业标志，包括文字、图形、字母、数字、三维标志、颜色组合和声音等，以及上述要素的组合，经国家工商总局商标局核准注册的商标为注册商标。

商标权即商标专用权，商标注册人依法享有注册商标的排他专有使用权。注册商标专用权的效力及于全国。

（二）商号与商号权

商业名称又称企业名称，简称商号，是商事主体在商事活动中所使用的用以表彰自己的独特法律地位的名称或名号，是区别于其他商事主体的标志，依次由企业所在地的行政区划、字号、行业或者经营特点、组织形式四部分组成。其中字号是区别不同企业的主要标志。企业对其企业名称和字号的专用权受限于其企业名称核准的行政区划和行业或者经营特点。

商号权，又称商业名称权，是商业名称合法使用人基于商业登记而对其使用的名称所享有的排他性专有使用权。未经商号权人同意，他人不得使用权利人已登记的商号。

（三）商标与商号的区别

在《巴黎公约》中，商号和商标同属于工业产权的范畴，并且商事主体以自己的商号作为文字商标申请注册的情况比较常见，因此很容易使人将商业名称误认为商标。❶ 理论上，作为商事主体本身标志的商号与表现商品或服务的商标之间是存在显著差异的。

第一，构成要素不同。商标由文字、图形、字母、数字、三维标志、颜色组合和声音等，以及上述要素的组合构成；而商号只能由文字且必须是本国文字构成，不能使用图形、声音、三维标志等表示。

第二，表彰的对象不同。商标表彰的对象是特定的商品或服务；商号则在为商事活动中代表商业主体本身。

第三，调整的法律依据不同。商标受《商标法》及其相关司法解释的调整，由国家工商行政管理总局商标局统一核准注册；商号则由《公司法》《企业法》《商业登记法》《企业名称登记管理规定》等规范调整，由各级工商行政管理机构负责登记。当然，在学界也有专家提出商号"属于知识产权的保护对象"❷，与商标一样同属于工商业标记，其具有的财产性来自市场对其所标记的营业主体的评价。

第四，权利效力范围不同。注册商标专用权效力及于全国范围；商号专用权则仅在登记管理机关的管理权限范围内享有排他效力。《企业法人登记管理条

---

❶ 覃有土.商法学 [M].2 版.北京：高等教育出版社，2008（2）：65.

❷ 刘春田.应建立符合市场经济的商号保护制 [J].工商行政管理，2000（7）.

例》第十条规定："企业法人只准使用一个名称，企业法人申请登记注册的名称由登记主管机关核定，经核准登记注册后在规定的范围内享有专用权。"《企业名称登记管理规定》第六条规定："企业只准使用一个名称，在登记主管机关辖区内不得与已登记注册的同行业企业名称相同或近似。"

二、商标权与商号权冲突的表现形式

基于注册商标与企业名称核准主体和核准程序的不同，注册商标中的文字与企业名称中的字号产生冲突在所难免，这种冲突是否合法，须依法具体判断。从目前产生的纠纷看，商标权与商号权冲突的表现形式主要有以下两类。

（一）将与他人在先注册商标相同或近似的文字，作为字号登记为企业名称

企业一经成立，其企业名称特别是字号在商事活动中成为对外交往的重要符号。企业在建立之初都非常重视字号的选取，或意义深远或响亮好记，只不过要成为知名企业还需通过很长时间的努力和大力的推广。面对创业的艰难，有的企业选择脚踏实地，也有的企业选择投机取巧。在字号的选取上搭注册商标、驰名商标的便车，更容易为公众熟知，更容易开展商业交往。因此便有了将与他人在先注册商标相同或近似的文字在未经对方授权的情况下，作为字号登记为企业名称。如此做法将会使相关公众误认为该企业与在先注册商标的商品或服务来源相同或存在某种特定的联系，因而形成冲突。

（二）将他人企业名称中的字号或企业名称简称，注册为商标

同样，将他人业以知名的企业名称中的字号或企业名称简称，在未经对方授权的情况下抢注为自己的商品或服务商标，也会导致公众混淆或误认，可能认为该商品或服务与知名企业之间存在某种特定的联系，因而形成冲突。

三、商标权与商号权冲突的解决

实务中对于商标权与商号权的冲突主要通过《商标法》和《反不正当竞争法》的相关规定解决。实务中，在商标权与商号权发生冲突时，依照"诚实信用"原则，保护在先权利是一项基本原则。❶ 有学者说，《商标法》与《反不正当竞争法》在商标权益的保护上呈并列关系。《反不正当竞争法》主要是对未注册知名商标提供反混同保护，而《商标法》偏重于对驰名商标的反淡化保护。❷ 此外，假冒商标以及擅自使用知名商品的特有名称、包装、装潢以及与此相类似的标记的行为，均可适用《反不正当竞争法》。据此，虽然商号制度受地域限制较大，难以有效解决各种侵权问题，但适用《反不正当竞争法》和《商标法》基本上就可以将当前出现的冲突问题加以解决。

（一）在后登记商号侵害在先注册商标专用权

将与他人在先注册商标相同或近似的文字作为字号登记为企业名称，并在同类或相近行业中使用两种情况，容易导致公众混淆或误认。这种使用在实务中存在突出使用与不突出使用，造成的后果不同，若出现纠纷，法院的处理也不同。

1. 突出使用侵犯商标专用权

《商标法》第五十七条规定："有下列行为之一的，均属侵犯注册商标专用权：……（七）给他人的注册商标专用权造成其他损害的。"《最高人民法院关于审理商标民事纠纷案件适用法律若干问题的解释》第一条第一项规定，"（一）将与他人注册商标相同或者相近似的文字作为企业的字号在相同或者类

---

❶ 许多军，雷晨.商标权与商号权的权利冲突及其解决：原告湖北九州通公司诉被告安徽九州通公司商标侵权及不正当竞争纠纷一案 [J]. 法制资讯，2009（6）.

❷ 郑友德，万志前.论商标法和反不正当竞争法对商标权益的平行保护 [J]. 法商研究，2009（6）.

似商品上突出使用，容易使相关公众产生误认的"，该行为即属于现行《商标法》第五十七条第（七）项规定的给他人注册商标专用权造成其他损害的行为。前述庆丰餐饮公司与庆丰包子铺纠纷案就属于此类情形。在此案中，一审二审法院均以庆丰餐饮公司对"庆丰"文字没有突出使用为由认定其没有侵犯庆丰包子铺的注册商标专用权，再审期间案件发展则完全反转，再审法院认为庆丰餐饮公司对"庆丰"文字的使用属于对"庆丰"商标标志的突出使用，并据此认定其侵权行为成立。

认定商号侵犯商标专用权需要符合以下条件。

一是突出使用。所谓突出使用即是对该相同或近似文字单独地或采用不同的字体、大小、颜色等方式呈现，也就是说，该相同或近似文字在使用中起到了商标性的作用。

二是使用在相同或类似商品或服务上。即商号中所显示的行业或经营特点与他人注册商标所表彰的商品或服务具有同类或相近的特征，或将文字使用在企业商品或服务上，包括将他人商品的注册商标文字用于相关服务行业，或将他人服务性商标用于同类商品生产销售企业，如他人为食品注册的商标，侵权人将相同或近似文字作为字号应用于餐厅、饮品店、食品专卖店等餐饮行业。

三是文字具有近似性。对文字的近似性判断，一要确定在先申请的注册商标具有相当的显著性和知名度，二要看登记商号的文字与在先注册商标所用文字的一致程度，实务中存在对商标文字截取部分或不按其通常认读方式截取使用的情况。

四是相关公众误认。此类侵权之所以能够成立，是因为给注册商标专用权人造成损害，这种损害主要表现在由于相关公众的误认导致的商标权人的收益、信誉等损失，这方面的损失在实务中难以计算，因此相关公众的误认是成立侵权的重要条件。如何判断误认，并不需要逐一收集相关公众的反馈，而是以相关公众的一般认识能力、判断能力、注意能力进行衡量。

符合"突出使用"他人在先注册商标相同或近似的文字作为字号登记为企业名称的行为，依据上述法律法规按照侵犯商标权处理。

2. 不突出使用造成混淆与误认，有违公平竞争

在实务当中，也存在虽未突出使用，但仍导致市场混淆，使公众误认，有违公平竞争的情况，此种情况应按不正当竞争行为认定。《商标法》第五十八条规定："将他人注册商标、未注册的驰名商标作为企业名称中的字号使用，误导公众，构成不正当竞争行为的，依照《中华人民共和国反不正当竞争法》处理。"《反不正当竞争法》第五条第（三）项规定："擅自使用他人的企业名称或者姓名，引人误以为是他人的商品的行为属于不正当竞争行为。"《最高人民法院关于审理不正当竞争民事案件应用法院若干问题的解释》第六条规定："……具有一定的市场知名度、为相关公众所知悉的企业名称中的字号，可以认定为反不正当竞争法第五条第（三）项规定的'企业名称'。"

（二）在后商标侵害在先登记商号专用权

将他人企业名称中的字号或企业名称的简称注册为商品或服务的商标形成冲突的，通常按照不正当竞争行为处理。《商标法》第九条第一款规定："申请注册的商标，应当有显著特征，便于识别，并不得与他人在先取得的合法权利相冲突。"《反不正当竞争法》第五条第（三）项规定："擅自使用他人的企业名称或者姓名，引人误以为是他人的商品的行为属于不正当竞争行为。"《最高人民法院关于审理不正当竞争民事案件应用法院若干问题的解释》第六条规定："……具有一定的市场知名度、为相关公众所知悉的企业名称中的字号，可以认定为反不正当竞争法第五条第（三）项规定的'企业名称'。"

认定不正当竞争成立，需要符合以下条件：第一，确认被侵害商号权的企业名称具有一定的市场知名度；被侵害商号权的企业应当在相关行业中具有一定知名度，其企业名称为相关公众所知悉。第二，使用在同类或相似商品或服务上，即将企业字号或简称作为商标使用在与被侵害商号经营商品或服务相同或近似的商品或服务上。第三，相关公众误认。上述使用，导致相关公众将该商标误认为与该企业存在某种特定的联系。

符合上述条件的侵犯企业商号权的行为，依据《反不正当竞争法》第五条第三项，按照不正当竞争行为认定并处理。

（三）历史原因造成的冲突

对于因历史原因造成的注册商标与商号的权利冲突，当事人不具有恶意的，应当视案件具体情况，在考虑历史因素和使用现状的基础上，公平合理地解决冲突，不能简单地认定构成侵犯注册商标专用权或者不正当竞争。经过行政管理部门合法手续批准重组的经营主体，可以合法承继前身享有的字号及相关商誉。

商标保护的宗旨首先是维护商标所有人的权利。如果某一市场主体将相同或者近似的标记使用在相关的商品或者服务上，其目的显然是利用他人商标所承载的商誉，让消费者误认为自己所提供的商品或者服务来源于他人。或者说，侵权者通过使用相同或者近似标记的做法，误导、欺骗了消费者，造成了消费者在商品或者服务来源上的混淆。使用相同或近似商标，利用他人商标声誉的行为，在商品或者服务的来源上欺骗或者误导消费者的行为，都是不正当竞争的行为和扰乱市场秩序的行为。《商标法》主要提供了对于注册商标的保护，而《反不正当竞争法》则不仅提供了对于注册商标的保护，而且提供了对于未注册商标和商号的保护。其次，反不正当竞争法还通过制止商业诋毁和虚假宣传，保护了市场主体的商誉。正是通过这样一种广泛的保护，《反不正当竞争法》与《商标法》一起，既保护了商业标志及其所承载的商誉，又维护了正常的市场竞争秩序。❶

【拓展案例】

案例一：中国港中旅集团公司与张家界港中旅国际旅行社有限公司侵害商标权及不正当竞争纠纷案 ❷

上诉人中国港中旅集团公司（一审原告）原审诉称：原告 2006 年 8 月 10 日更名为中国港中旅集团公司，经持续良好的开拓经营，现已发展成为以旅游为主业，以实业投资为支柱产业的海内外知名大型企业集团，依法对"港中旅"企业名称享有合法权益。2006 年 4 月 7 日，取得"港中旅国际"商标专用权；2010 年 11 月 28 日，取得"港中旅"商标专用权。张家界春秋旅行社有限公司未经原告许可，擅自将企业名称变更为张家界港中旅旅行社有限公司；2010 年 1 月，该公司又将企业名称进一步变更为张家界港中旅国际旅行社有限公司（即本案被告）。经调查，原告发现被告在从事旅游经营活动中将"张家界港中旅国际旅行社有限公司""港中旅"作为商业标志进行了使用。上述行为容易造成相关公众的混淆和误认，构成了商标侵权及不正当竞争，侵害了原告合法权益。请求判令被告：立即停止在经营活动中使用含"港中旅"文字的商业

---

❶ 李明德.商标、商标权与市场竞争 [J].甘肃社会科学，2015（5）.

❷ 湖南省高级人民法院〔2015〕湘高法民三终字第 4 号民事判决书。该案入选 2015 年度湖南法院知识产权司法保护十大典型案件。

标志的行为；立即变更企业名称，变更后的企业名称不得包含与"港中旅"相同或者近似的文字；赔偿原告经济损失人民币 100 万元；承担本案诉讼费及原告就被告侵权行为进行调查、诉讼等合理支出费用 10 万元；在《湖南日报》《张家界日报》上刊登声明，消除影响。一审法院认为，企业名称的取得应遵循诚实信用的原则，不得损害他人的在先权利。"港中旅"作为原告企业名称中的字号，在被告企业注册登记时已具有一定的市场知名度，为相关公众所知悉，应等同于原告的企业名称加以保护。然而，被告却在没有任何权利基础的情况下将自己企业名称中的字号冠以"港中旅"，可以看出被告具有"搭便车"的主观故意，该行为足以使相关公众误认为原、被告双方的行为存在关联，根据《反不正当竞争法》第五条第（三）项的规定，被告的行为已构成不正当竞争，同时侵犯了原告的注册商标专用权。故原告中国港中旅集团公司作为"港中旅"字号的在先权利人，请求判令被告在经营活动中停止使用含"港中旅"文字的商业标志、变更企业名称的诉讼请求理由正当，一审法院予以支持。原告对判决赔偿金额不服，上诉至二审法院，湖南省高级人民法院终审支持了上诉人 100 万元经济赔偿的诉讼请求。

案例二：北京中粮西蜀豆花庄餐饮有限责任公司上诉
中粮集团有限公司等侵害商标权纠纷案 ❶

一审原告中粮集团公司 1983 年 7 月 6 日注册成立，原名为中国粮油食品进出口总公司，2007 年 3 月 2 日变更为现名中粮集团有限公司。2010 年经核准取得了第 5669046 号"中粮"商标注册证，核定使用的服务项目为第 43 类，包括住所（旅馆、供膳寄宿处）、餐馆、饭店、茶吧、酒吧、自助餐馆、快餐店等。

---

❶ 北京知识产权法院〔2016〕京 73 民终 401 号判决书。

注册有效期自 2010 年 3 月 28 日至 2020 年 3 月 27 日。

中粮西蜀豆花庄餐饮有限责任公司于 2000 年 8 月 14 日注册成立，经营范围为中餐、零售酒水。中粮西蜀豆花庄餐饮有限责任公司亚运村分店（一审被告、本案上诉人）是中粮西蜀豆花庄餐饮有限责任公司于 2003 年 10 月 28 日成立的分支机构。2008 年 1 月 21 日，中粮西蜀豆花庄餐饮有限责任公司经核准注册了第 3996002 号"中粮西蜀豆花庄"及图组合商标，核定使用的服务项目为第 43 类，包括饭店、餐馆、酒吧、茶馆、快餐馆、餐厅等。餐厅均使用印有"中粮西蜀豆花庄""北京中粮西蜀豆花庄餐饮集团""中粮西蜀豆花庄亚运村店"等文字的湿纸巾。菜单封面均单独、突出印有"中粮"二字，字体及排列明显区别于"西蜀豆花庄"文字。

法院认为，根据相关法律规定，具有一定市场知名度、为相关公众所知悉的企业名称中的字号，可以认定为《反不正当竞争法》第五条第三项规定的"企业名称"。尽管上述规定未明确涵盖对企业简称的保护，但现实生活中源于语言交流的方便，使用企业简称指代企业正式名称或企业字号的情况是实际存在的，如果当事人所使用的企业简称具有一定的市场知名度，已经为特定领域的相关公众认可，与该当事人建立了稳固的市场联系，具有了区别经营主体的商业标志意义，他人使用该企业简称可能造成相关公众对商品来源或市场主体之间是否具有关系产生混淆误认，且该他人对企业简称的使用无正当理由的，基于反仿冒的立法目的和精神，当事人可以参照上述对企业名称及字号的保护规定，寻求对该企业简称的反不正当竞争保护。中粮西蜀豆花庄餐饮有限责任公司及中粮西蜀豆花庄餐饮有限责任公司亚运村分店从事的是餐饮服务，而中粮集团有限公司从事的业务包括酒店经营管理等，且其投资成立了全资子公司中粮龙泉山庄公司专门从事餐饮服务，故两者具有竞争关系。尽管中粮西蜀豆花庄餐饮有限责任公司注册了第 3996002 号"中粮西蜀豆花庄"及图组合商标，但其在菜单上却单独、突出使用了"中粮"二字，且故意将该二字的字体及排列区别于"西蜀豆花庄"文字，故其使用的"中粮"二字显然不属于对其上述第 3996002 号"中粮西蜀豆花庄"及图组合商标的使用。中粮西蜀豆花庄餐饮有限责任公司未经许可在与中粮集团有限公司上述第 5669046 号"中粮"商标核定的餐饮服务相同的服务项目上使用相同的商标，侵害了中粮集团有限公司对该商标享有的专用权，损害了中粮集团有限公司的经济利益，应当为此承担停止侵权、消除影响、赔偿损失的法律责任。二审法院维持原判。

专题十一：地理标志的法律保护

叶承芳

【经典案例】

杭州市西湖区龙井茶产业协会诉
北京北辰超市连锁有限公司侵害商标权纠纷案 ❶

西湖龙井是中国十大名茶之一，至今已有 1 200 多年历史，因产于浙江省杭州市西湖龙井村周围群山之中而得名。这里雨量充沛，气候非常有利于茶树的生长。杭州市西湖区龙井茶产业协会（以下简称"龙井茶协会"）成立于 2002 年，是由西湖龙井茶产区内进行西湖龙井茶生产、加工、流通等行业有关的企事业单位代表、西湖龙井茶生产大户和科研工作者自愿结成的区域性、协作性、行业性的非营利社会组织。由于西湖龙井茶名气大、价格高，其他

---

❶ 北京市朝阳区人民法院（2014）朝民（知）初字第 45806 号判决书。

很多地方所产的扁形绿茶也开始搭起了"顺风车"，假冒西湖龙井茶，严重影响了西湖龙井茶的声誉。2011 年 6 月 28 日，经杭州市人民政府授权，杭州市西湖区龙井茶产业协会在国家商标局成功注册"西湖龙井"地理标志证明商标，依法享有"西湖龙井"注册商标的专用权。为维护和提高"西湖龙井"地理标志证明商标在国内外市场的信誉，龙井茶协会制定了《"西湖龙井"地理标志证明商标使用管理规则》，规定申请使用"西湖龙井"地理标志证明商标，必须按本规则规定的条件、程序提出申请，由杭州市西湖区龙井茶产业协会审核批准。

2013 年 4 月 25 日，龙井茶协会的委托代理人王先生在位于北京市朝阳区北辰东路 8 号的北辰购物中心一层带有"江南村茗茶"字样的柜台以普通消费者的身份购买了带有"西湖龍井"字样的礼盒装茶叶一件，价格为 250 元，并当场取得加盖有北辰公司印章的发票一张，发票上显示的商品名称为"食品"。上述茶叶手提袋、包装盒及茶叶罐上均突出显示有"西湖龍井"字样，罐内的锡纸茶叶包装袋上突出显示有"西湖龙井"字样，但未显示茶叶的生产厂家。北京市方正公证处对上述购买过程进行了公证，龙井茶协会为此支付公证费 1 000 元。2013 年 5 月 30 日，龙井茶协会向北京北辰超市连锁有限公司（以下简称"北辰公司"）发出律师函，认为北辰公司未经许可，擅自将"西湖龙井"作为商品名称使用在茶叶包装上，要求其立即停止侵权并赔偿损失。但北辰公司未予理睬。故龙井茶协会诉至北京市朝阳区人民法院，认为北辰公司的上述行为侵害了龙井茶协会的注册商标专用权，请求判令北辰公司停止侵权、赔偿经济损失 20 万元。

【争议焦点】

该案双方争议的焦点主要集中在三个方面。

第一，被告北辰公司将"西湖龙井"作为商品名称使用在茶叶包装上是否未经许可。

原告龙井茶协会认为北辰公司未经许可，擅自将"西湖龙井"作为商品名称使用在茶叶包装上，侵害了协会的注册商标专用权。被告北辰公司辩称，公司经营的柜台获得了龙井茶协会的授权，具有合法的进货来源，可合法销售礼盒装和散装西湖龙井茶。

第二，被告在销售散装的普通龙井茶时使用"西湖龙井"的包装盒是否侵权。

被告北辰公司辩称，在其销售散装茶叶时，系应顾客要求向其赠送了该柜台内摆放的西湖龙井空礼盒一套，但因顾客知晓茶叶价位不同，故不属于以次充好，也不会造成混淆。但龙井茶协会认为北辰公司在明知所售茶叶为普通龙井茶的情况下仍使用"西湖龙井"包装并予以销售的行为就属于侵权行为。

第三，被告主体是否适格，应否追加被告。

被告北辰公司辩称，销售涉案茶叶的"江南村茗茶"柜台系该公司与案外人北京江南村茶叶有限公司（以下简称"江南村公司"）联营的柜台，双方是管理与被管理的关系。双方就该柜台的盈利共同进行分成，亦应共同承担法律责任。原告龙井茶协会明确表示本案坚持仅起诉北辰公司，不向江南村公司主张权利。

【法理分析】

经审理，北京市朝阳区人民法院依据《商标法》第五十七条第（一）项、第（二）项、第（三）项、第六十三条第一款、第三款之规定，判决："被告北京北辰超市连锁有限公司于判决生效之日起停止销售涉案带有'西湖龍井'及"西湖龙井"标志的茶叶商品；被告北京北辰超市连锁有限公司于本判决生效之日起十日内赔偿原告杭州市西湖区龙井茶产业协会经济损失及为制止侵权支付的合理费用共计 3 万元；驳回原告杭州市西湖区龙井茶产业协会的其他诉讼请求。"

首先，原告龙井茶协会经国家工商行政管理总局商标局核准注册，享有"西湖龙井"地理标志证明商标专用权。2011 年 6 月 28 日，龙井茶协会在杭州市人民政府授权下注册了第 9129815 号"西湖龙井"地理标志证明商标，以打击假冒行为，保护西湖龙井茶品牌声誉。该商标的核定使用商品为第 30 类茶叶，注册有效期限自 2011 年 6 月 28 日至 2021 年 6 月 27 日。根据我国《商标法》规定，证明商标是指由对某种商品或者服务具有监督能力的组织所控制，而由该组织以外的单位或者个人使用于其商品或者服务，用以证明该商品或者服务的原产地、原料、制造方法、质量或者其他特定品质的标志。协会作为证明商标注册人，自己不能使用该商标，只有监督管理权力。为此，龙井茶协会专门制定了《"西湖龙井"地理标志证明商标使用管理规则》，明确规定"西湖龙井"地理标志证明商标的使用条件、使用申请程序、管理和保护等。该规则规定：第一，使用"西湖龙井"地理标志证明商标的商品的生产地域范围为杭州市政府划定的西湖龙井茶保护基地，具体是杭州市西湖西面东起虎跑、茅家埠，西至杨府庙、龙门坎、何家村；南起社井、浮山，北至老东岳、金鱼井的168平方千米区域，涉及西湖、转塘、双浦、留下四个乡镇（街道）。第二，使用"西湖龙井"地理标志证明商标的商品必须具备特定品质。西湖龙井茶外形"扁、平、光、直"，呈现为中间大、两头小，似"碗钉"，茶条扁平光滑无茸毛；干茶色泽金边绿叶略带糙米色或翠绿；香气幽雅清高，具蛋黄清香或兰花香；滋味甘鲜醇和；汤色碧绿黄莹；叶底细嫩成朵。用玻璃杯冲泡龙井茶时，一旗一枪林立杯底，犹如朵朵兰花，茶汤碧绿，清香四溢，香气清高，滋味甘醇。第三，使用"西湖龙井"地理标志证明商标的商品，必须选用龙井群体种，龙井长叶和龙井43等从龙井群体种中选育并经审定的适制西湖龙井茶的茶树良种。每批采摘茶鲜叶要求达到"嫩、匀、净、鲜"四字要求；采摘每批茶鲜叶要求做到"三不采""四不带"。西湖龙井茶加工工艺流程十道工序相辅相成，炒制采用抓、抖、搭、搨、捺、推、扣、甩、磨、压"十大"手法。同时符合上述条件的产品经营者，可向协会递交申请书，申请使用"西湖龙井"地理标志证明商标。符合条件的，双方签订许可使用合同，申请人领取《"西湖龙井"地理标志证明商标准用证书》和商标标志并交纳管理费。"西湖龙井"证明商标的标志和包装实行统一管理，从设计、制作到发放，统一由龙井茶产业协会管理，根据面积定产量，实行总量控制。龙井茶产业协会有权对使用"西湖龙井"标志和包装的产品品质实行质量监督。

其次，被告北辰公司"江南村茗茶"柜台销售的涉案茶叶系从西湖名茶有限公司（以下简称"西湖名茶公司"）购进，西湖名茶公司已经取得了龙井茶协会颁发的"西湖龙井地理标志证明商标准用证书"。本案中，销售涉案茶叶的"江南村茗茶"柜台是北辰公司与北京江南村茶叶有限公司联营的柜台。江南村公司系杭州西湖名茶公司的经销商。西湖名茶公司持有龙井茶协会颁发的两份《西湖龙井地理标志证明商标准用证书》，有效期分别为 2012 年 11 月 8 日至 2013 年 11 月 7 日和 2014 年 11 月 8 日至 2015 年 11 月 7 日，后者注明乾龙牌；上述准用证书均载明西湖名茶公司经综合考察审核，符合《"西湖龙井"地理标志证明商标使用管理规则》所规定的条件，特批准使用。此外，西湖名茶公司还持有浙江省农业厅经济作物管理局颁发的《龙井茶证明商标准用证》，该准用证内容如下：第 5612284 号龙井茶证明商标在第 30 类茶商品上注册，准予西湖名茶公司在龙井茶商品上使用"中国地理标志"专用标志和"龙井茶"证明商标，有效期为 2012 年 3 月至 2014 年 3 月。龙井茶协会亦认可该协会曾向西湖名茶公司颁发《"西湖龙井"地理标志证明商标准用证书》，但龙井茶与西湖龙井茶系两种不同来源的茶叶，北辰公司应当区别销售，不能将二者混同。

再次，北辰公司"江南村茗茶"柜台在明知所售茶叶为普通龙井茶的情况下，使用"西湖龙井"包装并予以销售的行为仍属于侵权行为。本案中，北辰公司的"江南村茗茶"柜台同时合法经销从西湖名茶公司购进的"西湖龙井"茶和龙井茶，两种茶均包括散装和礼盒装，但价位不同。被告北辰公司提交了江南村公司以及销售人员出具的书证，证明涉案龙井茶协会的代理人王某某在 2013 年 4 月 25 日来柜台购买茶叶时，开始是要求购买西湖龙井茶的，但后来因为西湖龙井茶价格过高，转而要求购买散装的龙井茶。顾客提出因为自己要送人，要求销售人员赠送其一套柜台内摆放的西湖龙井空礼盒用于包装。北辰公司辩称在其销售散装茶叶时，如果顾客有特殊包装要求，一般都会予以满足并无偿提供包装。因为顾客已经知晓不同品牌的茶叶价位不同，所以自己不是以次充好，也没有造成混淆。龙井茶协会不认可上述书证，表示销售人员从未告知其所售茶叶并非"西湖龙井"茶，而且北辰公司在明知所售茶叶为龙井茶的情况下仍使用"西湖龙井"包装并予以销售的行为仍属侵权行为。法院认为：商标的功能在于区别商品或服务的提供者，证明商标更是为了向社会公众证明某一产品或服务所具有的特定品质。依照该商标的使用管理规则，凡使用"西湖龙井"地理标志证明商标的，必须提出申请，获得审核批准后方被许可在其产品上或包装上使用。北辰公司销售的涉案茶叶内、外包装上均标有"西湖龍井"或"西湖龙井"字样，足以起到标志商品来源的作用。根据《商标法》第四十八条的规定，将商标用于商品、商品包装或者容器上，用于识别商品来源的行为，属于商标的使用行为。因涉案茶叶产品与"西湖龙井"地理标志证明商标核定使用的商品为同一种类商品，涉案茶叶锡纸包装上的"西湖龙井"与涉案注册商标相同，涉案茶叶外包装上的"西湖龍井"标志与"西湖龙井"商标相比，仅有其中的"龍"与"龙"字的简繁体不相同，二者读音、含义均相同，基于"西湖龙井"商标的知名度和显著性（2012年5月"西湖龙井"被国家工商行政管理总局认定为驰名商标），涉案茶叶包装上的上述使用方式仍足以使得其起到地理标志的作用，使相关公众对商品的来源产生误认，故涉案标志与涉案注册商标构成相同或近似商标。因此，北辰公司主观上存在过错，应认定其实施了在同一种商品上使用与他人注册商标相同或近似商标的侵权行为。

最后，被告主体适格，原告有权决定是否追加北京江南村茶叶有限公司为被告。北辰公司辩称自己不向江南村公司收取固定的摊位费，而是按照营业额20%的比例进行分成，并提交了与江南村公司之间签订的《经营合作协议书》复印件。协议约定北辰公司向江南村公司提供经营场地及相关联的经营管理条件；双方合作经营采取由北辰公司统一管理、统一收款、统一受理解决消费者投诉，双方分别为各自经营行为纳税的经营方式。法院认为，销售涉案茶叶的"江南村茗茶"柜台系由北辰公司与江南村公司联合经营，双方既然就该柜台的盈利共同进行分成，也应该共同承担经营中产生的法律责任。双方均可作为被告，但在龙井茶协会选择仅起诉北辰公司的情况下，并不影响法院在查明事实的基础上依法对北辰公司应承担的法律责任进行判处。因为龙井茶协会未能举证证明其主张的 20 万元赔偿额的计算依据，亦无法确定龙井茶协会的实际损失、北辰公司的侵权获利，鉴于上述数额明显偏高，法院不予全额支持，而是根据涉案证明商标的声誉，北辰公司涉案侵权行为的情节、后果、主观过错程度，以及龙井茶协会为诉讼花费的合理开支等因素综合确定为 3 万元。

【理论争鸣】

杭州市西湖区龙井茶产业协会自 2002 年成立以来，一直致力于"西湖龙井"品牌的宣传和保护工作。2011 年龙井茶产业协会在国家商标局成功注册"西湖龙井"地理标志证明商标后，更是在全国范围内积极维权，打击假冒"西湖龙井"地理标志证明商标的行为。类似维权案件还有数百起，例如龙井茶产业协会诉上海雨前春茶叶有限公司侵害商标权纠纷案，上海市杨浦区人民法院 (2014) 杨民三 (知) 初字第 422 号民事判决书；龙井茶产业协会诉济南市天桥区舜元茶行侵犯商标权案，详见济南市中级人民法院（2016）鲁 01 民初 1033 号民事判决书和山东省高级人民法院（2017）鲁民终 146 号二审民事判决书等等。越来越多的政府、企业或组织逐渐认识到地理标志实际上是一种将地理资源转变为市场经济竞争力的制度安排。例如："盐池滩羊""枞阳媒鸭""紫阳富硒茶"等商品在使用地理标志商标后，商品价格增长了 3~6 倍，品牌价值提升显著，其中"紫阳富硒茶"区域品牌价值达 19.67 亿元 ❶。国家知识产权局数据显示，截至 2018 年 6 月底，我国累计保护地理标志产品 2359 个；累计建设国家地理标志产品保护示范区 24 个；累计核准专用标志使用企业 8091 家，相关产值逾 1 万亿元。❷

一、地理标志的概念辨析及法律特征

地理标志是指标示某商品来源于某地区，该商品的特定质量、信誉或者其他特征，主要由该地区的自然因素或者人文因素所决定的标志。❸ 为履行加入《与贸易有关的知识产权协议》（AGREEMENT ON TRADE-RELATED ASPECTS OF INTELLECTUAL PROPERTY RIGHTS，以下简称《TRIPs 协议》）后的承诺，2001 年我国正式将地理标志纳入《商标法》保护范围。我国《商标法》中地理标志的概念来源于《TRIPs 协议》第 22 条的"geographical indication"一词。❹ 但这一概念最初是从"货源标记"（indications of source）和"原产地名称"（appellations of origin）逐步发展而来的。"货源标记"一词最早出现在 1883 年《保护工业产权巴黎公约》以及 1891 年《制裁虚假或欺骗性货源标记

---

❶ 中国商标网 . 聚焦三农精准扶贫 彰显地理标志品牌力量："商标富农和运用地理标志精准扶贫十大典型案例" [EB/OL].（2017-06-27）[2017-07-26]. http://sbj.saic.gov.cn/gzdt/201706/t20170627_267097.html.

❷ 高凯 . 2018 中国地理标志保护与发展论坛在京举行 [EB/OL].（2018-07-12）[2018-07-15]. http: / finance.chinanews.com/cj/2018/07-12/8565122.shtml.

❸ 《中华人民共和国商标法》第十六条。

❹ 《TRIPs 协议》第 22 条第 1 款规定：地理标志是指能标示出某商品来源于某成员地域内，或来源于该地域中的某地区或某地方，该商品的特定质量、信誉或其他特征主要与该地理来源相关联的标志。

马德里协定》中。"原产地名称"作为一个术语首先出现于 1925 年修订的《巴黎公约》，修订后的公约将货源标记和原产地名称同时规定为工业产权的保护对象，但未加以区分。❶ 直到 1958 年的《保护原产地名称及其国际注册里斯本协定》才对原产地名称作出了与货源标记不同的区分定义。❷ 从定义来看，地理标志吸收了货源标记的内容，与原产地名称的含义基本相同。地理标志具有以下法律特征。

第一，地理标志的地理名称必须是真实存在的商品来源地。

第二，地理标志所标示的商品受当地特殊自然条件或人文条件的影响而具有独特的品质、信誉或其他特征。

第三，地理标志的地名与其所标示的具有特定品质的商品相关联。

第四，地理标志的使用人是该产地利用相同的自然条件、采用相同的传统工艺的生产经营者。❸

二、地理标志的法律保护

地理标志是一种具有经济价值的无形知识财产。地理标志不仅能表明商品的地理来源，同时也是商品独特的品质和信誉保证，这是原产地的生产者在长期的经营维护中逐渐积累起来的一种积极社会评价和无形财富，该地域内具备特定条件的生产经营者都可以从中获益。例如，2016 年，甘肃"静宁苹果"地

---

❶ 冯晓青. 知识产权法 [M]. 3 版. 北京：中国政法大学出版社，2015：439.

❷ 《保护原产地名称及其国际注册里斯本协定》第 2 条将原产地名称定义为"某个国家、地区或地方的地理名称用于指示某项产品来源于该地，其质量或特征完全或主要取决于地理环境，包括自然和人文因素"。

❸ 吴汉东. 知识产权法 [M]. 4 版. 北京：北京大学出版社，2014：344-345.

理标志使得当地农民人均从苹果产业中收益 5 990 元，占农民人均纯收入的 80% 以上，使全县 16.5 万人脱贫。❶ 正是因为地理标志在各地经济发展中发挥着不容小觑的作用，近年来盗用、假冒地理标志的侵权行为层出不穷，使得地理标志日益成为知识产权国际公约和各国国内法争相保护的重要内容。地理标志权的本质属性是知识产权，是一种永久性集体权利。

（一）国际公约立法保护

《巴黎公约》是最早对地理标志予以保护的国际公约，公约明确将货源标记与原产地名称，也就是后来的地理标志列为保护对象。《巴黎公约》第十条规定，对带有假冒原产地或生产者标记的商品进口时有权予以扣押。1891 年在《巴黎公约》框架下，针对地理标志保护又缔结了一项特别协定——《制裁虚假或欺骗性货源标记马德里协定》。该协定要求其成员国"如果发现任何商品上标示着涉及某成员国或成员国国内企业或地方的虚假或欺骗性标志，无论是直接或间接，都必须禁止该商品进口或者在进口时予以扣押，或采取其他制裁措施"。但该协定仍未对货源标记与地理标志的概念加以区分。1958 年《巴黎公约》部分成员国又签订了《保护原产地名称及其国际注册里斯本协定》，详细规定了原产地名称所在成员国的主管部门向国际知识产权组织国际局申请地理标志国际注册的程序和要求，并要求所有成员国依照协定在其领域内保护其他国家产品的地理标志，建立起地理标志国际保护体系，具有里程碑意义。20 世纪 60 年代的《发展中国家原产地名称和产地标记示范法》为发展中国家地理标志保护提供了立法范本。目前，保护地理标志权最新、最全面的国际公约是 1994 年签

---

❶ 中国商标网.聚焦三农精准扶贫 彰显地理标志品牌力量——"商标富农和运用地理标志精准扶贫十大典型案例"[EB/OL].（2017-06-27）[2017-07-26]. http://sbj.saic.gov.cn/gzdt/201706/t20170627_267097.html.

订的《TRIPs 协议》。公约明确界定了地理标志的概念，并将其视为一项独立的知识产权予以实质性法律保护，赋予利害关系人相应的救济权利，规定最低保护标准，极大地推进了各国地理标志保护国内立法完善。

（二）国内立法保护模式

目前，世界各国对地理标志的立法保护模式不尽相同，概括起来主要有以下三种。

一是《商标法》保护模式。将地理标志纳入《商标法》保护体系，将其作为集体商标或证明商标来保护，地理标志只能以集体、组织或协会的名义申请注册，注册人与实际使用人相分离，生产者只要符合条件都有资格使用该地理标志，由注册人对商品或服务的特定品质进行检测和监督。因这种立法保护模式相对简单便捷，多数国家如英国、美国、瑞士等均选择采取此立法保护模式。

二是专门立法保护模式。例如：法国早在 1919 年就颁布了《原产地名称保护法》，规定了原产地名称的定义、主管机构、注册登记制度以及保护程序等，是最早对地理标志进行保护的国家。该模式充分考虑了地理标志不同于一般工业产权的特殊性，即其经济价值往往主要来源于地理环境。但通过专门立法实施特别保护的同时，也带来了与商标法的协调的问题，而且同为区分作用的商标和地理标志注册登记分离，不仅导致机构资源浪费，还会在检索在先权利时造成不便。地理资源丰富的国家多采用此模式。

三是《反不正当竞争法》保护模式。如前所述，地理标志已经成为现代市场竞争的一种重要手段。于是，日本、瑞典等国家将侵犯地理标志权的行为列为不正当竞争行为，由《反不正当竞争法》加以规制。该立法模式侧重于从规范市场秩序和保护消费者利益的角度出发来保护地理标志权，但如果只是消极

等待权利受侵犯时才进行事后追究，这种保护未免过于片面。❶

（三）我国地理标志立法保护模式

目前，我国地理标志采用的是《商标法》与专门法双轨并行的立法保护模式，地理标志的保护由国家工商行政管理总局商标局、国家质量监督检验检疫总局和农业部共同管理。首先，我国《商标法》第十六条以及《商标法实施条例》第四条明确将地理标志纳入证明商标或者集体商标保护。其次，国家质量监督检验检疫总局发布的 2005 年《地理标志产品保护规定》和 2016 年《国外地理标志产品保护办法》以专门立法形式，从地理标志产品技术标准化角度，对国内外地理标志产品实施质量监督和保护。最后，农业部为规范农产品地理标志的使用，保证地理标志农产品的品质和特色，提升农产品市场竞争力，2007 年12 月 25 日发布《农产品地理标志管理办法》，负责全国农产品地理标志的登记监管工作。❷ 但是，这种"双轨并行，三家共管"的模式在加强我国地理标志保护力度的同时，也带来了一定问题。据《第二次全国地理标志调研报告》显示，参加调研的 1949 个地理标志在国家工商行政管理总局商标局、国家质量监督检验检疫总局和农业部三个部门都注册的共有 18 个，占总数的 0.77%。有的只在其中一个或两个部门注册（具体见下图）。❸ 地理标志在三个部门注册的数量分布情况是：在质检总局注册的占 36.69%，在商标局注册的占 20.42%，在农业部注册的占 23.76%。地理标志保护交叉重叠，各行其是，导致执法冲突，有待整合资源，形成一套统一高效的法律制度。

---

❶ 吴汉东 . 知识产权基本问题研究 [M]. 2 版 . 北京：中国人民大学出版社，2009：626.

❷ 李顺德 . 中国地理标志法律制度的新进展 [N]. 中国工商报，2017-07-04（007）.

❸ 北京中郡世纪地理标志研究所课题组 . 第二次全国地理标志调研报告（2011）[EBOL].（2011-01-15）[2017-06-09]. http://district.ce.cn/zg/201101/15/t20110115_22143582.shtml.

三、我国地理标志保护存在的问题及对策

我国地大物博，拥有丰富的物产地理资源，但我国真正建立地理标志保护制度不过短短十余年，无论是国内立法还是司法保护实践都存在诸多问题。

（一）我国地理标志相关立法中对地理标志的界定和审查标准不一，有待整合立法，统一管理，确立以专门法公权监管为主、商标法私权保护为辅的立法模式

地理标志产品特性归因于地理来源，因此产品与产地的关联性是地理标志确权审查的核心要素。依据我国《商标法》规定，地理标志产品的特性包括"质量""信誉"或者"其他特征"三个要素，必须与产地的"自然因素"或者"人文因素"相关联。从字面上看，"信誉"是独立于"质量"或者"其他特征"的一个并列要素，但事实上地理标志产品的"信誉"必须借助商品的独特质量或特征与产地自然或人文因素相关联，这一概念逻辑矛盾势必给地理标志确权和保护工作带来困扰。《地理标志产品保护规定》中对地理标志的定义也强调了"声誉"这一独立要素，不同的是将自然与人文因素合一。❶《农产品地理标志管理办法》的定义中则删除了"声誉"要素，而且要求产品品质和特征须同时与产地自然和人文因素相关联，标准更为严格。❷

---

❶ 《地理标志产品保护规定》第二条规定："本规定所称地理标志产品，是指产自特定地域，所具有的质量、声誉或其他特性本质上取决于该产地的自然因素和人文因素，经审核批准以地理名称进行命名的产品。"

❷ 《农产品地理标志管理办法》第二条规定："本办法所称农产品地理标志，是指标示农产品来源于特定地域，产品品质和相关特征主要取决于自然生态环境和历史人文因素，并以地域名称冠名的特有农产品标志。"

依据上述标准，商标局在对地理标志集体商标、证明商标注册审查时，应重点对商品品质、信誉或其他特征与产地自然或人文因素的客观联系、产地范围进行认定。但商标审查员并非产品技术专家，仅仅依靠县志、农业志、产品志等文献资料来认定，难免有误，祁门县祁门红茶协会诉商标评审委员会商标权无效宣告请求行政案就是一例。国家质量监督检验检疫总局和农业部都要聘请行业专家组成专家委员会对地理标志产品质量、特征与产地的客观关联性以及产品的历史渊源和知名度进行审查，但二者在注册登记管理和执法上不可避免地存在重叠和冲突，也给申请人带来负担。笔者认为，应当将《地理标志产品保护规定》与《农产品地理标志管理办法》整合为统一的专门单行法，提升立法层次，合并国家质量监督检验检疫总局和农业部相关职能，建立统一的确权保护程序和机构。地理标志产品的特色和质量是地理标志保护最本质、最核心的内容，而商标局无法对地理标志产品质量进行日常监督管理，因此，我国地理标志保护应选择以专门法公权保护为主、《商标法》私权保护为辅的立法模式。由专门的主管机关对地理标志实施有效行政监管，对地理标志产品质量进行监控；由地理标志商标权人依据《商标法》对侵权行为提出私权救济保护，二者相互配合，各有侧重。❶

（二）立法变迁可能导致已经存在的普通地名商标与地理标志商标相近似或冲突，应当坚持适用禁止混淆原则进行近似性比对

虽然《商标法》自1993年修订时起就已经规定"县级以上行政区划的地名或者公众知晓的外国地名，不得作为商标"，但由于在1982年《商标法》最初立法时并没有禁止用地名注册商标，导致我国实际上已经有不少地名商标存在。而修订后的《商标法》又规定"已经注册的使用地名的商标继续有效"，于是就

---

❶　王笑冰. 关联性要素与地理标志法的构造 [J]. 法学研究，2015，37（03）：98-101.

出现了一些历史遗留的"在先地名商标"与"在后地理标志商标"冲突问题。2003 年的"金华火腿"普通商品商标与"金华市金华火腿"地理标志证明商标纠纷案第一次把问题推到风口浪尖，虽然法院最终以原告的注册商标专用权与被告原产地域产品均应受到法律保护，依法取得的地理标志同其他知识产权一样受法律保护为由，驳回了原告的诉讼请求，但学界对此类问题的讨论始终未休。❶ 按理说，地理标志与普通商标注册功能和使用方法都不相同，普通商标是为了区分不同生产者，地理标志是为了区分商品的不同来源地，二者应该是没有冲突。北京市高级人民法院在 2013 年审理"'恩施玉露 ENSHIYULU 及图'商标异议复审案"时也认为，不应将具有不同功能的证明商标与普通商标进行是否"使用在相同或类似商品上的近似商标"的近似性比对。❷ 这一观点最终在北京市高级人民法院 2014 年发布的《北京市高院关于商标授权确权行政案件的审理指南》第五条中得以体现。但也有学者坚持认为，二者同属注册商标的保护体系，本质功能都是区分商品来源，不能以二者具体功能不同为由来否定禁止混淆原则这一根本原则。❸ 从 2016 年"螺旋卡帕 SCREW KAPPA NAPA"商标异议复审案件 ❹ 的审理中，可以看到北京市高级人民法院所持观点已经有所变化，法院最终通过近似性比对，认定在后普通商标与在先地理标志证明商标构成近似。❺

---

❶ 肖周录，张雯昱.地理标志与证明商标矛盾与差异性辨析：以"金华火腿"案为例 [J]. 西北工业大学学报（社会科学版），2013，33（1）：28.

❷ 周波.地理标志证明商标不应与商品商标进行近似性比对："恩施玉露 ENSHIYULU 及图"商标异议复审行政案评析 [J].科技与法律，2014（2）：350.

❸ 刘国栋.地理标志与普通商标冲突的解决适用禁止混淆原则 [J].中华商标，2014（9）：20.

❹ 北京市第一中级人民法院〔2014〕一中行（知）初字第 10698 号行政判决；北京市高级人民法院〔2016〕京行终 2295 号行政判决.

❺ 亓蕾.商标行政案件中地理标志司法保护的新动向：兼评《关于审理商标授权确权行政案件若干问题的规定》第 17 条 [J].法律适用，2017（17）：14-15.

【拓展案例】

案例一：舟山市水产流通与加工行业协会
诉北京永辉超市有限公司侵害商标权纠纷

　　舟山是世界四大渔场之一，舟山带鱼历史悠久，具有舟山鲜明的地域特征和海洋文化特性，深受广大消费者喜爱。舟山市水产流通与加工行业协会（以下简称"舟山水产行业协会"）是 2004 年 6 月 16 日成立的社会团体法人，系第 5020381 号注册商标"舟山带鱼 ZHOUSHANDAIYU 及图"证明商标的专用权人。2008 年 11 月 20 日，国家商标局发布的初步审定公告中包括舟山水产行业协会制定的《"舟山带鱼"证明商标使用管理规则》，规则明确了该商标的使用条件、使用申请程序、使用、管理、保护等，并规定符合地域、特征、加工三个方面条件的生产经营者可以向舟山水产行业协会申请使用"舟山带鱼"证明商标。2011 年 2 月 15 日，舟山水产行业协会发现位于北京市朝阳区的永辉超市山水文园店销售有外包装载明"特选舟山带鱼"的礼盒带鱼，并突出使用了"舟山带鱼"文字。因该商品未标注生产商，舟山水产行业协会认为永辉超市自行生产、销售了上述侵权商品，请求法院判令永辉超市立即停止侵权并赔偿经济损失 10 万元。永辉超市辩称，超市销售的涉案被控侵权商品是由北京北方渔夫食品有限公司提供的，具有合法来源，没有侵权。法院查明后，认为涉案商品在包装正面以显著字体突出使用"特选舟山带鱼"文字，会使得相关公众认为涉案商品系原产于浙江舟山海域的带鱼，起到地理标志作用，确属侵权商品。舟山水产行业协会仅仅以涉案侵权商品没有标注生产商为由要求永辉超市承担生产者责任，证据不足。永辉超市是涉案侵权商品的销售商，如果能证明该商品是合法取得并说明提供者，不承担赔偿责任。但永辉超市提交的现有证据无法证明涉案侵权商品是由北京北方渔夫食品有限公司提供的，加之侵权商品上未标注生产厂商，永辉超市作为专业的零售商，理应知道涉案侵权商品有可能为侵权商品。永辉超市在主观上具有过错，法院综合考虑涉案商标的证明商标性质、永辉超市的主观过错程度、侵权情节、涉案商品的售价等因素后，判令被告永辉超市停止销售侵权商品并赔偿原告损失 3 000 元。

案例二：祁门县祁门红茶协会诉商标评审委员会商标权无效宣告请求行政案 ❶

2004 年 9 月 28 日，祁门县祁门红茶协会（以下简称"祁门红茶协会"）向国家工商行政管理总局商标局（以下简称"商标局"）提出第 4292071 号"祁门红茶及图"（指定颜色）商标的注册申请，安徽国润茶业有限公司（以下简称"国润公司"）在初审公告期内提出异议申请后又撤回，商标局经审查决定予以核准，核定使用在第 30 类"茶、茶叶代用品"等商品上，专用期限自 2008 年 11 月 7 日至 2018 年 11 月 6 日。2011 年 12 月 27 日，国润公司向商标评审委员会提出无效宣告请求，认为"祁门红茶"的产区不仅包括祁门县，还应包括临近的贵池、东至、石台、黟县等地。商评委根据涉及祁门红茶产地范围问题的文献、安徽省农业委员会就祁门红茶生产地域范围出具的四份文件、祁门县人民政府于 2000 年出具的《关于"祁红"生产地域的界定》等证据认定祁门红茶的产地范围不仅限于祁门县。商评委据此认定祁门红茶协会以"祁门红茶"地

---

❶ 北京知识产权法院〔2015〕京知行初字第 6629 号行政判决书和北京市高级人民法院〔2017〕京行终 3288 号行政判决书。该案入选 2017 年中国法院 50 件典型知识产权案例和北京法院 2017 年度知识产权"十大创新性"案例。

理标志作为证明商标向商标行政机关申请注册时，将该地理标志所标示地区仅限定在祁门县所辖行政区划的做法违背了客观事实，违反了申请商标注册应当遵守的诚实信用原则，因此构成 2001 年《商标法》第四十一条第一款所指以欺骗手段取得注册之情形。2015 年 10 月 19 日，商评委裁定诉争商标予以无效宣告。祁门红茶协会不服，向北京知识产权法院提起行政诉讼。北京知识产权法院一审判决：撤销被诉决定；商标评审委员会重新作出裁定。国润公司不服，提起上诉。二审法院北京市高级人民法院经审理认为，地域范围是地理标志保护核心问题，主要由该地区的自然因素或者人文因素所决定。祁门红茶协会在明知"祁门红茶"地域范围存在争议的情况下，未全面准确地向商标注册主管机关报告该商标注册过程中存在的争议，尤其是在国润公司按照安徽省工商局会议纪要的要求撤回商标异议申请的情况下，仍以不作为的方式等待商标注册主管机关核准该商标的注册，其行为已构成以"其他不正当手段取得注册的"情形。因此，法院二审判决：撤销一审判决，驳回祁门红茶协会的诉讼请求。该案是法院在商标授权确权行政案件中对特定地理标志的地域范围进行司法认定的首次实践。

专题十二：域名的法律保护

叶承芳

【经典案例】

quna.com 在先注册域名不正当竞争纠纷案 ❶

2005 年 5 月 9 日,庄辰超注册了"qunar.com"域名并创建了"去哪儿"网。2006 年 3 月 17 日北京趣拿信息技术有限公司（以下简称北京趣拿公司）成立后,"qunar.com"域名由庄辰超（北京趣拿公司的原法定代表人）转让给该公司。经过多年使用,"去哪儿""去哪儿网""qunar.com"等服务标志成为知名服务的特有名称。广州市去哪信息技术有限公司(以下简称"广州去哪公司")的前身是广州市龙游仙踪旅行社有限公司，成立于 2003 年 12 月 10 日，2009

---

❶ 广东省高级人民法院〔2013〕粤高法民三终字第 565 号民事判决书和广东省广州市中级人民法院〔2011〕穗中法民三初字第 217 号民事判决书。该案入选 2014 年中国法院十大知识产权案件。

年 5 月 26 日变更为现名,经营范围与北京趣拿公司相近,为国内旅游,会务服务,代订酒店客房、飞机票、火车票等。quna.com 域名于 2003 年 6 月 6 日登记注册,2009 年 5 月转让给广州去哪公司。广州去哪公司随后又注册了 123quna.com、mquna.com 域名,并使用去哪、去哪儿、去哪网、quna.com 名义对外宣传和经营。

从 2009 年 7 月开始,新浪科技网、价值中国网、计世网上出现关于"去哪"网山寨"去哪儿"网的报道。2010 年 8 月 27 日,北京趣拿公司就广州去哪公司名下 quna.com 域名向亚洲域名争议解决中心北京秘书处提交投诉书,请求移转广州去哪公司名下的上述域名给北京趣拿公司。秘书处认为,就域名归属的裁判效力而言,司法判决优于专家组决定。专家组认为,投诉人不能同时满足《统一域名争议解决政策》第 4 条第 a 款所规定的三个条件,从而缺乏理由支持"裁决被投诉人将争议域名转移给投诉人"的请求;并再次强调,本案事实认定及法律意见分析,不对当事人进行的诉讼程序产生任何影响。

2010 年 9 月 25 日,广州去哪公司起诉北京趣拿公司确认不侵犯商标权及不构成不正当竞争纠纷。2011 年 3 月 15 日,北京市第一中级人民法院以广州去哪公司的起诉不符合确认不侵权之诉的受理条件为由,裁定驳回起诉。

2011 年 4 月 25 日,北京趣拿公司以广州去哪公司构成不正当竞争为由,向广州市中级人民法院提起诉讼,请求法院判令广州去哪公司:立即停止不正当竞争行为,立即停止使用"去哪""去哪儿""去哪网""quna.com"等名称以及与北京趣拿公司"去哪儿"网相同或者近似的网页版式;立即注销 www.quna.com、www.123quna.com、www.qunawang.net、www.mquna.com 域名,或者由北京趣拿公司注册使用 www.quna.com、www.123quna.com、www.

qunawang.net、www.mquna.com 域名；在去哪儿网、新浪网上公开赔礼道歉，消除影响；赔偿经济损失及所支出的合理费用 300 万元；承担本案的全部诉讼费用。

【争议焦点】

该案涉及广州去哪公司的行为是否擅自使用北京趣拿公司知名服务特有的名称及计算机网络域名争议，双方争议焦点比较多，主要集中在六个方面。

第一，北京趣拿公司与广州去哪公司是否构成竞争关系。

北京趣拿公司主张其主营的去哪儿网主要是旅游服务业的网站；而广州去哪公司辩称自己是"直接为消费者提供订票、退票业务"，双方无竞争关系，两者在服务对象、网络服务功能和商业模式上都不同。

第二，北京趣拿公司使用的商业标记"去哪儿""去哪儿网"、qunar.com 是否属于知名服务特有的名称。

北京趣拿公司提交大量证据表明自己在 2005 年至 2009 年使用的商业标记"去哪儿"、qunar.com、"去哪儿网"通过较大范围的网络宣传、传播，一定时间的使用，在旅游服务行业内为相关公众所知悉，在中国境内具有一定的市场知名度。广州去哪公司未能提出相反证据证明其不属于知名服务特有的名称。

第三，广州去哪公司使用 quna.com、123quna.com、mquna.com 域名的行为是否构成对北京趣拿公司域名权益的侵害。

北京趣拿公司主张广州去哪公司是在 2009 年 7 月 3 日之后受让域名 quna.com，并开始经营其网站 www.quna.com，时间晚于北京趣拿公司域名注册时间，而且与自己的知名服务特有名称仅有"儿"字或字母"r"的细微差别，容易使消费者产生误认或者混淆。广州去哪公司辩称2003年6月6日quna.com域名就已经初次登记注册，早于qunar.com域名注册时间将近两年，自己经合法受让使用quna.com域名，随后注册的123quna.com、mquna.com域名也应受法律保护。

第四，广州去哪公司在其企业字号中使用"去哪"字样的行为是否构成不正当竞争。

北京趣拿公司主张广州去哪公司将"去哪儿"这一知名服务特有的名称中的主要部分"去哪"注册为其企业名称，明显具有攀附其市场知名度的故意，客观上容易产生混淆，构成不正当竞争。广州去哪公司辩称，其使用"去哪"作为企业字号原因是该公司享有quna.com域名，"去哪"是根据域名的拼音而确定的，具有合法依据。

第五，广州去哪公司的行为是否侵害北京趣拿公司知名服务特有的装潢的合法权益。

北京趣拿公司未能提交充分证据证实自己的网页版面设计早于广州去哪公司；而广州去哪公司提交证据表明自己在2009年7月3日之后开始经营其网站www.quna.com。

第六，关于该案民事责任的承担。

北京趣拿公司请求判令广州去哪公司赔礼道歉，消除影响，赔偿300万元经济损失以及支出的合理费用；广州去哪公司辩称北京趣拿公司提供的证据难以证明其商业信誉受到损失以及实际损失数额。

【法理分析】

经审理，一审法院广东省广州市中级人民法院依照《民事诉讼法》第六十四条，《民法通则》第一百三十四条第一款第（一）（七）（九）项，《中华人民共和国反不正当竞争法》第二条、第五条第（二）项，《最高人民法院关于审理不正当竞争民事案件应用法律若干问题的解释》第一条、第四条、第十七条第一款，《最高人民法院关于审理注册商标、企业名称与在先权利冲突的民事纠纷案件若干问题的规定》第四条，《最高人民法院关于审理涉及计算机网络域名民事纠纷案件适用法律若干问题的解释》第四条、第五条的规定，判决："第一，广州去哪公司于判决发生法律效力之日起三十日内停止使用'去哪'作为其企业字号；第二，广州去哪公司于判决发生法律效力之日起停止使用'去哪''去哪儿''去哪网'、quna.com 作为其服务标记；第三，广州去哪公司于判决发生法律效力之日起停止使用 quna.com、123quna.com、mquna.com 域名，并在判决发生法律效力之日起三十日内将域名 quna.com、123quna.com、mquna.com 移转给北京趣拿信息技术有限公司。第四，广州去哪公司于判决发生法律效力之日起十日内一次性赔偿北京趣拿公司经济损失（包含合理费用）35 万元。第五，驳回北京趣拿公司的其他诉讼请求。"一审原、被告均不服判决，向广东省高级人民法院提起上诉。

首先，北京趣拿公司使用的"去哪儿""去哪儿网"、quna.com 构成知名服务的特有名称。根据《最高人民法院关于审理不正当竞争民事案件应用法律若干问题的解释》第一条、第二条的规定，在中国境内具有一定的市场知名度，为相关公众所知悉的服务，应当认定为知名服务；具有区别服务来源的显著特征的服务的名称，应当认定为特有的名称。2005 年至 2009 年期间，"去哪儿"、

qunar.com、"去哪儿网"等服务标志通过较大范围的网络宣传、传播、长期使用，在中国境内具有一定的市场知名度，为相关公众所知悉，公司主营收入逐年大幅度攀升，应当认定为知名服务的特有名称。

其次，广州去哪公司使用"去哪"作为企业字号构成不正当竞争行为。《反不正当竞争法》第二条第三款以及第五条第（二）项规定，经营者不得采用擅自使用知名服务特有的名称，或者使用与知名服务近似的名称，造成和他人的知名服务相混淆，使购买者误认为是该知名服务。广州去哪公司前身为广州市龙游仙踪旅行社有限公司，成立于2003年12月10日。2009年5月26日，该公司经过工商登记变更名称为现名。虽然广州去哪公司辩称，其使用"去哪"作为企业字号原因是该公司享有quna.com域名，具有合法依据。但广州去哪公司变更企业名称时间为2009年5月26日，早于该公司经受让取得quna.com域名的时间为2009年7月3日，该辩解明显不成立。而且二者同属提供旅游业网络服务类的企业，双方还曾经有业务合作关系，当广州去哪公司选择变更公司名称时，有义务依法规避对方的知名服务的特有名称。quna.com域名的拼音与"去哪"文字并非唯一对应关系，广州去哪公司执意选择与他人知名服务特有的名称"去哪儿"相近似的"去哪"文字注册为企业字号，客观上造成和他人的知名服务相混淆，攀附市场知名度意图非常明显，违反了诚实信用原则，构成不正当竞争。

再次，广州去哪公司使用域名quna.com、123quna.com、mquna.com确有合法依据。2003年6月6日，quna.com域名初次登记注册。而qunar.com域名被注册并创建网站的时间是2005年5月9日，较quna.com域名初次登记注册的时间要晚将近两年。因此，quna.com域名的注册是正当的，广州去哪公司受让取得也应受到法律保护。2010年8月27日，北京趣拿公司曾就广州去哪公司的 quna.com 域名向亚洲域名争议解决中心北京秘书处提交投诉书，请求移转广州去哪公司名下的上述域名给北京趣拿公司。专家组也认为，缺乏支持该请求的理由。广州去哪公司后来围绕合法取得的 quna.com 域名注册 123quna.com、mquna.com 也同样具有正当性。双方对自己域名都享有合法权益，应互相尊重，在各自的搜索链接及网站上加注区别性标志，以便区分，既不能恶意攀附，也不能剥夺对方的生存空间。

最后，广州去哪公司不承担消除影响的民事责任，酌定其赔偿北京趣拿公司 35 万元经济损失。《最高人民法院关于审理不正当竞争民事案件应用法律若干问题的解释》第十七条规定，确定反《不正当竞争法》第五条、第九条、第十四条规定的不正当竞争行为的损害赔偿额，可以参照确定侵犯注册商标专用权的损害赔偿额的方法进行。《商标法》第五十六条第二款的规定，侵权人因侵权所得利益，或者被侵权人因被侵权所受损失难以确定的，由人民法院根据侵权行为的情节判决给予 50 万元以下的赔偿。因北京趣拿公司提交的证据无法证明其商业信誉受到损失以及实际经济损失数额，也没有证据证明广州去哪公司侵权获利数额，综合考虑北京趣拿公司的经营规模、企业营利能力、企业发展情况、广州去哪公司的侵权方式、持续时间、侵权主观过错程度、侵权后果以及北京趣拿公司支付的维权合理费用等因素，在法定赔偿限额内酌定 25 万元的赔偿数额。

综上理由，二审法院维持了原审判决第一项、第五项；撤销第三项；变更第二项为广州市去哪公司于本判决发生法律效力之日起停止使用"去哪""去哪儿""去哪网"作为其服务标记；变更第四项为广州去哪公司赔偿北京趣拿公司经济损失（包含合理费用）人民币 25 万元。北京趣拿公司不服判决，向最高人民法院申请再审，最终被裁定驳回。

【理论争鸣】

国际互联网的迅猛发展不仅改变了人类的生活方式，也对商业运作产生了深远的影响。伴随着电子商务等网上商业活动的兴起，人们开始意识到域名的商业识别意义以及背后蕴含的巨大商业价值。由域名注册和使用引发的纷争也在不断上演，域名与商标权之间的冲突愈演愈烈。因此，探讨和研究域名的法律保护问题，协调域名与其他知识产权的关系，构建我国高效的域名争端解决机制显得尤为必要。

一、域名的概念

网络中的地址分配有 IP 地址系统和域名地址系统两套互相对应的方案，接入互联网的每一台主机都只能分配到一个独一无二的确定互联网协议地址（IP 地址）。但由于 IP 地址是由 4 组数字组成的，不方便记忆，于是人们创建了域名地址系统。所以，域名实质上就是一种为了便于用户记忆，为了实现对联网计算机进行简便技术定位的互联网络地址表现形式。根据《中国互联网络域名管理办法》的规定，域名是指互联网上识别和定位计算机层次结构式的字符标志，与该计算机的互联网协议地址相对应。域名至少包括两个部分——顶级域名和二级域名。在我国，顶级域名可以是 CN 或者是目前暂设的三个中文顶级域名——"中国""公司"和"网络"。我国的域名可以由字母、数字、连接符或者汉字组成，各级域名之间用实点连接。由于域名可以直观地反映公司或机构组织名称，域名所具有的原始技术意义日渐被淡化，当初无心设计却又蕴

含其间的商业识别意义日益显现出来，成为一项重要的经营性标记。❶

二、域名的法律属性和特征

目前理论界对域名的法律属性仍有争议，目前也没有一个国家的立法对此有明确规定。有学者认为域名尚未成为一种独立的知识产权。首先，世界知识产权组织（WIPO）在《互联网域名及地址的管理：知识产权问题》的中期报告和最终报告中明确表态自己既无意于创设一种新型知识产权，也无意使现有的知识产权在网络空间中得到延伸。其次，任何国家法律都尚未对"域名权"作出专门规定。再次，目前我国法院都是基于《商标法》和《反不正当竞争法》对计算机网络域名进行保护的。最后，域名虽然被称为企业的"网上商标"，域名抢注与商标权之间产生的冲突使人误以为域名是一种新型知识产权。也有学者坚持域名是一种独立的知识产权，域名具有知识产权的某些属性，比如具有排他性和经济价值。还有人认为域名应属于商业标记的范畴，是一种名称权。但无论其法律属性如何，理论界都普遍承认域名具有标志性、排他性、价值性等法律特征。❷

三、域名与商标的冲突——域名抢注问题

从技术角度讲，域名是对计算机用户 IP 地址的一个识别标志，与商标一样，也能够起到区别商品和服务来源的作用。所以，如果域名注册人抢先一步，

---

❶ 吴汉东. 知识产权基本问题研究 [M]. 2 版. 北京：中国人民大学出版社，2009：657-658.
❷ 冯晓青. 知识产权法 [M]. 3 版. 北京：中国政法大学出版社，2015：449.

以与他人商标相同或近似的文字申请注册域名，则有可能发生域名与商标的冲突问题。因为域名注册采取唯一性原则和在先原则，域名在国际互联网上都是唯一的，域名的注册只判断时间先后问题，最先成功注册的公司或其他组织机构有权拥有这个域名。而且，域名不按商标法中商品和服务的分类制度来注册，假设多个企业在不同类别的商品或服务上使用了同一商标，任何一个企业都有可能因抢先申请注册域名而获准。但是，如果有人恶意抢注与他人的商标相同或近似的域名，并使用该域名经营相同或类似的业务，那么该域名的注册行为就会使得相关公众难以区分商品或服务来源，甚至侵犯他人合法利益，应当予以制止。世界知识产权组织总干事法律助理格尔利在 1995 年向 ICANN（The Internet Corporation for Assigned Names and Numbers，互联网名称与数字地址分配机构）❶ 提出的《WIPO 因特网域名程序报告》中建议，域名注册机构在认定某域名申请注册属于滥用行为时，应考虑以下三个要件。

第一，该域名与指控人拥有权利的商标或服务标志相同或有引起混淆的可能。

第二，该域名持有人不享有涉及该域名的任何权利或合法权益。

第三，该域名已经被恶意地注册或使用。下列情形构成恶意：为了营利，向该商标或服务标志的所有人或其竞争对手许诺出售、出租或转让该域名；为了营利，通过引起与该指控人的商标或服务标志的混淆，试图将因特网上的用户吸引到域名持有人的网站或其他在线地点；或该域名的注册是为了阻止该商标或服务标志所有人在相应的域名中反映该标志，只要这已成为域名持有人行为的一部分；或者该域名的注册和使用是为了搅乱某竞争者的商业。ICANN

---

❶ 互联网名称与数字地址分配机构成立于 1998 年 10 月，是一个集合了全球网络界商业、技术及学术各领域专家的非营利性国际组织，负责在全球范围内对互联网唯一标志符系统及其安全稳定的运营进行协调，包括互联网协议（IP）地址的空间分配、协议标志符的指派、通用顶级域名（gTLD）以及国家和地区顶级域名（ccTLD）系统的管理以及根服务器系统的管理。

1999 年通过的《统一域名争议解决规则》参照了上述报告的内容。❶ 我国 2001 年公布实施的《最高人民法院关于审理涉及计算机网络域名民事纠纷案件适用法律若干问题的解释》也吸纳了上述内容。

在域名与商标之间发生冲突时，针对上述第一个要件，商标权人首先应该证明其商标系合法注册，注册的争议域名与商标权人的商标相同或近似。但是，如果要商标权人来完全证明第二个要件是很有难度的，因为争议域名持有人是否享有合法权益，其相关信息一般只有其自己掌握，所以举证责任应转移给争议域名持有人。❷ 对于第三个要件，《最高人民法院关于审理涉及计算机网络域名民事纠纷案件适用法律若干问题的解释》第五条明确规定可以从五个方面来证明争议域名的注册与使用具有恶意：第一，为商业目的将他人驰名商标注册为域名的；第二，为商业目的注册、使用与原告的注册商标、域名等相同或近似的域名，故意造成与原告提供的产品、服务或者原告网站的混淆，误导网络用户访问其网站或其他在线站点的；第三，曾要约高价出售、出租或者以其他方式转让该域名获取不正当利益的；第四，注册域名后自己并不使用也未准备使用，而有意阻止权利人注册该域名的；第五，具有其他恶意情形的。但是如果争议域名的持有人能够举证证明在纠纷发生前其所持有的域名已经获得一定的知名度，且能与商标权人的注册商标、域名等相区别，或者具有其他情形足以证明其不具有恶意的，人民法院可以不认定争议域名的注册与使用具有恶意。很显然，我国司法解释中对"恶意"的判定与格尔利的建议以及 ICANN《统一域名争议解决规则》是一脉相承的。

---

❶ 吴汉东. 知识产权基本问题研究 [M]. 2 版. 北京：中国人民大学出版社，2009：665.

❷ 祝建军. 后注册域名与在先商标的权利冲突与解决：评"molex.cn"域名与"MOLEX"[N]. 中国知识产权报，2009-12-16（006）.

四、域名纠纷解决机制

自 1998 年 7 月开始，WIPO 在全球范围内组织起一场声势浩大的关于协调域名与知识产权相互关系的国际咨询及调研活动，并于 1999 年 4 月 30 日正式通过名为"互联网络名称及地址的管理：知识产权议题"的最终报告。在报告中，WIPO 向 ICANN 以及各成员国的域名注册管理机构推荐了三大程序，即域名注册规范程序、统一争端解决程序和域名排他程序。❶ 为有效解决域名持有人和商标权人之间的冲突，打击域名抢注行为，克服传统争议解决方式的弊病，ICANN 于 1999 年通过了《统一域名争议解决政策》(Uniform Domain Name Dispute Resolution Policy，UDRP) 和《统一域名争议解决政策之规则》(Rules for Uniform Domain Name Dispute Resolution Policy，UDRP Rules)，在吸纳 WIPO 最终报告建议的基础上建立起专门性域名争议解决机制，为以非司法手段解决域名纠纷问题提供了重要的规则。❷ 中国互联网络信息中心依据 ICANN 的《统一域名争议解决规则》的基本原则和精神，于 2002 年制定公布了《中国互联网络信息中心域名争议解决办法》(以下简称《解决办法》) 和《中国互联网络信息中心域名争议解决办法程序规则》(以下简称《程序规则》)，标志着我国域名纠纷解决机制的确立。2006 年《解决办法》和《程序规则》都进行了修订和完善。

ICANN 先后授权七家争议解决机构作为域名争议解决机构，它们分别是：世界知识产权组织仲裁和调解中心、美国国家仲裁论坛、加拿大网上争议解

---

❶ 郭丹，王伟. 论我国域名保护法律机制的完善：兼评"中国互联网络信息中心域名争议解决办法" [J]. 经济研究导刊，2007（12）：114.

❷ 丁颖，冀燕娜. 统一域名争议解决机制 实施 15 年的成就与挑战 [J]. 知识产权，2014（8）：16.

决中心、美国国际冲突防范与解决委员会、亚洲域名争议解决中心、捷克仲裁院互联网争议仲裁中心，以及阿拉伯域名争议解决中心，各争议解决机构可制定补充规则。UDRP 规则为当事人提供了一种诉讼与仲裁之外的高效便捷的纠纷处理机制，从申请人提起争议解决程序到专家组作出裁决最多不超过42 日，而且并没有剥夺当事人将争议诉诸法院的权利。从所解决争议的数量和效果看，UDRP 机制还是相当成功的。它成功解决了管辖权难题，具有很强的透明度和执行力，每个争议解决机构都有自己的专家名册，并附有简历链接。专家必须以书面形式作出裁决，并附具裁决理由。而且如果没有继续提起诉讼，UDRP 裁决后 10 天域名将被自动转移或注销。然而，近年来 UDRP 机制也不断遭到质疑和挑战。有学者认为，UDRP 机制下投诉人会选择最有可能支持其主张的争议解决机构，争议解决机构也会为了吸引更多的案源而多支持投诉人，这是粗糙的正义。还有学者研究发现一人专家组与三人专家组裁决结果明显不同，因为 UDRP 没有明确规定，一人专家的指定规则，导致指定的一人专家明显对投诉人友好。而且争议解决机构为了吸引更多案源，一般也倾向于对投诉人示好，存在偏袒行为。而且高效的 UDRP Rules 只给了被投诉人20 天的答辩期，答辩期过短导致 UDRP Rules 缺席率高。如果被投诉人准备不足，又未能在短短 10 天内启动司法程序，注册商就会转移或注销域名，这些规定对被投诉人都过于苛刻。专家组主要是通过书面证据来裁决，很少当庭听证，针对投诉人反向域名侵夺行为，专家组也无权处罚，这些对被投诉人也明显不利。

2011 年 6 月 20 日，ICANN 理事会批准了新增通用顶级域名项目的实施，又将新增 1300 多个通用顶级域名，这对知识产权人是机会也是挑战。知识产权人可以自己申请新的域名，也会遭到新通用顶级域名下的大量抢注。为此，

ICANN 于 2011 年 9 月 11 日公布的 "申请指南" 中规定了新增通用顶级域名项目中相应的知识产权保护措施，主要有关于新增通用顶级域名申请的异议程序、商标优先注册和通知服务、统一快速中止域名系统和新增通用顶级域名授权后争议解决政策四类机制。这些措施并不妨碍 UDRP 原有保护措施的实施。❶

第一，异议程序是指在新增通用顶级域名的评审程序中，域名申请被公布在 ICANN 网站上 5 个月内，利害关系人可以基于字符串混淆、侵犯法定权利、损害限定的公共利益、违背社区要求等其中某一项理由，提出异议。

第二，商标优先注册和通知服务。ICANN 设计了商标信息交换中心机制，作为域名系统与商标权人之间的信息中介。新增通用顶级域名的注册管理机构必须对商标信息交换中心中记录、验证和核验的商标给予优先注册和通知服务的待遇。新增通用顶级域名向公众开放注册之前至少 30 日内，在商标信息交换中心核验的商标权利人享有优先注册对应域名的权利；初始开放注册的至少最初 90 日内向商标权人提供通知服务，并警示申请注册与商标相同的域名的申请人。

第三，统一快速中止域名系统类似于知识产权诉前禁止令，商标权人可以通过该程序要求域名注册管理机构迅速地停止争议域名的解析，中断域名注册人对争议域名的使用。但如果投诉人两次被发现滥用投诉的行为，将被永远禁止利用该系统。

第四，通用顶级域名授权后争议解决政策是为了解决商标权人与域名注册管理机构之间的争议。如果域名注册管理机构运营和使用顶级域名的行为侵犯了商标权人的合法权益，商标权人可以投诉域名注册管理机构。如果专

---

❶ 薛虹. 全球域名系统知识产权保护措施最新发展研究 [J]. 知识产权，2012（1）：85-86.

家组裁决投诉成立，可以要求域名注册管理机构采取渐进式治理措施，甚至终止其通用顶级域名授权协议。❶

【拓展案例】

案例一：岳彤宇与周立波域名权属、侵权纠纷案 ❷

2007 年 10 月 7 日，原告岳彤宇以 "HongYiShen" 的名义通过域名注册商 GoDaddy.com，Inc. 注册了 zhoulibo.com 域名。使用该域名的涉案网站网页显示："缅怀周立波 (1908—1979)"，还有作家周立波的生平及《暴风骤雨》、《山乡巨变》等小说的链接，但在域名注册后的四年期间内涉案网站仅进行了两次文件更新。2011 年 5 月 10 日，涉案网站出现了要约出售涉案域名的信息，其中有："我们认为海派清口表演者周立波先生与其他愿意购买及使用此域名的人士相比，可能具有更高的知名度，并且我们也很喜欢他的表演，我们很乐意这个域名可以由周先生来购买和使用""如果询价者确实有意购买此域名，请您先慎重考虑您的预算是否达到以人民币十万元为单位，以免无谓浪费您的宝贵时间""周立波 zhoulibo.com 本域名诚意转让出售中，期待有识者联系"等表述。上述信息中并附有易介网（EJEE.com）的相关链接，所链接的网页显示"一口价：zhoulibo.com""卖方定价为人民币 10 万元"等信息。2011 年 9 月 29 日，被告周立波以

---

❶ 薛虹 . 互联网域名系统知识产权保护措施的新发展 [N]. 中国知识产权报，2014-04-25（25）.

❷ 上海市高级人民法院〔2012〕沪高民三（知）终字第 55 号民事判决书和上海市第二中级人民法院〔2011〕沪二中民五（知）初字第 171 号民事判决书。该案入选 2012 年中国法院知识产权司法保护 50 件典型案例。

其对拼音"zhoulibo"享有合法民事权益，涉案域名的核心部分"zhoulibo"与被告周立波姓名的拼音形式完全相同，且"HongYiShen"对涉案域名既不享有合法权益，又高价转让涉案域名，其注册、使用涉案域名具有明显恶意等为由，向亚洲域名争议解决中心（以下简称"亚洲域名中心"）提出投诉，要求将涉案域名转移给被告周立波所有。2011 年 11 月 14 日，"HongYiShen"向亚洲域名中心出具答辩状，以其注册、使用涉案域名系为建立作家周立波的文学爱好者网站，被告周立波对涉案域名不享有合法权益为由，请求亚洲域名中心驳回被告周立波的上述投诉。上述"HongYiShen"答辩状上的签名为"洪义深"。2011 年 12 月 7 日，亚洲域名中心以涉案域名的主要部分"zhoulibo"与被告周立波姓名的拼音完全一致，足以造成相关消费者混淆，"HongYiShen"对涉案域名不享有合法权益，且"HongYiShen"注册、使用涉案域名具有明显恶意为由，作出行政专家组裁决（案件编号：CN-1100503），裁决将涉案域名转移给被告周立波。2011 年 12 月 16 日，原告岳彤宇上海市第二中级人民法院提起诉讼。法院审理后认为，被告周立波对其姓名"周立波"及其拼音"zhoulibo"享有禁止他人擅自使用或禁止他人以不正当手段从事市场交易等经营活动的合法权益。原告岳彤宇对涉案域名或其主要部分既不享有合法权益，又无注册、使用涉案域名的正当理由。且原告岳彤宇在明知涉案域名的主要部分"zhoulibo"与被告周立波的姓名"周立波"相近似，与被告周立波姓名的拼音"zhoulibo"相同，已足以使相关公众产生涉案域名与被告周立波相关联的误认的情况下，擅自将涉案域名与被告周立波相关联，并以人民币 10 万元要约高价出售的方式转让涉案域名，以期获得不正当利益。故原告岳彤宇注册、使用涉案域名具有明显恶意，其注册、使用涉案域名的行为属于擅自使用他人姓名，足以造成相关公众误认的不正当竞争行为。判决驳回原告岳彤宇的诉讼请求。岳彤宇不服，提起上诉。二审法院维持原判。

案例二：马某某诉微软公司纠纷案 ❶

微软公司英文名称为 MICROSOFT CORPORATION，是从事个人及商用计算机软件开发及供应的美国公司，1993 年成立，1996 年至 2005 年间在中国以独资、合资形式成立多个公司，并设立了相应的分支机构和办事处。微软公司的"MICROSOFT"系列商标在包括中国在内的很多国家及地区获准注册，商标核定使用的商品涉及国际分类第 9 类、第 16 类、第 25 类、第 38 类、第 41 类及第 42 类。1991 年至 2003 年，微软公司先后注册了 microsoft.com、microsoft.com.cn、microsoftstore.com、microsoft.cn 等域名。马某某分别于 2008 年 5 月 9 日和 2008 年 8 月 6 日注册争议域名 microsoftstore.net.cn、microsoftstore.cn，注册日期均晚于微软"MICROSOFT"商标的申请注册日。2009 年 8 月 27 日，微软公司的委托代理人向马某某发送律师函，要求马某某将争议域名转让给微软公司。2010 年 4 月 7 日、7 月 30 日，微软公司先后两次向中国国际经济贸易仲裁委员会域名争议解决中心（以下简称"域名争议解决中心"）提出投诉，请求域名争议解决中心将 microsoftstore.net.cn、microsoftstore.cn 域名转移给微软公司。域名争议解决中心分别于 2010 年 7 月 23 日、11 月 16 日裁决将前述争议域名转移给微软公司。

马某某不服，起诉至法院，称自己 2007 年就创建了使用争议域名的"小软库"网站，已经在国家有关部门备案，对争议域名享有合法权益，具有善意注册使用的正当理由。其提交的证据显示使用争议域名的"小软库"网站主办人为"马熙华"，审核通过时间为 2010 年 7 月 6 日。"小软库"网站销售的商品包括 PC 外设、操作系统软件、办公 Office 软件、PC 防毒软件等。马某某认为

---

❶ 北京市高级人民法院〔2012〕高民终字第 3647 号民事判决书。

"小软库"网站域名已经有一定知名度，而且与微软公司经营商品不同，不存在竞争关系。争议域名由 micro、soft、store 三个通用单词组成，任何人都有使用权，而且"softstore"一词在争议域名注册之前已经是互联网、IT 行业和电子半导体行业领域的通用词和通用名称，并且提交了百度相关搜索结果，只是因微软公司的 Microsoft 商号和商标已具有较高知名度，网络用户才会将争议域名与微软公司相关联。

微软公司提交证据证明自己对争议域名的显著识别部分"microsoft"享有注册商标专用权、企业名称权，同时微软公司在先注册并使用 Microsoft.com 等域名。经过多年的使用、宣传及推广，MICROSOFT 商标品牌已在全世界范围内享有极高的知名度及广泛的美誉度，微软公司自 2001 年至 2004 年间上榜《商业周刊》评选的最有价值的 100 个品牌，马某某注册争议域名的主观恶意非常明显。

法院经审理认为，马某某注册使用的争议域名主要部分与微软公司的 MICROSOFT 商号、商标构成近似，也与微软公司在先注册的域名主要部分构成相同或近似。微软公司的 MICROSOFT 商标、商号早在争议域名注册前已在中国相关公众中具有较高的知名度，马某某注册使用争议域名时应当对此有所了解，使用争议域名的网站所经营商品包括 PC 外设、操作系统软件、办公 Office 应用软件，该网站易被认为与微软公司相关联，从而误导网络用户访问该网站，因此，马某某注册使用争议域名具有恶意，已构成不正当竞争，驳回其诉讼请求。

专题十三：商业秘密的法律保护

侯　林

【经典案例】

周慧民侵害商业秘密纠纷案 ❶

万联公司成立于 2001 年，是一家专业从事计算机信息系统集成及软件开发业务的企业。2001 年 6 月，万联公司聘任周慧民作为万联公司的核心技术人员，为公司进行网站制作、软件开发，并与周慧民签订为期两年的书面聘用合同。合同中约定合同期内或合同期满后，未经万联公司同意，周慧民无权将公司的软件转让和用于他人。

2002 年 3 月，万联公司开始运营网络游戏业务，并注册域名为 www.

---

❶ 上海市高级人民法院〔2011〕沪高民三（知）终字第 100 号民事判决书。该案入选 2012 年中国法院知识产权司法保护 10 大创新性案件。

boxbbs.com 的网站。由于网络游戏的玩家越来越多，万联公司的网站引来了极大关注，最高峰时的点击量在全球网站排名 1100 名左右。到 2004 年年初，注册用户数已达 55 万。周慧民作为核心技术人员，负责设计网站的网页，并开发相关软件程序。网站数据库后台密码仅万联公司和周慧民知晓。

2003 年 3 月，陈永平受聘担任万联公司的技术总监。同年，冯晔、陈云生、陈宇锋三人以资金入股万联公司，并承担经营管理工作。2004 年 6 月，周慧民、陈永平、冯晔、陈云生、陈宇锋五人同时从万联公司离职，并称由于万联公司对创始合伙人的股权无法确认，决定一同成立新的工作组，即 Box 01 工作组。

后来，Box 01 分别注册了域名为 www.box2004.com、www.ibox.com.cn 的网站经营网络游戏。周慧民利用自己掌握的万联公司网站数据库的后台密码，进入网站后台数据库下载包含用户注册信息的数据库及之前开发的软件程序，将这些信息导入新网站；并对万联公司网站的软件配置文件进行修改，使之无法正常运行；其后又在网上发布公告，将万联公司网站的用户引导至自己设立的新网站。

2004 年 10 月，万联公司网站由于无法正常运行，被迫以 10.8 万元的价格转让。而周慧民等五人在 2005 年 12 月以 200 万元的高价将设立的新网站转让了。

2006 年 9 月 27 日，衢州市公安局决定对周慧民涉嫌侵犯商业秘密犯罪立案侦查，同年 12 月 18 日经衢州市人民检察院批准逮捕。2008 年 9 月 3 日，衢州市柯城区人民检察院以证据不足、不符合起诉条件为由，对被告周慧民作出了衢柯检刑诉〔2008〕17 号不起诉决定书。

2011 年 5 月，万联公司向上海市第二中级人民法院提起诉讼。万联公司诉称：原告网站原本发展势头良好，在全球网站点击量排 1 100 名左右。周慧民等 5 名被告人成立 Box 01 工作组，共同侵害原告网站数据资料和源程序。周慧民利用掌握的原告网站的密码，登录并下载该网站的数据库用于侵权网站，同时又对原告网站的程序配置文件中的字符串进行修改。周慧民等 5 名被告人的上述行为侵害了原告的商业秘密，导致涉案网站无法运行，给原告造成了巨大的经济损失。请求法院判令五被告连带赔偿原告经济损失人民币 485.8 万元及合理费用人民币 15 万元。

【争议焦点】

该案中，双方争议的焦点主要集中在三个方面。

第一，涉案网站数据库的权利归属问题。

被告周慧民等认为原告网站是个人网站而非公司网站，其有权使用该网站的数据库、软件及数据信息。原告则认为原告网站的域名是以公司的名义向中国万网注册的，且该网站在对外进行商业运营的过程中均是以原告作为实际经营者。原告作为网站所有者和实际经营者应对该网站在运营过程中形成的数据库享有所有权。

第二，原告网站的用户信息是否属于商业秘密。

被告认为，原告网站数据库中的用户信息，包括客户名单数据表中的注册用户名字段、注册密码字段和注册时间字段信息属于较容易获取的信息，并不是商业秘密。原告则认为网站数据库中的 50 多万个注册用户名、注册密码和注册时间等信息形成的综合的海量用户信息并不容易为相关领域的人员普遍知悉和容易获得，且上述用户信息能带来经济利益，具有实用性，并由原告采取了相应保密措施，因此属于商业秘密，应受法律保护。

第三，被告的行为是否构成侵犯商业秘密。

在该案中，被告周慧民等认为自己与原告不存在劳资关系，只是与原告法定代表人邱奇以个人名义合作过原告网站，因此不属于侵犯原告的商业秘密。原告则认为自己作为网站的权利人，对用户信息等商业秘密享有所有权。被告未经许可利用自己掌握的密码从原告网站后台中下载用户信息的行为侵犯了原告的商业秘密。

【 法理分析 】

经审理，依照《民事诉讼法》第一百三十条，《民法通则》第一百三十四条第一款第（七）项，《中华人民共和国反不正当竞争法》第十条第一款第（一）项、第（二）项、第三款、第二十条，《最高人民法院关于审理不正当竞争民事案件应用法律若干问题的解释》第九条、第十条、第十一条、第十四条、第十七条第一款之规定，判决："被告周慧民、被告冯晔、被告陈云生、被告陈宇锋、被告陈永平于判决生效之日起十日内共同赔偿原告万联公司包括合理费用在内的经济损失人民币一百万元。"周慧民不服，于2011年11月向上海市高级人民法院提起上诉。上海市高级人民法院驳回上诉，维持原判。

首先，自2002年3月13日至2004年6月8日，原告以公司的名义向中国万网注册了涉案网站的域名，且该网站在对外进行商业运营的过程中均是以原告作为实际经营者。自2001年6月至2004年6月，被告周慧民和被告陈永平是原告公司的员工，被告冯晔、被告陈宇锋和被告陈云生均是原告公司的股东兼员工，被告周慧民与原告法定代表人邱奇围绕原告的公司股权分配进行过协商。据此，法院认定，在原告处工作期间，五被告对于涉案网站是原告注册的网站，以及五被告是为原告公司工作这个事实应该是明知的。五被告关于涉案网站是个人网站而非公司网站的辩称亦没有相应的证据予以证明。虽然原告与五被告之间没有正式的劳动合同，原告没有定期向五被告支付过工资，但五被告对于自己实际上是为原告工作以及同意在不领工资的前提下继续为原告工作的事实是认可的。五被告参与涉案网站的技术开发、维护及商业运营等事务的行为属于公司员工履行工作职责的行为。因此，自 2002 年 3 月 13 日至 2004 年 6 月 8 日，原告作为涉案网站的域名所有者和实际经营者对该网站在运营过程中形成的数据库享有所有权。对于五被告关于涉案网站属于个人网站，故五被告对该网站的数据库亦享有所有权的辩称，原审法院认为没有事实与法律依据，对此不予采信。

其次，本案中，原告所主张的商业秘密是涉案网站数据库中的用户信息，包括客户名单数据表中的注册用户名字段、注册密码字段和注册时间字段等信息。根据《反不正当竞争法》第十条："商业秘密，是指不为公众所知悉，能为权利人带来经济利益，具有实用性并经权利人采取保密措施的技术信息和经营信息。"商业秘密首要的构成要件是新颖性。新颖性指的是没有进入公有领域的公知性信息，不能轻而易举地从公知领域或者行业常识中获得，具有一定的技术独特性，但是，这种独特性又不同于专利的新颖性和创造性。专利的新颖性、创造性要求在专利申请日前与国内外发表过、使用过的技术相比具有突出的实质性特点和显著进步；而商业秘密的独特性却只要求与相关领域的常识有最低限度的差异，只要不是为相关领域公众所周知的行业常识即可。对新颖性的考察一般基于两个因素：第一，商业秘密开发者耗费的人力财力；第二，他人正当获取商业秘密的难易程度。本案中，根据沪公鉴著字〔2006〕第021号《司法鉴定书》以及原审法院查明的事实，原审法院认为，上述用户信息是涉案网站在长期的经营活动中形成的经营信息，在2006年时具有55万注册用户，这样的用户数量在当时的专业游戏网站中名列前茅。显然，要达到如此巨大的注册数量，需要原告长期、良好的经营，需要耗费相应的人力和财力，原告为吸引网络游戏爱好者在该网站注册并参与交流付出了一定的创造性劳动。虽然单个用户的注册用户名、注册密码和注册时间等信息是较容易获取的，但是数据库中的55万注册用户的用户信息（包括用户名字段、注册密码字段和注册时间字段等信息）是无法从公开的渠道或采取简单的编排手段轻易获取的。此外，商业秘密还要具有实用性，这就要求商业秘密必须转化为具体的可以实施的方案或形式。一种信息要想得到法律的保护，则必须转化为具体的可以据以实施的方案或模式，法律并不保护单纯的构想、大概的原理和抽象的概念。据此，某一信息如尚在摸索，未被具体化或在实际应用前，不能被确定为商业秘密。商业秘密的价值性要求使用该商业秘密可以为权利人带来经济利益，提升竞争优势。这种利益包括现实的经济利益，也包括潜在的经济价值，具体表现为能够改进技术、提高劳动生产率或产品质量，能够有助于改善企业经营管理绩效、降低成本和费用。一般而言，具有价值性的信息亦具有实用性。本案中，原告网站注册用户信息证明了涉案网站作为游戏网站具有较大的用户群和访问量，而网站的访问量又与网站的广告收入等经济利益密切相关，因此上述用户信息能为原告带来经济利益，具有实用性。最后，商业秘密还必须具有防止被一般公众所知悉的秘密性，权利人必须努力采取合理措施维护秘密性。只要权利人采取的保密措施能为他人所识别并达到合理的强度，这样的保密措施就可以被认为是合理的。本案中，原告为涉案网站的注册用户信息数据库设置了密码，并且该密码只有作为主要技术人员的被告周慧民和原告的法定代表人知晓，在原告与被告周慧民签订的《聘用合同书》中也有相应的保密条款，因此可以认定原告对上述用户信息采取了合理的保密措施，满足了秘密性的构成要求。综上，原审法院认定涉案网站数据库中的用户信息，包括客户名单数据表中的注册用户名字段、注册密码字段和注册时间字段等信息，属于商业秘密，受法律保护。

最后，根据《中华人民共和国反不正当竞争法》的相关规定，以盗窃、利诱、胁迫或者其他不正当手段获取权利人的商业秘密的行为，以及披露、使用或者允许他人使用以前项手段获取的权利人的商业秘密的行为，属于侵犯他人商业秘密的不正当竞争行为。在该案中，原告作为涉案网站数据库的权利人，对该数据库中用户信息的商业秘密享有所有权，被告周慧民未经原告许可，利用自己掌握的数据库密码从原告公司的涉案网站复制下载并使用了包含注册用户名字段、注册密码字段和注册时间字段等用户信息的数据库的行为侵犯了原告的商业秘密。同时，虽然具体实施复制数据库行为的是被告周慧民，但根据本案查明的事实，其他四名被告仅由于分工不同而未直接实施复制行为，但对被告周慧民的复制下载行为主观上明知，也均参与了使用该数据库的行为，五被告也发表声明承诺共同承担由此产生的法律后果。因此，原审法院认定，五被告在主观上具有共同侵权的故意，五被告的行为共同侵犯了原告的商业秘密，应当共同承担赔偿损失的民事责任。

【理论争鸣】

周慧民侵害商业秘密纠纷案主要反映了一个法律问题：网站运营过程中形成的注册用户信息在什么条件下才可以构成商业秘密。同时也暴露出我国在商业秘密法律保护方面存在的一系列问题。我国一直未颁布专门的商业秘密保护法，只是在《反不正当竞争法》中对商业秘密加以表述；法学理论界和实务界对商业秘密的法律属性、权利主体和构成要件等问题也一直存有争议，对于立法和司法实践中相关问题的处理带来了困惑和阻碍。

一、商业秘密的概念、范围及特点

商业秘密作为"企业的生命线"，具有内涵丰富、应用范围广的优势。最高人民法院 1992 年《关于适用〈中华人民共和国民事诉讼法〉若干问题的意见》中对商业秘密的定义是："主要是指技术秘密、商业情报及信息等。如生产工艺、配方、贸易联系、购销渠道等当事人不愿公布的工商业秘密。"《反不正当竞争法》第十条将商业秘密定义为"商业秘密，是指不为公众所知悉、能为权利人带来经济利益、具有实用性并经权利人采取保密措施的技术信息和经营信息"。由此可见，商业秘密的范围主要包括技术信息和商业信息两大类。技术信息包括设计方法、工艺流程、设计样本、计算机程序、图纸原型、方案设计、数据库、测试指标、研究开发数据等多种信息，但这些信息只能是非专利技术。商业信息是指企业生产经营的招标方案、投资策略、发展规划、供应记录、损益状况、客户名单、薪酬、营销信息。当然，社会经济是不断发展的，未列出的信息并不意味着它不属于这两类信息，其范围也不能仅限这两类。因此，企业在保护自己的信息时，不要错过任何可能。立法机关对商业秘密的解释是："作为商业秘密的条件，首先是经权利人采取保密措施。权利人未采取保密措施的不能视为商业秘密。权利人应当有把某种技术信息或者经营信息作为商业秘密的意见，而且应当严加防范无关人员轻易获取这种信息。……其次，该信息能为权利人带来经济利益，具有实用性……第三，不为公众所知悉。既然是商业秘密，只能是有限的一部分人才知道。通过公开的渠道如出版物或者其他资料轻易就能获取的信息，不能作为商业秘密。"这段解释反映出保护商业秘密的立法本意，并将商业秘密构成要件分为秘密性、价值性、实用性以及保密性四个要件。最高人民法院发布的《关于审理科技纠纷案件的若干问题的规定》第五十一条第二款规定："非专利技术成果应具备下列条件：① 包含技术知识、经验和信息的技术方案和技术诀窍；② 处于秘密状态，即不能从公共渠道直接获得；③ 有实用价值，即能使所有人获取经济利益或竞争优势；④ 拥有者采取了适当的保密措施，并且未曾在没有约定保密义务的前提下将其提供给他人。"这段也主要包括保密性、实用性、保密性和价值这四个要素。国家工商行政管理局《关于商业秘密构成要件问题的答复》对商业秘密构成要件作出的解释为："商业秘密的构成要件有三：一是该信息不为公众所知悉，即该信息是不能从公开渠道直接获取的；二是该信息能为权利人带来经济利益，具有实用性；三是权利人对该信息采取了保密措施。"这个解释将"能为权利人带来经济利益"与"具有实用性"合为一个要件。《商业秘密保护法（送审稿）》第一条第一款对商业秘密的界定为："本法所称商业秘密，是指具备下列条件的技术信息、经营信息：① 不为该信息应用领域的人所普遍知悉；② 具有实际或潜在的商业价值；③ 经权利人采取了合理的保密措施。"《商业秘密保护法送审稿》合理具体地界定了商业秘密的构成要件，并将"能为权利人带来经济利益、具有实用性"归结为"具有实际或潜在的商业价值"，将商业秘密的构成要件确定为秘密性、价值性和保密性等三个要素。

二、商业秘密保护的必要性及立法目的

商业秘密作为一种技术信息和经营信息，能够为权利人带来巨大的经济利益。这种经济利益既包括经济收入，又包括市场竞争优势。在现实生活中，相当一部分企业就是以自己的商业秘密为根本，在激烈的市场竞争中，求得生存与发展。像我国的"狗不理"包子、美国的"可口可乐"，能够历经百年风雨而不衰，靠的就是人无我有的"绝活"——商业秘密。但是，商业秘密的取得绝对不是轻而易举的，它需要权利人付出大量的心血和汗水，需要投入大量的人力、物力和财力。在法律实践中，商业秘密的载体往往是技术信息或者商业信息，可以为权利人带来巨大的经济利益。这种经济利益包括经济收入和市场竞争优势。正是由于商业秘密的实用性、价值性和不易获得性，社会上才会出现非法获取、非法转让、第三方侵权等各种形式的商业秘密侵权行为。也不乏一些不法分子，为了一己之利严重侵犯他人的商业秘密，致使权利人遭受重大损失，付出的努力也付之东流。商业秘密侵权行为损害了商业秘密权利人的合法权益，更损害了社会主义市场竞争环境，具有十分重大的社会危害性。侵权人非法获取、非法转让或者使用他人的商业秘密后，往往会迅速在市场上占有绝对的竞争优势。这也属于典型的不正当竞争。侵权人往往通过非法获取、非法转让或

者使用他人的商业秘密获得巨大利益，使商业秘密的合法权利人受到极大的伤害。这种不正当的做法违背了自愿、公平、诚实信用和等价有偿的商业道德，也违背公平正义，是对社会主义市场秩序和我国法律法规的公然侵犯。因此，要遏制商业秘密侵权行为，维护公平交易和合法竞争，必须充分发挥法律的约束功能、调控功能以及教育功能，同时，有机整合民事、行政、刑事保护手段，确保权利人的商业秘密得到有效保护。

保护商业秘密有利于维护商业道德和竞争秩序。商业秘密就是权利人通过投入金钱、时间和精力，获得具有新颖性、价值性、实用性的劳动成果。权利人获得商业秘密的目的是保持竞争的主导地位，以获得比竞争对手更多的潜在或实际经济利益。这有利于提高生产力，也有利于市场竞争的健康发展，因此法律对权利人获取和使用商业秘密持积极鼓励的态度。如果员工和其他人员违反了权利人的意思表示，擅自侵犯权利人的商业秘密，甚至通过非法手段获取商业秘密并与权利人进行竞争，就会泯灭商业道德，破坏市场经济中形成的市场秩序，导致恶性竞争。因此，对商业秘密进行必要的法律保护有助于保持商业道德和正常的竞争。保护商业秘密有利于企业积极进行技术创新，提高企业的经营管理水平。在当代社会主义经济生活中，商业秘密已成为企业参与市场竞争的主要方式和途径。依法保护商业秘密，给企业以良性的激励，可以促使企业不断向良性方向改进和提高。如果有人披露，使用或者擅自贩卖权利人的商业秘密，企业的收入将远远小于投入，这将降低企业技术创新的积极性，不利于提高技术水平和管理水平。保护商业秘密有利于维护权利人的正当利益，实现社会公平。依法保护商业秘密，实质上是允许权利人在事实上独立拥有商业秘密，以承认和尊重他们的劳动成果，并鼓励人们通过诚信经营、发明创造等手段在市场竞争中获得足够大的竞争优势。但是，在市场竞争中，各种"搭便车"的行为随处可见，给商业秘密的权利人造成了巨大的经济损失。只有加大对侵犯商业秘密行为的打击力度，才能维护权利人的合法权益，最终实现社会公正。

三、商业秘密的立法保护模式

商业秘密是无形资产，商业秘密权是知识产权为民法保护商业秘密立法模式的选择提供了理论依据。目前，大多数大陆法系国家都在《反不正当竞争法》中加入了商业秘密，通过认定侵权人的不正当竞争行为来对他们进行规范，对权利人的合法权益进行保护。但是，英美国家倾向于运用专门的商业秘密立法来保护，如美国、英国和加拿大，并通过大量的判例修正、调整和制定一些保护规则。美国有最完善的商业秘密保护立法，不仅有《反不正当竞争法》，而且通过《侵权法》《合同法》《统一商业秘密法》保护《反不正当竞争法》。尽管有些法律尚未上升到联邦立法的水平，但在实践中经常被引用为法院案件。此外，美国还通过"经济间谍法"严惩了商业秘密犯罪行为 ❶。这表明英美法律对于商业秘密立法的保护已经非常完善。相比之下，大陆法系国家的《反不正当竞争法》保护的法律模式和方法具有较强的公法色彩，着眼于维护公共利益，维护诚实信用、公平和谐的竞争秩序，却容易忽视将商业秘密的使用作为无形财产，利用财产保护规则保护商业秘密所有人的利益，也不能平衡善意第三人与权利人之间的利益关系。同时，在不正当竞争维护中，权利人往往难以证明侵权人行为的不合法性。因此，在全面掌握商业秘密的性质和知识产权的性质的基础上，可以准确回答什么是商业秘

---

❶ 毛金生，杨哲，程文婷 . 国际知识产权执法新动态研究 [M]. 北京 : 知识产权出版社，2013 : 108.

密，什么是商业秘密权，为什么要保护。只有这样，我们才能赋予商业秘密和商业秘密权独立的法律地位，从而用民法建立一个坚定的商业秘密法律基础。这就要求我们像保护专利、商标和版权等商业秘密一样，制定专门的商业秘密法，以独立商业秘密法的立法模式对商业秘密的知识产权和商业秘密的财产进行立法。这两者都反映了民法保护作为一种财产的适用。侵权行为可以适用于民事侵权的理论。此类财产的交易和流通的《合同法》理论同样适用于善意取得权的第三方。同时，调整各方竞争关系，规范竞争行为，维护社会公平竞争环境，是反不正当竞争手段中不可缺少的。采取这样的专门立法模式，将有利于充分尊重和维护权利人的财产权益，大大激发公众的创新积极性，也将减轻权利人的困难，降低维权成本，最大限度地为商业秘密提供多维度的法律保护。从目前其他国家商业秘密保护的立法模式来看，通过专项立法进行保护是最佳途径，这也成为未来商业秘密立法可参照的模式。在这方面，美国树立了良好的榜样。基于《统一商业秘密法》的综合保护办法在实际中取得了良好的效果。从目前商业秘密法律救济制度的发展趋势来看，国际上普遍倾向于给予商业秘密更全面的保护。根据上述对中国商业秘密救济制度存在的问题和不足的分析，再结合中国的需要和现实，笔者认为我国还应该实行"专门的商业秘密法"立法，其必要性主要体现在以下方面。首先，统一的单独立法可以充分协调立法、执法和司法机构，避免制度混乱，理顺各种补救办法之间的关系，节省法律资源。其次，以保护私权作为立法依据更有利于保护商业秘密。我国原有立法过分强调《反不正当竞争法》的经济法属性，维护市场竞争秩序，使《商业秘密保护法》不能更好地体现出对私利或私权的尊重。因此，立法时应该首先考虑和重视保护私权的立法基础。再次，更能适应商业秘密保护实践的需要。促进我国商业秘密保护更进一步的因素不仅是我国社会主义市场经济发展的需要，来自发达国家的压力和各种公约的约束也是原因之一。

四、商业秘密保护的几个问题

首先，商业秘密的构成要件不够明确。对于商业秘密的构成要件，我国的理论界和实务界有过争议。特别是关于商业秘密实用性的讨论，还没有达成共识，给立法和司法实践中相关问题的处理带来了很大的困惑和阻碍。根据我国有关法律的规定，商业秘密的主体是非常有限的。例如，《反不正当竞争法》只规定了经营者可以作为商业秘密的权利主体。此外，商业秘密所涵盖的范围也很窄，许多有价值的信息未能纳入保护范围。例如，非经营主体是否可以作为商业秘密的权利人，客户名单是否构成商业秘密，这些问题都没有明确的答案。其次，现行民事救济方式过于单一，不足以全面保护商业秘密。对于商业侵权、民事侵权行为，目前我国民事救济主要有两种方式：一是要求侵权人赔偿权利人的损失；二是要求侵权人停止继续侵害权利人的商业秘密。而这种止损补救方法只有在法院作出判决后才能适用。可以看出，我国的民事救济制度对商业秘密侵权行为的补偿和补救过分重视，大大忽视了防范商业秘密侵权的行为和对民事诉讼商业秘密扩张的控制。实际上，为了保护商业秘密，事先预防侵权行为在多数情况下比后来的赔偿更为重要。再次，补偿性质的损害赔偿不足以弥补权利人的损失。对侵犯商业秘密的损害赔偿有两种看法，即赔偿主义和惩罚主义❶。从民法基本理论可以看出，损害赔偿制度的初衷是补偿为主，惩罚为辅。实际上，我国《反不正当竞争法》

---

❶ 朱丹.知识产权惩罚性赔偿制度研究 [J]. 华东政法大学学报，2013（1）：73.

第二十条规定的主要是补偿性的损害赔偿。不管侵权人的主观过错和侵权情况如何，侵权人都有责任赔偿损失。我国没有明确的惩罚性赔偿法律规定。赔偿责任主要限于被侵权人的损失，使被侵权人的利益恢复到侵权发生之前的状态。一般来说，损害赔偿的数额和实际损害的数额是相符的，但不一定完全相同。在实践中，商业秘密侵权所造成的损害往往比较复杂，既有财产损失和利润损失，也有商业信誉、信用等其他财产的损失。各种情况下的计算标准也有所不同，要求赔偿的数额等同于损失的数额是非常困难的。但是，如果立法的目的明确规定了补偿性赔偿，则应当将赔偿数额与实际损害的数额之间的差距降到最低。最后，损害赔偿的范围缺乏明确的认定标准。根据我国《反不正当竞争法》规定，赔偿分为两部分——权利人的损失部分和侵权人所得利润部分。权利人的损失通常被认为包括直接和间接的损失。直接损失除了权利人为阻止侵权所支付的直接费用外，还包括因商业秘密遭受侵犯所造成的经济损失。直接损失的计算可以根据相关产品的价格或者可以外化的有形资产的价值来估算。与直接损失相比，间接损失意味着商业秘密权利人的预期合理收入将减少。间接损失是否可以纳入我国商业秘密损害赔偿请求权范围存在过争议。间接损失包含的范围有多大，法律并没有明确规定。笔者认为，间接损失也应该属于实际损失的范围，应当予以赔偿。商业秘密的使用可以产生实际的经济利益，因此对商业秘密的保护可以使其在未来保持独特的竞争优势。侵犯商业秘密必将直接导致权利人未来经济利益的损失。因此，一定程度上扩大赔偿请求的范围仍然是必要的。同时，侵权所得利润没有明确的认定标准，也给司法实践带来很大困难。

【拓展案例】

案例一：美国礼来公司、礼来（中国）研发公司
与黄孟炜侵害技术秘密纠纷案 ❶

原告美国礼来公司是全球知名的美国制药公司，礼来（中国）研发公司是礼来公司的全资子公司。2012 年 5 月，礼来（中国）研发公司与黄孟炜（被告）签订《劳动合同书》，聘用被告从事化学主任研究员工作。2013 年 1 月，黄孟炜违反上述公司规章制度及《保密协议》的规定，从礼来（中国）研发公司的服务器上下载了 21 个原告的核心机密商业文件，并将上述文件私自存储至自己的存储装置中。原告认为，这 21 个核心机密商业文件，涉及美国礼来公司为了开发治疗糖尿病以及癌症等其他疾病的药物所做的关于 GPR 受体拮抗物的研究，系原告的技术秘密，从未以任何形式公之于众，极具商业价值，构成《反不正当竞争法》所保护的技术秘密。请求判令：被告立即停止侵害原告商业秘密的行为，即立即永久删除其非法窃取并占有的原告 21 个机密商业文件，不得披露、使用或者允许他人使用该 21 个机密商业文件；被告赔偿给原告造成的经济损失以及原告为制止被告侵权行为而支出的合理费用。上海市第一中级人民法院经审理后认为，被告违反公司规章制度，擅自将原告的技术秘密文件下载并转存于个人所有的电子设备之中，且未履行承诺，配合原告删除上述技术秘

❶ 上海市第一中级人民法院〔2013〕沪一中民五（知）初字第 119 号民事判决书。该案入选 2013 年中国法院十大创新性知识产权案件。

密文件，使原告的技术秘密存在失控的风险，构成商业秘密侵权行为，依法应当承担相应的民事责任。本案系国内首例依据 2012 年修正的《民事诉讼法》在商业秘密侵权诉讼中适用行为保全措施的案件。本案的裁判充分体现了人民法院顺应社会发展需求，依法采取有效措施，强化商业秘密司法保护的实践努力，取得了良好的法律效果和社会效果。

案例二：圣莱科特国际集团、圣莱科特化工（上海）有限公司与华奇（张家港）化工有限公司、徐捷侵害商业秘密纠纷案 ❶

圣莱科特国际集团、圣莱科特化工（上海）有限公司（以下简称"圣莱科特上海公司"）共同诉称：SP-1068 产品的生产流程、工艺、配方等技术信息属于圣莱科特国际集团的商业秘密，圣莱科特上海公司系上述商业秘密在中国的独占许可使用权人。被告徐捷原系圣莱科特上海公司员工，掌握了两原告的涉案商业秘密。徐捷从圣莱科特上海公司离职后至被告华奇（张家港）化工有限公司（以下简称"华奇公司"）工作。徐捷在华奇公司工作期间将两原告的涉案商业秘密披露给华奇公司，华奇公司使用了两原告的涉案商业秘密，生产了 SL-1801 产品，并申请了名称为"烷基酚热塑树脂生产的改进工艺"的发明专利。两原告遂诉至上海市第二中级人民法院，请求判令两被告：停止侵权、消除影响、赔偿两原告经济损失 200 万元。法院在审理中启动了严格、规范的鉴定程序，并由鉴定机构出具了专业的鉴定报告。两原告在得知技术鉴定结论对其不利的情况下，以追加被告、撤回起诉、不参加开庭等方式，意图拖延诉讼。法院则根据诚实信用原则，及时驳回两原告的不当请求，并依法对该案进行了缺席判

---

❶ 上海市高级人民法院〔2013〕沪高民三（知）终字第 93 号民事判决书。该案入选 2013 年中国法院十大知识产权案件。

决，避免使被告长期处于涉嫌侵权的不稳定状态。法院认为，法院委托的技术鉴定结论表明，华奇公司生产 SL-1801 产品使用的技术信息，以及涉案发明专利中的相关技术信息与属于两原告商业秘密的技术信息不相同且实质不同，故两原告在本案中的诉讼主张没有事实和法律依据，遂判决驳回两原告的诉讼请求。两原告不服，提起上诉。二审法院经审理认为，一审法院判决认定事实清楚，适用法律正确，遂判决驳回上诉，维持原判。